CAMBIE sus
PENSAMIENTOS
y cambiará todo

Cambie sus pensamientos y cambiará todo
Norman Vincent Peale

Publicado por:
Editorial Peniel
Boedo 25
Buenos Aires C1206AAA - Argentina
Tel. (54-11) 4981-6034 / 6178
e-mail: info@peniel.com.

www.editorialpeniel.com

Published by arrangement with the original publisher Simon and Schuster, Inc.
by the title *"A guide to confident living"*
Copyright © 1948 by Prentice-Hall, Inc. Copyright renewed © 1976 by
Norman Vincent Peale

Copyright © 2006 Editorial Peniel
Diseño de cubierta e interior: arte@peniel.com

Impreso en Colombia
Printed in Colombia

Peale, Norman Vicent
Cambie sus pensamientos y cambiará todo. - 1a ed. - Buenos Aires : Peniel, 2006.
Traducido por: Ester Barrera
ISBN-10: 987-557-097-4   ISBN-13: 978-987-557-097-9
1. Superación Personal I. Barrera, Ester, trad. II. Título CDD 158.1
172 p. ; 21x14 cm.

CAMBIE *sus* PENSAMIENTOS

y cambiará todo

NORMAN VINCENT PEALE

Buenos Aires - Miami - San José - Santiago

www.editorialpeniel.com

PARA MIS HIJOS:

Margaret,
John y Elizabeth

Contenido

Introducción

A través de un considerable período de tiempo, el autor ha tenido la oportunidad de trabajar con un gran número de personas que enfrentan sus problemas en el corazón de la ciudad más grande de los Estados Unidos. Ha dirigido un servicio de consultoría en la Iglesia Marble Collegiate de la Quinta Avenida, de Nueva York, a la cual cientos de personas llegan cada año buscando ayuda y guía. El equipo consiste de ministros, psiquiatras, médicos y psiquiatras sociales.

El autor ha desarrollado una técnica específica diseñada para llevar a las personas hacia la felicidad y el éxito personal. Este método ha resultado para la gran cantidad de personas que lo han puesto en práctica. Su eficiencia fue ampliamente demostrada; ha sido puesta a prueba y su resultado fue satisfactorio en cientos de personas. Ha producido resultados asombrosos en la experiencia personal de muchos. Sin dudas, ha demostrado ser una guía hacia una vida de confianza.

Sin embargo, los principios de felicidad y éxito que serán presentados en este libro no son nuevos. No fueron creados por el autor, sino que son tan antiguos como La Biblia. De hecho, son los sencillos principios que enseña La Biblia. Si la técnica tiene algún rasgo único, reside en el esfuerzo de mostrar *de qué manera* usar estos principios de una manera práctica y comprensible que sea adecuada para el hombre moderno.

El libro podría a veces parecer repetitivo. Es así porque se trata de un libro de texto acerca de una fórmula. Machaca sobre un procedimiento básico y la repetición es la maestra del aprendizaje, tal como lo expresa el dicho. La reiteración es esencial para persuadir al lector a practicar, a intentarlo una y otra vez. Si el agua desgasta la piedra, lo mismo hace el énfasis, aún corriendo el riesgo de la repetición; desgastemos nuestra apatía hacia el logro de un mejoramiento personal.

Este no es un libro teórico. Contiene la descripción detallada de una técnica para vivir, que puede guiar hacia el éxito y la felicidad a aquellos que la pongan de manera definitiva en acción. El libro está escrito con un propósito básico: afirmar y demostrar una técnica simple, funcional de pensamiento y actitud que ha revitalizado las vidas de miles de hombres modernos. La sustancia importante del libro es el "cómo se hace", nos explica *cómo* puede lograr sus deseos más acariciados.

Este libro presenta bajo la forma de un simple bosquejo esas fórmulas que transforman la vida en más exitosa. Cada capítulo trata con un aspecto del tema central del libro, por ejemplo, *cómo...* ser feliz y exitoso. El método comprobado se aplica a algunas de las causas básicas de infelicidad y fracaso: tensión, temor, inferioridad, pensamiento equivocado y otros impedimentos mentales.

No todos los factores de una vida exitosa están considerados, porque no sería posible ni necesario. No obstante, las fórmulas se aplican a suficientes factores, para enseñar al lector *cómo* usar las técnicas que pueden aplicarse a cada una de las situaciones. El método esta desarrollado lo suficiente como para mostrar al lector lo que quiere saber: cómo ser feliz y exitoso. Ofrecemos este libro como guía hacia una vida confiada.

NORMAN VINCENT PEALE

Una nueva-vieja manera de liberar sus fuerzas

U N MÉDICO JOVEN, ENTRENADO CON excelencia, en ocasiones escribe una prescripción aparentemente curiosa para las personas afligidas por las dolencias que se describen en este libro: temor, inferioridad, tensión y problemas afines. Su receta dice: "Vaya a la iglesia por lo menos una vez, un domingo, dentro de los próximos tres meses".

Al sorprendido e intrigado paciente a quien le acaba de entregar esta asombrosa receta, le explica que en una iglesia hay una disposición de ánimo y una atmósfera que contiene poder sanador, y le ayudará a restablecerse de las dificultades recién mencionadas. Es más, le afirma al paciente que personalmente al médico no le importa si escucha o no el sermón. Asistir a la iglesia es valioso aún si la persona simplemente se sienta en quietud, y se entrega a la disposición de ánimo y atmósfera que hay allí. Este médico moderno informa que sus pacientes han recibido beneficios asombrosos como resultado de esta práctica.

Una mujer, amiga de muchos años de la familia del doctor, era ese tipo de paciente que va de médico en médico, sin prestar atención, ni jamás poner en práctica el consejo recibido. Finalmente fue a ver a este doctor quien le dijo con franqueza:

– No quiero tratar su caso.

Cuando ella preguntó por qué, él contestó:

– Sencillamente porque usted no hará lo que le diga.

Ella rogó e insistió y prometió que fielmente haría lo que le prescribieran, pero aún así él se resistía. En un pedido final ella dijo:

– Tengo el dinero para pagar sus servicios, ¿cómo es posible que como médico se niegue a tratar mi caso?

De manera que él consintió, pero con una condición: ella debía hacer tal como le recetara sin ningún tipo de argumentación, y cooperando en forma total. Hasta le hizo firmar un papel.

La razón por la que ella estaba en ese estado de nervios era porque su hermana se había casado con el hombre con el cual ella hubiera querido casarse, y por lo tanto odiaba a su hermana. Su personalidad completa hervía de rabia y los venenos del odio la estaban desequilibrando, hasta tal punto que su sistema completo estaba reaccionando y en realidad ya tenía síntomas de enfermedad. El doctor le dio algunos remedios porque sabía que eso era lo que ella quería: primer día píldoras rosa, el segundo blancas.

Finalmente un día el doctor escribió la receta que mencionamos antes. Cuando ella la miró, el asombro se adueñó de todo su rostro y dijo bruscamente:

– Esta es la necedad más grande que haya escuchado jamás. No lo haré. ¿Qué es usted, un predicador o un médico?

El doctor sacó el papel que había firmado y dijo:

– O lo hace o doy por terminado su caso.

Ella de mala gana siguió las indicaciones. Pasó algún tiempo antes de que apareciera algún beneficio, por causa de la oposición en su mente, pero al poco tiempo comenzó a descansar en la atmósfera sanadora y el ánimo para la curación presentes en una reunión de adoración.

Un día, para su sorpresa, y a pesar de su antipatía, se interesó en el sermón. Lo escuchó con atención, para descubrir con asombro que tenía sentido común. Esto la conmovió profundamente. Su interés fue en aumento, se volvió dócil a las ministraciones del médico y, con el tiempo, debido a la sabia combinación de la práctica médica y la religión, el resentimiento se fue y su salud regresó.

– Como ve, mi receta da resultado –dijo el doctor.

En este caso también recetó lectura religiosa. En forma gradual la idea del cristianismo como técnica más un mecanismo científico diseñado para vencer los problemas que trataremos en este libro, comenzaron a dominar su mente. Actualmente esta mujer está afirmada en la vida y es una persona de bien, no solamente en lo físico sino en lo emocional y espiritual, porque era en estas dos últimas áreas de su vida donde el veneno se había generado.

Otro doctor ha enviado en varias ocasiones pacientes a mi iglesia. Estas personas no están físicamente enfermas, pero viven tan llenas de temores, ansiedades y tensiones, sentimientos de culpa, inferioridad y resentimiento que, como la señora que acabamos de describir, se los puede llamar con propiedad "enfermos".

Me envió un hombre que no había ido a la iglesia durante años, y cuando el doctor le dijo que debía ir, el paciente se resistió diciendo "detesto los sermones".

– Vaya a la iglesia igual –le dijo el doctor– y no escuche el sermón. Lleve algodón si quiere y tápese los oídos cuando comience el sermón. Pero hay algo que quiero que haga. En esa iglesia cada domingo por la mañana y la noche tienen un tiempo de quietud, que ellos llaman "Período de silencio creativo". El ministro le va a sugerir que se entregue a esa quietud y abra su mente al poder recreativo de Dios, que tiene la capacidad de permear el alma, trayendo influencia benigna y sanidad. El ministro dice eso con toda propiedad, y será una medicina mucho mejor que cualquiera que pueda darle. Es la única manera que conozco para salir de sus dificultades. Y por lo tanto es lo que le receto para su estado.

El hombre siguió las indicaciones, y el doctor informó que ahora el paciente también escucha los sermones. De hecho, se encuentra muy interesado en la iglesia. Nunca soñó que iba a atraerlo así. Está comenzando una mejoría definitiva en su vida.

– Al darle a estos pacientes el consejo de ir a la iglesia, utilizo una técnica que da resultado en muchas dolencias. He aprendido que al tratar a un ser humano debemos considerar la totalidad del hombre, y tratarlo como algo más que un mecanismo u organismo, porque el hombre es mucho más que un conjunto de reacciones químicas. Creo –dijo el doctor– que la fe más la ciencia en una correlación apropiada pueden hacer un enorme bien.

Una explicación del fenómeno que describe este doctor está en la efectividad de la terapia de grupo. Los psiquiatras y psicólogos no solamente utilizan la consulta individual en el tratamiento privado, sino que bajo ciertas circunstancias también usan el tratamiento grupal con la participación de varios pacientes al mismo tiempo. Así el consejero trabaja con personas que tienen un trasfondo común en lo personal, y que están familiarizados con los procedimientos habituales, y saben cómo cooperar de manera total.

En el momento de un servicio público de adoración, el ministro que durante la semana es consejero privado, trata de aplicar sobre los miembros de una gran congregación técnicas parecidas en lo espiritual, salvo que ahora utiliza la terapia de grupo. Su congregación está compuesta por muchos tipos de personas. Algunos están presentes porque se dan cuenta que necesitan ayuda. Otros necesitan ayuda, pero no están conscientes de ello. Aún otros están presentes solo por hábito. Otros pueden estar presentes porque en forma inconsciente buscan algún tipo de respuesta satisfactoria a la vaga insatisfacción que tienen en sus mentes.

En una gran congregación, mientras que existe una gran diversidad de intereses, también es verdad que solamente hay unos pocos problemas humanos básicos. Asimismo, hay que considerar que las personas son personas más allá de quiénes son y cuál es su trasfondo. Hay cierta atracción profunda hacia los intereses humanos, y a esto la naturaleza humana siempre responde. No existe otra fuerza como la de la religión para tocar y satisfacer necesidades básicas. Por esta razón el consejero religioso personal y el practicante religioso de una terapia de grupo, tienen una oportunidad de la cual no goza ningún otro campo de la ciencia para alcanzar las profundidades de la naturaleza humana y, por lo tanto, traer sanidad, fortaleza, paz y poder.

¿Puedo bosquejarles mi propia práctica? Las teorías mencionadas anteriormente comenzaron a desarrollarse en mi mente hace algunos años, cuando aumentó el número de personas que asistía en forma privada. Llegué al ministerio de la iglesia de la Quinta Avenida en el momento más bajo de la Gran Depresión, en el año 1932. La ciudad de Nueva York, como centro financiero de la nación, estaba profundamente afectada por la depresión, y rápidamente tomé conciencia del temor, ansiedad, inseguridad, desilusión, frustración y fracaso que había por todas partes. Comencé a predicar sobre estos temas, y enfaticé cómo la fe en Dios podía dar coraje y sabiduría, además de nuevos conocimientos para dar solución a los problemas. Como pusimos anuncios en la prensa de que hablaríamos de estos temas, asistió una gran cantidad de personas para escuchar las conferencias. Pronto mi agenda de entrevistas personales se transformó en algo imposible de manejar, y se formaron largas listas de espera. Reconociendo mi falta de conocimiento especializado, recurrí al muy competente psiquiatra, Dr. Smiley Blanton, para que nos ayudara, y así comenzó la clínica de consejería en la iglesia.

Pronto advertí entre la congregación a cantidades de personas que ya había aconsejado personalmente. Fue allí cuando pensé que podía trasladar de la sala de entrevistas a la congregación mayor la misma técnica de tratamiento espiritual que estaba utilizando en la consulta personal.

Una técnica utilizada en el servicio de adoración pública que ha dado asombrosos resultados, es el período de quietud dirigida. Haber asistido a las reuniones de los cuáqueros me ha enseñado el valor del silencio creativo. En reuniones de "Los Amigos", recibí grandes beneficios personales, tales como disminución de la tensión, fortaleza sobre el temor y claridad mental, lo que me ayudó en una o dos instancias para una asombrosa solución de problemas. "Los Amigos", por supuesto, tienen la ventaja de largos años de entrenamiento en la tradición de la meditación silenciosa. Nosotros en las iglesias por lo general jamás hemos desarrollado la habilidad de utilizar la quietud en la adoración.

Los protestantes, por regla general, no practican la completa quietud, sino que inevitablemente ponen un fondo musical. Comencé a introducir el silencio completo, pero lo hice en forma gradual y solo en ciertas ocasiones; demostró ser tan efectivo que ahora si lo omito en uno de los servicios, muchas personas seguramente protestan.

La técnica que empleamos fue descripta en un volante publicado por el Comité de Publicaciones de Sermones de la Iglesia Marble Collegiate:

> Imagine la iglesia llena casi desbordante con una congregación de más de dos mil personas. Los rayos del sol atraviesan las grandes ventanas, iluminando el santuario y cayendo suavemente sobre la multitud en adoración. El interior de la iglesia es una combinación de oro y rojos suaves, con almohadones rojos decorados y respaldos en los bancos coloniales caoba y blancos. A los tres lados hay grandes balcones.
>
> El frente de la iglesia no tiene forma de altar, sino de pequeña plataforma, sobre la cual hay tres sillas grandes, rectas,

contra un cortinado de rico terciopelo rojo. A la izquierda de la plataforma hay un atril sobre el que descansa La gran Biblia del púlpito. Por encima y detrás del cortinado hay una gran nave que lleva las decoraciones de oro. Allí se sienta el coro. El Dr. Peale está sentado en la gran silla del centro, sus asociados a cada lado.

Luego de la lectura de Las Escrituras, un silencio profundo cae sobre la congregación. El Dr. Peale se pone en pie, se dirige al frente de la plataforma y sin ponerse detrás del púlpito se dirige directamente a la congregación y dice más o menos lo siguiente:

– Hemos venido aquí esta mañana porque Dios está en este lugar y queremos tomar contacto con Él. La más grandiosa de todas las experiencias posibles para los seres humanos se logra mucho mejor a través del silencio. Es posible para cada persona presente en esta iglesia en este mismo momento establecer un contacto cercano con Dios, y así poder ser re-creado. Recuerde las palabras de Las Escrituras: *"En él vivimos, nos movemos y somos"*. Mientras permanezcamos *"en él"* estamos en el fluir del poder y la fuerza de Dios. La paz y el poder nos pertenecen. Pero tristemente nos separamos de este fluir. No vivimos *"en él"* y, en consecuencia, acumulamos temor, ansiedad, pensamientos negativos, todo lo que nos lleva al fracaso. Practiquemos, ahora, por un momento el silencio absoluto. Sugiero que permitan que su cuerpo asuma una posición relajada para que la tensión pueda salir de usted. Tal vez quiera cerrar los ojos para apartarse del mundo. En este momento de silencio, lo único que no debe hacer es pensar en usted mismo o alguno de sus problemas. En lugar de eso, piense en Dios durante un minuto e imagine que Él lo está volviendo a crear. Vamos a retirarnos a un período vital y vibrante de meditación creativa.

Dicho esto, un profundo silencio cayó sobre la congregación. Si antes se escuchaban toses, en ese momento cesaron.

El único sonido que se escucha es el roce de las cubiertas de los automóviles sobre la Avenida... y aún eso suena lejano.

No es un silencio sepulcral, porque hay vitalidad y vibración en el aire. Siempre hay un espíritu de expectativa de que algo grande está a punto de suceder. Algunas veces este silencio dura únicamente sesenta segundos. Otras es más largo, pero las personas se pierden en el silencio. Es como si Dios mismo tocara sus mentes con paz.

Seguidamente el Dr. Peale con una voz muy apacible, quiebra el silencio diciendo:

– *"Venid a mí, todos los que estáis trabajados y cargados que yo os haré descansar"*. A lo que agrega: *"Jehová guardará en completa paz, a aquel cuyo pensamiento en él persevera"*. El Dr. Peale enfatiza este último versículo, destacando que para el período de quietud las mentes de los adoradores no han estado concentradas en sus problemas, sino en Dios. Y debido a esta firme concentración de sus mentes dirigida hacia el Eterno, Dios ha enviado su paz durante el período de silencio.

Cantidades de personas informan que los beneficios más asombrosos les han ocurrido en este período de quietud. Por extraño que parezca, no es lo que uno pudiera imaginar, que las mujeres son las que más aprecian este período de quietud, sino que son los hombres de negocios de la actualidad que están bajo gran presión, los que se expresan con gran entusiasmo sobre los beneficios que reciben. Tal vez esto en parte es así por el hecho de que el cincuenta por ciento de las congregaciones de la Iglesia Marble Collegiate son hombres.

Estoy convencido que en el silencio vibrante y sanador que cae sobre una gran congregación cuando se enfatiza y acepta la sugerencia de que Dios está presente, y que Jesucristo camina por los pasillos tocando a los seres humanos, se desata verdadero poder.

Sabemos que el universo está lleno de poder y el mismo aire está cargado de él.

Hace relativamente poco tiempo que descubrimos la energía atómica. Otras formas de energía que se irán descubriendo a partir de ahora, podrán aún ser mayores. ¿No sería posible entonces asumir que en este universo dinámico hay fuerzas espirituales que nos rodean listas para obrar sobre nosotros y recrearnos? El Nuevo Testamento definitivamente nos asegura que el poder espiritual es un hecho. El cristianismo es más que una promesa de poder. Es poder en sí mismo. El Nuevo Testamento declara: *"A todos los que le recibieron, les dio poder"*. Luego vuelve a declarar: *"Recibiréis poder cuando haya venido sobre vosotros el Espíritu Santo"*. Todo lo cual significa que cuando un individuo predispone su mente al ilimitado poder del Espíritu que llena el universo, ese mismo poder también lo llenará.

El Nuevo Testamento nos dice que el cristianismo es vida, no una forma de vida, sino la vida misma. Es la esencia de la vida. Es vitalidad y energía vibrante. El cristianismo es mucho más que un credo o una idea. Es una energía palpitante, vibrante, del mismo modo que la luz del sol es energía, solo que infinitamente mayor. Es una profunda terapia que puede llegar hasta el corazón de una personalidad o sociedad –la cual es amalgama de las personalidades individuales– derribando los centros de contaminación, edificando centros de vida, transformando, otorgando nueva energía; en una palabra, recreando. *"En él estaba la vida; y la vida era la luz de los hombres."* *"En él"*, esto es en Cristo, está la vida –la vitalidad–. *"En él"* está la energía creativa, y esta energía es un enorme poder dinámico de vida en sí misma.

No nos damos cuenta ni siquiera de la mitad del colosal poder con el cual tomamos contacto cuando estamos en la iglesia. Pero cuando vamos a lo profundo del cristianismo, por ejemplo en un servicio de adoración como el que describimos antes, y gradualmente nos entregamos a la atmósfera, nos relajamos en cuerpo, mente y espíritu. Los himnos, la música coral, la lectura de La

Biblia, la quietud, la atmósfera sin apuro, todo se une para condicionar la mente para el período de silencio. Cuando por medio de un acto consciente de la voluntad uno dirige su mente hacia Dios, fijando su pensamiento en la fuente divina de poder y energía, del mismo modo que si hubiera prendido una llave y se hubiera producido contacto eléctrico, el poder espiritual comienza a pasar a través de él.

Observemos que una red de alambres trae la energía eléctrica desde el universo. Este poder ilumina la iglesia. Permite que el órgano de tubos funcione. Hace andar la calefacción. Por medio del control termostático de este poder, el calor fluye, va y viene de la manera que lo necesitamos. La energía eléctrica opera en el sistema de micrófonos para que puedan tenerse servicios donde las multitudes llenan los salones de actos de un edificio. La estructura completa es una red de alambres que juntos constituyen en sí mismo el medio a través del cual el poder fluye. ¿No sería razonable asumir que en ese edificio donde muchas mentes están unidas y concentradas sobre el mismo objetivo, también constituye un grandioso centro de recepción para un poder muchísimo mayor que la electricidad? Dos mil antenas mentales y espirituales atraen poder espiritual a esta congregación, y su poder entra en las mentes, cuerpos y almas de aquellos que se han puesto en sintonía con esta fuerza que es mística, sí, pero también real.

Otro factor central del cristianismo empleado en la terapia espiritual, es la idea de la luz. Es interesante observar las frecuentes referencias a la luz en el Nuevo Testamento. Por lo general relacionado con la nueva vida. Los hombres han descubierto las extraordinarias propiedades sanadoras de la luz. Si uno toca un alambre que contiene doscientos voltios, le produce una sacudida. Si toca un alambre a través del cual pasan veinticinco mil voltios, quedará electrocutado, pero si hace contacto con un millón de voltios, en lugar de destruirlo, ese contacto fortalecerá las células de su cuerpo. Por estar bajo la lámpara infrarroja durante dos minutos puede lograr tanto beneficio terapéutico como si se expusiera durante una hora a la luz solar directa, dado que el polvo de la atmósfera debilita el valor de la luz solar. De esta forma la luz es utilizada para sanar.

A juzgar por su efecto sanador, el cristianismo posee la misma cualidad. La Biblia nos dice que en Jesucristo está la vida y esta vida es la "luz" de los hombres, que puede sanarlos y transformarlos, para que estén llenos con una vida nueva y recreada.

Al aplicar terapia de grupo en los servicios de adoración pública, muchos individuos quedan expuestos a la energía creativa de la luz en un sentido espiritual. Siempre quiero estar del lado del sentido común y las realidades de hecho. Me resulta abominable el antojo. Quiero siempre ser verdadera y completamente científico y racional en la fe y práctica religiosa. Esto no significa, sin embargo, estar atado a la ciencia materialista. El cristianismo, como será repetido con frecuencia en este libro, es en sí mismo una ciencia. Creo positivamente, por lo tanto, que si un hombre va a la iglesia y se pone en sintonía con la disposición y atmósfera, y si por tan solo un minuto de silencio cambia los pensamientos negativos y destructivos que agitan su mente, y verdaderamente se relaja en cuerpo y alma, podrá afirmar su fe en Dios; entonces se abrirá al poder recreativo que fluye constantemente a través del universo.

Luego de un servicio así, recibí una carta de una mujer muy racional e inteligente:

> Quiero decirle cuánto significan sus servicios para mí. Es una inspiración asistir a la Iglesia Marble, y siento que por eso estoy bien ahora.
>
> Durante cinco años sufrí de insomnio y ataques de nervios. El último otoño regresé a mi puesto luego de pasar todo el verano enferma. Con desesperación pensé hacer el intento de trabajar nuevamente.
>
> Luego de seis semanas de estar todos los día deprimida, y después de ofrecer tres veces mi renuncia, fui a un servicio

en la Iglesia Marble. Tuvo la oración silenciosa, antes de lo cual le dijo a la congregación cómo orar y cómo quitarse toda preocupación, y cómo dejar que la mente reciba el poder de Dios para que se lleve toda aflicción. El sermón siguió la misma línea.

Salí de la iglesia sintiéndome mucho mejor. Oré con frecuencia pidiendo ayuda y guía, y al miércoles siguiente, de pronto me di cuenta que me sentía bien y así ha sido desde entonces. Empecé a disfrutar de mi trabajo. Luego de unas pocas semanas comencé a dormir sin tomar ninguna medicación. En el servicio de su iglesia encontré la orientación para curarme, pues me mostró cómo permitir que Dios me ayude.

Esta mujer llegó a la iglesia como una persona derrotada, desconcertada, desorganizada. Aparentemente tenía esa cualidad mental y espiritual que le permitió tener ingenuidad y volverse lo bastante niña como para seguir con fe los procedimientos sugeridos. El enorme poder de la fe resurgió en su mente, y ese es el punto de contacto con el poder de Dios. Mientras permanecía sentada en la iglesia, relajada, entregada y creyendo, la luz sanadora de Dios comenzó a rodearla. Entró a su vida con su profunda terapia. Se llevó la sensación de fatiga, de agotamiento. Sus nervios se relajaron. Penetró su mente y el interior de su ser torturado y atormentado en una forma profunda. Llegó al punto de origen de su dificultad. Extendió por toda la mente una radiación de sanidad, y fue transformada.

Un amigo me dio una definición excelente de un servicio de iglesia competente: "Es la creación de un atmósfera en la cual un milagro espiritual puede suceder". Cosas milagrosas se producen en la personalidad bajo esas circunstancias, en las que el ánimo está dispuesto.

Escuché a una hermosa jovencita decir que se encontraba sentada en la congregación más bien con una actitud indolente, cuando el predicador disparó estas palabras: "Dios tiene poder para tomar una persona común y transformarla en extraordinaria, si se entrega completamente al poder de Dios".

Esto la golpeó con tanta fuerza que revolucionó su manera de pensar. Comenzó un cambio en una personalidad que hasta el momento había sido inefectiva, y la transformó en una de las más sorprendentes personas que jamás haya conocido. Desarrolló una gracia poco habitual, habilidades de liderazgo superiores y una vida espiritual contagiosa, que hizo que cantidades de personas cambiaran al tener contacto con ella. Al poseer todo esto, es una persona con cualidades personales únicas, y todos los dones y gracias de una mujer moderna. En cualquier grupo, es "la vida de la fiesta".

Un hombre me escribió al terminar un servicio de adoración. Su problema era la confusión mental. Estaba en Nueva York para asistir a una conferencia relacionada con el futuro de su negocio. Las negociaciones involucraban una fuerte inversión. Todo el jueves, viernes y sábado él y sus asociados lucharon para obtener una respuesta, pero sin resultados. Este hombre tuvo la suficiente capacidad de entender que mientras la mente permanece en tensión sostenida, en lugar de clarificarse tiende a mantener un continuo desconcierto. Hay que quebrar la tensión del pensamiento algunas veces, y relajar la mente para lograr que una idea penetre. Así que ese domingo vino a la iglesia y escuchó la sugerencia del ministro para que durante un minuto dejaran ir los problemas de la mente, y que todos dirigieran sus pensamientos hacia Dios.

Este hombre de negocios nunca antes había escuchado este procedimiento mencionado, pero la lógica que tenía lo atrajo y siguió con precisión las indicaciones que se daban. Era un experto en su negocio y había venido a la iglesia asumiendo que en la iglesia se provee tratamiento espiritual de expertos, así que siguió las indicaciones con expectativa, y consiguió resultados.

Relata que de manera imprevista, igual que un proyector de luz que atraviesa un teatro en oscuridad para iluminar algún objeto específico del escenario, al estar él mismo a oscuras, la respuesta a su problema saltó a su mente de manera clara y completamente organizada. No hay dudas que el pensamiento constante que le había dado a este problema los días anteriores, dieron forma a la respuesta, pero esta se desató cuando relajó su mente a través de la terapia espiritual.

En el caso de otro hombre prominente de la vida financiera de la ciudad de Nueva York, me pidió que visitara su firma en el distrito de Wall Street, donde me encontré con un negocio importante y próspero bajo su dirección. Luego de mostrarme sus interesantes oficinas y describirme su trabajo destacado, me hizo la siguiente declaración sorprendente: "La mayoría de las personas que trabajan para mí han aumentado sus ingresos, y este negocio ha conseguido una nueva altura, y todo esto debido a algo que me sucedió en su iglesia".

Había venido a la iglesia una mañana de domingo, y entró completamente en el espíritu del servicio. Su mente, que es muy activa y alerta, entró rápidamente en sintonía. De pronto en su mente resplandeció una idea. Era el bosquejo entero de una manera de compartir las ganancias, que permitiría a ciertas personas superar grandemente los salarios que tenían ahora. Inmediatamente puso este plan en operación, con el resultado de que no solamente cada persona que participa en el plan gana más dinero, sino que la firma había superado todos los registros anteriores. El mejor lugar sobre la Tierra para obtener una idea que funcione para su negocio, es durante un servicio del tipo que describimos en este capítulo.

Puede generarse un poder de naturaleza tan asombrosa, que con frecuencia escuchamos testimonios de personas cuyas vidas han sido completamente cambiadas, en algunas ocasiones de manera instantánea, en los servicios de la iglesia. Sin dudas que los lectores han leído historias de conversiones dramáticas que se han confirmado en la vida del individuo durante largos años, aún hasta el día de su muerte. La explicación a este fenómeno es que estas personas han hecho contacto con un poder desarrollado por medio de la disposición, la atmósfera y la fe que en la coyuntura apropiada afectó al individuo de manera tan especial que sus hábitos previos se quebraron, y el individuo se transformó gráficamente en lo que dice el Nuevo Testamento: *"Nueva criatura es: las cosas viejas pasaron, he aquí, todas son hechas nuevas"*.

La congregación de mi propia iglesia se ha entrenado durante un período de varios años en esta técnica. Sin embargo, en cada servicio esta congregación está compuesta de cientos de visitantes, muchos de los cuales encuentran este procedimiento completamente nuevo. Ellos, también, informan que cuando se han entregado en total cooperación a la fuerza espiritual a la cual se apela, han obtenido asombrosos resultados.

Hace poco tiempo intenté aplicar esta terapia a una gran congregación de una ciudad del Sur, ante la cual nunca antes había hablado. Los miembros de esta congregación desconocían absolutamente este procedimiento cristiano. Estaba predicando sobre el texto: *"Oíd y viviréis"*. Expuse que "oír" significa mucho más que meramente escuchar con el oído exterior. Esta palabra tiene un profundo contenido, implica que la mente sea cautivada completamente en la presencia de Dios. Señalé que esto significa no solamente escuchar con el oído, sino también con la misma esencia de la mente. Expliqué que "escuchar" significa creer que hay algo que tiene el poder de llegar al centro de su naturaleza, y desatarlo de cualquier cosa que interfiere y disminuye y frustra su personalidad.

Pedí a los miembros de esta gran congregación que concibieran que el poder de Dios fluía en la iglesia y descendía sobre ellos. Alenté a que cada persona durante el minuto de silencio se olvidara de cada uno de los problemas que tenía en su mente, y escuchara atentamente no a mí, el orador, sino a Jesucristo, y que practicaran "oír" sus palabras: *"Venid a mí, todos los que estáis trabajados y cargados, y yo os haré descansar"*.

Dejé de hablar y me quedé quieto mientras un silencio mortal caía sobre la vasta asamblea. Luego un hombre se me acercó y expresó que había asistido a la iglesia durante años, pero aún así su mente continuaba llena de temores y preocupaciones, y que desde su infancia había sufrido de falta de confianza en sí mismo.

– Toda mi vida –dijo– he estado interior y emocionalmente atado, y aunque he llegado a ser medianamente exitoso, ha sido a pesar de mí mismo más que por mi causa. He sufrido este conflicto interior toda mi vida pero –afirmó mientras me miraba con una expresión de incredulidad en su rostro– durante ese momento en que usted pidió a las personas que escucharan realmente, me perdí y quedé cautivado. Cuando todo terminó volví en mí, pero en el momento en que me perdí, me encontré conmigo mismo. Siento como si algún poder pasó barriendo y llevándose todo lo que me ha atribulado durante años. Creo que finalmente estoy libre.

Lo que le sucedió fue simplemente que tomó contacto con una fuerza tan grandiosa que permeó las áreas que controlaban su mente, y lo hizo a nuevo. Este poder, es decir, Dios, lo creó en primer lugar, y ese poder siempre está presente para continuar recreándonos si el contacto no se interrumpe sino que se mantiene firmemente. Cuando sí se quiebra, los temores y derrotas surgen para dominar la personalidad; si se reestablece el contacto, estos elementos destructivos son eliminados y la persona nuevamente comienza a vivir. En este caso la operación al parecer fue instantánea, como sucede con frecuencia. Algunas veces requiere que se cultive durante un período, pero siempre marca la recreación del individuo.

Procederemos a bosquejar una simple pero práctica técnica para vivir exitosamente. Como lo expresé en la introducción, no ofrecemos aquí nada sobre una base teórica. Cada principio de este libro se ha resuelto a través de exámenes verificados de laboratorio. Estos principios dan resultado cuando se trabaja en ellos. La confianza en estas enseñanzas está basada sobre el hecho de que han sido desarrolladas a partir de las vidas de personas reales, no una vez sino muchas. Tienen el efecto de ley porque han sido probadas a través de la demostración repetida. Permítanme llamar la atención sobre este hecho: Si va a utilizar los principios de fe que se afirman en este libro, usted también podrá resolver los problemas difíciles de su personalidad. También podrá aprender a vivir realmente. No es importante a qué iglesia asiste –protestante, católica o judía– ni tampoco cambia nada si ha fracasado en el pasado o cuán infeliz sea el estado actual de su mente. Independientemente del aspecto desesperanzado que tenga su condición, si cree en los principios que bosquejamos en este libro y comienza a trabajar seriamente con ellos, obtendrá resultados positivos.

Los animo a considerar atentamente las cosas asombrosas que con frecuencia suceden en la iglesia, y sugiero que se sometan no solamente a la terapia privada de fe, sino al efecto sorprendente que la terapia de grupo puede operar en usted.

Pero para asistir a la iglesia con éxito, se requiere capacidad. La adoración no es un asunto de dar o no en el blanco. Es todo un arte. Aquellos que a través de la práctica o estudio se transforman en expertos asistentes a la iglesia, dominan una de las más grandes habilidades: la del poder espiritual. Para poder aprender a ir a la iglesia con eficiencia, sugiero las siguientes diez reglas para guiarlo en el dominio del arte de ir a la iglesia. Ponga en práctica estas reglas con constancia, y uno de estos días algo grande puede sucederle.

1. Piense que ir a la iglesia es un arte, que tiene reglas definidas a seguir, un arte que es posible adquirir.

2. Asista regularmente a la iglesia. Una receta diseñada por un médico para que la tome a intervalos regulares, no es efectiva si la cumple una vez al año.

3. Pase una tarde de sábado descansada y duerma bien. Prepárese para el domingo.

4. Vaya en un estado relajado de cuerpo y mente. No corra para ir a la iglesia. Vaya con ánimo descansado. La ausencia de tensión es un requisito para una adoración exitosa.

5. Vaya con un espíritu dispuesto a disfrutar. La iglesia no es un lugar de tristeza. El cristianismo es algo radiante y feliz. La religión debería disfrutarse.

6. Siéntese relajado en el banco, los pies sobre el suelo, las manos sueltas sobre la falda o a un lado. Permita que el cuerpo descanse en el contorno del banco. No se siente de manera rígida. El poder de Dios no puede entrar a su personalidad si está atado de cuerpo y mente.

7. No traiga un "problema" a la iglesia. Piense mucho durante la semana, pero permita que el problema se "disuelva" en su mente el domingo. La paz de Dios trae energía creativa para ayudar en el proceso intelectual. Recibirá conocimiento para resolver su problema.

8. No traiga mala disposición a la iglesia. Un quejoso bloquea el fluir del poder espiritual. Para echar fuera la mala disposición, ore en la iglesia por aquellos a quienes no acepta, y por los que no lo aceptan a usted.

9. Practique el arte de la contemplación espiritual. En la iglesia no se piensa sobre sí mismo. Piense en Dios. Piense en algo hermoso y pacífico, tal vez hasta en el arroyo en donde estuvo pescando el último verano. La idea es apartarse mentalmente del mundo, hacia una atmósfera de paz y renuevo.

10. Vaya a la iglesia con la expectativa de que algo grandioso va a sucederle. Crea que el servicio de una iglesia es la creación de una atmósfera en la cual puede suceder un milagro espiritual. Las vidas de los hombres han cambiado en la iglesia a través de la fe en Cristo. Crea que puede sucederle también a usted.

Podría convocar a cantidades de personas para testificar sobre las grandes cosas que suceden en la iglesia, que cambia las vidas de las personas. Sin embargo, hay una que sobresale por encima de todas en mi recuerdo. Temprano un lunes por la mañana recibí una llamada de un caballero que me preguntaba si había recibido la tarjeta que había enviado a la iglesia la noche anterior. Tenemos en nuestros bancos tarjetas con palabras sencillas en las cuales un individuo puede registrar su deseo de comenzar a practicar la vida espiritual.

Este hombre decía que había firmado una tarjeta la noche anterior, y me pedía con urgencia que quería que lo visitara. Era tan insistente y aparentemente significaba tanto para él, que dejé mi oficina y fui a verlo. Descubrí que era el supervisor de una gran organización de negocios. Estaba rodeado de todos los equipos de un hombre importante, y ocupaba una oficina espaciosa. Era un hombre tranquilo, digno, una de las personalidades más impresionantes que jamás haya conocido.

– Algo ha sucedido que ha cambiado todo, y simplemente tenía que hablarle pronto, porque me sucedió en su iglesia la otra noche –comenzó diciendo.

Entonces empezó a contar la historia de su experiencia, hablando tranquilamente, aunque el entusiasmo era evidente detrás de esa superficie de calma:

– No soy hombre de iglesia –afirmó–. De hecho, rara vez he ido en los últimos veinte años. He estado demasiado ocupado, o por lo menos pensaba que lo estaba. Hace unos pocos años comencé a sentir que algo me faltaba, aunque aparentemente lo tenía todo: dinero, posición, amigos, influencia y poder; pero usted sabe cómo es esto, que algunas veces a la comida no le sentimos sabor. Bien, la vida no tenía buen sabor para mí. El gusto ya no era tan bueno como cuando era joven. He vivido una vida bastante decente y no hay nada dramático que me haya sucedido para que me aparte del pecado, porque realmente no tengo pecados de naturaleza demasiado seria. Solamente que la vida ya no me entusiasmaba, eso fue, hasta la última noche.

Luego comenzó a recitarme la misma vieja historia de tensión, temor, irritabilidad, antagonismos, como lo característico en su lucha diaria. Estas cosas que él aparentemente no las consideraba pecados, pero eran la raíz de su falta de satisfacción con la cual había estado afligido.

– Sea como fuere –continuó– estaba casualmente caminando por la Quinta Avenida la última noche, cuando pasé frente a su iglesia. El tema del anunciador me atrajo y decidí entrar. Llegué tarde y el único asiento que encontré estaba debajo del balcón. Lo primero que me sorprendió era que la iglesia estaba completa. No pensé que la gente continuaba yendo a la iglesia, especialmente el domingo por la noche pero, como verá, hace mucho tiempo que sé muy poco sobre iglesias. Me encontré descansando en el ambiente y la atmósfera del lugar. Era hogareño y amistoso. Un sentimiento de satisfacción comenzó a venir sobre mí, y realmente tuve paz. En su sermón estaba considerando el punto de que cualquier persona en esa enorme congregación que tuviera algo que la estaba molestando, podía arreglarlo si se ponía a pensar en Dios. Me imagino que es una forma vulgar de expresar lo que usted dijo, pero esa fue la idea que entendí. Fue muy positivo en su expresión, e ilustró su sermón con historias de personas que habían hecho eso a las cuales les habían sucedido grandes cosas. Estaba profundamente interesado en esas historias, y de pronto me di cuenta que lo que les había sucedido a esas personas era lo que yo deseaba que me sucediera. Luego usted dijo que había una tarjeta en el banco en la cual uno podía registrar su deseo de que eso suceda. Tomé la tarjeta en mi mano, pero no me animé a firmarla. Pero la puse en mi bolsillo y volví a mi hotel, me fui a la cama y me dormí. En mitad de la noche me desperté repentinamente. Era poco más de las tres de la mañana, y luché para volver a dormir, pero un extraño entusiasmo parecía que me poseía, me levanté y me senté. El recuerdo del servicio de la iglesia me volvió y de pronto pensé en la tarjeta. La puse en mi escritorio y volví a leerla. Mientras hacía eso supe que debía firmarla. Me puse a orar. Y lo hice.

Y continuó:

– Sentí luego que debía enviársela por correo enseguida, así que me puse mi salida de baño y caminé por el pasillo hasta el buzón de las cartas y me quedé allí sosteniendo la tarjeta. Durante un momento dudé. Era tan extraño que yo estuviera haciendo esto. ¡Me había vuelto emotivo de repente! ¿Me estaría poniendo viejo? ¿Me estaba volviendo a la religión en mi vejez? Pero cincuenta y seis no es vejez, ¿no es cierto? Entonces separé mis dedos y dejé caer la tarjeta. Durante tan solo un segundo pude ver cómo caía por el buzón y luego se fue.

Aquel hombre me miró con intensidad:

– En el minuto en que dejé caer la tarjeta, algo me sucedió. Me sentí increíblemente feliz.

Cuando terminó de decir esto y ante mi sorpresa, bajó la cabeza y comenzó a sollozar. Siempre me da vergüenza ver llorar a un hombre, y simplemente me quedé quieto y lo dejé sollozar. Finalmente levantó la cabeza y, sin disculparse o mencionar otra cosa continuó:

– Parece que mi vida entera de pronto se quebró y estoy tan feliz que quería que viniera cuanto antes para poder contarle. A partir de este momento sé cuál es la respuesta a todos mis problemas. He encontrado paz y felicidad.

Este caballero vivió tres años más después de aquel momento, pero siempre lo recordaré como una de las más grandes personalidades que jamás conocí. Fue a la iglesia y algo grandioso le sucedió que lo cambió para siempre.

Y esto mismo sucede en las iglesias en todas partes los domingos, o cada vez que se realiza un servicio por igual. Póngase en movimiento, puede sucederle a usted.

Y ahora –un importante recordatorio– grabe este pensamiento con firmeza en su mente hasta que domine su conciencia: nada tiene que derrotarlo. Su vida puede ser una gran experiencia. Los métodos y técnicas sugeridas en este libro trabajarán para usted si usted trabaja con ellos.

CAPÍTULO 2

No se guarde las preocupaciones

E N UN PUESTO DE REVISTAS de la estación de ferrocarril, me llamó la atención una extensa muestra de revistas y libros que trataban los temas de la problemática del diario vivir.

– Observo que tiene una gran cantidad de literatura de este tipo para la venta –le comenté a la joven que vendía los diarios.

– Sí –me dijo en su forma particular de hablar– y le digo que esas cosas se venden seguro.

– ¿Más que los libros de misterios policiales o revistas de cine? –le pregunté.

– Sí, más que todo eso, y hasta le ganaron a las historias de amor. Créame –dijo– esta literatura de auto-ayuda o auto-superación es lo que me ayuda a pagar los impuestos de este negocio.

– ¿Cuál será la razón? –le pregunté.

– La respuesta es fácil –contestó–. Estos pobres (se refería a los clientes) están todos enredados. Hay tantas cosas de las que quisieran alejarse, en especial de ellos mismos, supongo –hizo una pausa y continuó–. Me parece que buscan a alguien que los libere de todos sus problemas.

Uno aprende a no sorprenderse ante la sabiduría que viene de fuentes inesperadas. Una joven vendedora observadora, que diariamente sirve al público, puede desarrollar agudeza acerca de las características de la naturaleza humana y las necesidades de los seres humanos.

Mientras me alejaba, sus palabras sabias sonaba en mis oídos: "Estos pobres están todos enredados. Buscan a alguien que los libere de todos sus problemas".

Por supuesto, es un pedido muy grande, pero alguien tiene que cumplir esta función de liberar a las personas de esta era moderna. Para hacer frente a la situación, una profesión completamente nueva se ha desarrollado, la consejería personal. No es nueva en un sentido estricto, porque siempre han existido hombres que han tratado con los problemas personales. Sin embargo, solamente en años recientes se ha transformado en un emprendimiento especializado. Los seres humanos últimamente parecen haber desarrollado una tensión mayor, gran nerviosismo, temores más profundos, ansiedades más arraigadas y neurosis más severas y complejas. Es una de las características marcadas de nuestro tiempo. Dado que se requería un antídoto, se produjo el desarrollo del servicio de consejería personal. Durante mucho tiempo fue ejercido por psiquiatras, psicólogos, hombres del clero, trabajadores sociales y, por supuesto, médicos.

Debemos tener en mente que los beneficiarios de esta nueva profesión no son personas con una vida mental distorsionada o enfermos. La función básica de la profesión es lograr mantener a las personas normales en ese estado. La consejería es básicamente preventiva antes que curativa, pero también es curativa. Trata con los temores comunes, ansiedades, reacciones de odio y culpa de la gente común.

El hombre moderno está comenzando a darse cuenta que básicamente es en sus pensamientos donde se determinan su felicidad y eficiencia; está aprendiendo que la condición de su salud emocional indicará si tendrá o no paz, serenidad y fortaleza. Y la salud mental, emocional y espiritual es esencial para tener éxito en la vida.

Los expertos en eficiencia personal saben que para ser exitoso en los negocios, o cualquier tipo de trabajo, es necesario tener una personalidad bien integrada, bien organizada. Los hombres no solamente fracasan por pereza o falta de capacidad, sino que hay causas más profundas de fracaso en las actitudes mentales y las reacciones emocionales. En la mayoría de las instancias la persona promedio no entiende estas reacciones y la influencia fundamental que ejercen sobre todas sus acciones. El consejero entrenado ayuda a la persona a conocerse, a entender por qué hace lo que hace. Le enseña a analizar sus motivos, objetivos y reacciones. Si es una buena práctica ir periódicamente a su dentista y a su médico, de igual manera es sabio ir a su consejero espiritual para hacerse controles regulares.

Cuando comienza a sentirse afligido y su personalidad parece desorganizada, vaya a su consejero y dígale con franqueza qué lo preocupa. Tal vez él pueda aliviarlo de estos factores desafortunados que lo hacen formar parte del vasto número de personas a los que la joven vendedora catalogó como "estos pobres que están todos enredados".

A través de un ejemplo puedo explicar de manera simple la actitud científica que subyace en la consejería religiosa. Un hombre que era víctima de los nervios, vino a una entrevista. Su mente estaba en tal estado de pánico que ya no podía hacer su trabajo. Ocupaba un importante puesto, pero había perdido completamente el control. No tuvo un colapso nervioso, pero se deslizaba rápidamente hacia él. Su doctor le dijo con franqueza que ya no tenía otra medicina para darle, más que los sedantes. Le recomendó que viera a un psiquiatra, pero mientras el paciente se retiraba, el doctor después de volver a pensarlo dijo:

– Tal vez tendría que ver a un ministro, a un pastor.

Al médico se le cruzó el pensamiento de que tal vez el problema de este hombre entraba en la esfera de práctica del ministro o pastor.

– En cierto sentido –dijo el médico– los ministros también son doctores. Digamos que son médicos del alma y con frecuencia son las dificultades del alma la que nos enferman en mente y espíritu, y algunas veces hasta en el cuerpo.

El paciente vino a verme. No era miembro de mi iglesia, ni tampoco lo había visto antes. Por lo tanto no sabía absolutamente nada de él. Luego de una breve conversación, estaba a la vista que tenía que hacer una confesión, y lo alenté a que la hiciera. Una vez que había volcado todos sus pensamientos y tenía bastantes cosas en su mente para enfermarlo, le pregunté:

– ¿Por qué no fue a ver a su pastor por esto?

– Oh –dijo, con una expresión de sorpresa– lo conozco demasiado bien.

– ¿Qué significa que lo conoce demasiado bien –le pregunté.

– Bueno –dijo–, él es mi amigo íntimo. Nuestras familias cenan juntas con bastante frecuencia. Sus hijos conocen a los míos y –agregó débilmente– es mi pastor. Estaría sorprendido de escuchar estas cosas.

– ¿Siempre trata de quedar bien con tu pastor, es eso?

– Bueno, es así –contestó–. Eso es lo que todo el mundo hace con su pastor. Simplemente uno no quiere que el ministro sepa nada malo.

– No eres muy amigo de tu doctor, me parece.

– Sí, por supuesto, el doctor es tan buen amigo como el pastor.

– ¿Lo ha operado alguna vez? –le pregunté.

– Sí, claro, dos veces.

– Entonces su doctor lo conoce por dentro y por fuera. No hay nada sobre usted que esté escondido, ¿es así? Pero cuando van a cenar no se avergüenza delante de él ¿verdad? No se le ocurriría pensar que mientras está sentado del otro lado de la mesa lo mire y puede decir risueñamente: "¡Ah, yo le vi la parte interna a ese hombre y sé exactamente cómo es!" Por supuesto, el doctor no tiene tiempo para recordar constantemente cómo es su interior. Se trata de un asunto profesional para él. Lo ve como paciente, y en esas entrevistas es específicamente el científico, aunque, por supuesto, tenga interés personal por usted. Pero cuando se encuentran socialmente, solamente lo ve como un amigo y no un paciente. Tiene el derecho, en esos momentos de intercambio social y amistoso, a ser relevado de sus tareas profesionales las cuales requieren que él piense en las dolencias y sus partes internas.

– Por lo tanto –continué–, tenga por seguro que el pastor cuando va a cenar con usted y se sienta del otro lado de la mesa no dirá: "¡Ah! Recuerdo lo que me dijo! Sé algo que hizo. Sé todo sobre su parte moral y espiritual interna". Lo mismo que sucede con el médico sucede con el pastor. Él también quiere disfrutar de relaciones amistosas cuando socializa. Ve tanto dolor, dificultades y males de la vida, que cuando termina con sus entrevistas quiere aliviarse de todo; por lo tanto, se ha entrenado para quitarse esas cosas de la mente. Recuerde que el pastor también es un profesional. Cuando trata con un ser humano en su relación como pastor y en su iglesia, aplica todo su conocimiento espiritual, psicológico y científico. Es enteramente objetivo, y ve a la persona que entrevista como un paciente a quien debe aplicar una cura. Cuando después se encuentra con esa misma persona socialmente, lo que sucede es que lo que le contaron en la entrevista jamás entrará en su mente. Sé por mi propia experiencia que hay gente que ha venido hace seis meses o un año para su primera entrevista, y no puedo, por más que me esfuerce, recordar un solo detalle de su historia.

– Eso es natural –le señalé– porque tomo contacto con muchísimas personas y sería imposible cargar a mi mente con todos los detalles sobre todas las cosas que todos me cuentan. Sufriría un colapso nervioso si lo intentara. El pastor que hace consejería no puede, por la misma naturaleza del caso, mantener esos asuntos en su mente. Personalmente, ni siquiera mantengo "historias de caso". No se hacen ningún tipo de registros escritos. La entrevista es completamente confidencial. Si una persona regresa para continuar la consejería y no recuerdo lo anterior, el individuo tendrá que volver a contar la historia para refrescar en mi mente lo relacionado al problema. También existe con referencia al ministro y los que asisten a su iglesia la idea de trasfondo de un padre y sus hijos. La iglesia católica enfatiza que el sacerdote es el padre espiritual y la iglesia la gran madre de la humanidad. El sacerdote, como padre, representa a la madre iglesia que ejerce el cuidado sobre sus hijos espirituales. Los protestantes jamás han sostenido este concepto; sin embargo, lo que se le cuenta al ministro queda guardado, por supuesto, en completa y sagrada confidencia. Nunca habrá ni siquiera el más pequeño quiebre de ninguna confidencia que se haya depositado en el pastor. El ministro también actúa en representación de Dios en su sagrada capacidad de pastor espiritual de la congregación.

Es importante pensar que el ministro es una persona científica a la cual una persona puede hablar libremente y de manera tan confidencial como con un doctor. Su verdadera posición en la comunidad puede ser catalogada como científico de la vida espiritual, específicamente entrenado para esta función en particular. Tiene tanto derecho de "abrir su consultorio" como cualquier otro hombre que tenga entrenamiento científico, no para la práctica de la medicina, porque nunca se entrometerá en la función de sanador médico, sino para practicar dentro de su propia esfera; debería ser visto en la comunidad como un hombre capacitado, bien entrenado de manera científica; un pastor de las almas humanas, un médico de la personalidad.

Un médico prominente, el Dr. James H. Jeans, del Hospital General de Massachusetts y profesor de Medicina Clínica en la Universidad de Harvard, dijo:

– El paciente, cuando está enfermo, debería mandar a llamar a su pastor tan rápidamente como llama a su doctor.

Por lo tanto, no piense en el pastor meramente desde el aspecto social. No enfatice demasiado en el carácter pío o sagrado de su llamamiento. No se avergüence por contarle todo con franqueza. Él ha oído y probablemente ha tratado con cada problema y pecado que usted pueda llegar a mencionarle. No existe nada que usted pueda haber hecho o hará que no se le haya presentado previamente como problema humano. No se sorprenderá ni perderá su concepto o respeto hacia usted, porque tiene un entendimiento profundo y filosófico de la naturaleza humana. A pesar de cualquier mal que pueda confesarle, está entrenado para ver el bien en usted y ayudarle para que sea eso lo que predomine en usted. Le ofrecerá su entendimiento, su amabilidad, y le ayudará con toda la capacidad que disponga.

Muchas personas actualmente están aprendiendo a pensar así de un ministro, y los resultados de esta renovación en una relación establecida son alentadores, aún asombrosos. El servicio de consultas se ha transformado en una parte integral del ministerio protestante. El conocimiento psicológico y psiquiátrico es ampliamente empleado. Los ministros, por supuesto, no se entrometen en lo que le corresponde a un psicólogo o psiquiatra acreditado, y son extremadamente cuidadosos de no ir jamás más allá de su propio conocimiento. Sin embargo, los pastores separan horas de oficina en las que los miembros de su iglesia o cualquier persona de la comunidad, en tal caso, pueden ir a consultarlos.

Aún más, los ministros consideran los problemas más básicos y simples en sus sermones, con el resultado de que las personas están cada vez más conscientes de que estos pastores son verdaderamente lo que sus títulos indican: hombres que entienden a los seres humanos, y que saben cómo aliviarlos de sus dificultades, y de esa forma hacer posible que vivan vida efectivas.

Muchos jóvenes ministros en la actualidad toman cursos con psiquiatras, psicólogos y médicos, no con la expectativa de obtener títulos médicos, porque pocos ministros desean eso, sino para poder tener un mejor entendimiento de las razones por las cuales las personas hacen lo que hacen. Obviamente, la solución a muchos problemas se encuentra mucho más en profundidad que en las medicinas o cirugías. Tal vez estos pastores están en una posición mejor que los de las generaciones previas para ejercitar los dones que les ha otorgado el Gran Médico, ya que conocen en forma más amplia la fe como terapia.

En algunas instancias los ministros han organizado un equipo en sus iglesias, con los que distinguidos hombres de la medicina, psiquiatras, psicólogos y asistentes sociales están dispuestos a servir clínicamente o en consejería.*

En vista de este servicio que ya está disponible para los hombres y mujeres modernos, es posible que cualquier persona obtenga alivio y liberación de dificultades que pesan en su mente. Por lo tanto, no se guarde las dificultades para usted. Vea a un consejero capacitado para ayudarlo. Vaya a ver a su pastor como iría a ver a su doctor.

Soy consciente de que este consejo va en contra de un común pero falso heroísmo. Las personas dicen: "Siempre me guardo los problemas para mí mismo". Habitualmente se dice esto asumiendo que esa actitud es recomendable.

Quedarse con la boca cerrada ante los problemas con frecuencia es considerada una actitud de gran entereza y fuerza. Bajo ciertas

---

* En la Iglesia Marble Collegiate de la Quinta Avenida, de la Ciudad de Nueva York -de la cual el autor es pastor- el eminente psiquiatra, Dr. Smiley Blanton, conduce una clínica en la que le ayudan otros tres psiquiatras, un psicólogo y una psiquiatra social. Es una de las clínicas religioso-psiquiátricas pioneras de las iglesias estadounidenses.

circunstancias es recomendable y hasta en otras es heroico y aún inspirador. Todos hemos conocido personas que han vivido sufriendo el dolor durante años, y que lo han hecho con un espíritu glorioso, sin dejar jamás que les dejara huellas en sus rostros. No han afligido a sus seres amados y amigos haciendo referencia constante a su sufrimiento.

Por otro lado, algunas personas parecen llegar a ser grandes quejosos y lamentadores. Son víctimas de la auto-compasión, y piensan permanentemente en sí mismos. No se guardan los problemas para sí, y deberían aprender a hacerlo. Quieren que todos los demás lleven sus problemas, y las personas no quieren ser depositarios de los problemas ajenos. Ella Wheeler Wilcox dijo acertadamente:

Ríe, y el mundo reirá contigo;
llora, y llorarás solo.

Pero la política de guardar sus problemas puede ser peligrosa. Existe un sentir de que la personalidad humana debe ser aliviada de sus cargas. Una persona no puede embotellar para siempre dentro suyo la culpa, los problemas y la adversidad que lo han afectado. Para utilizar una frase cruda, es aconsejable sacar cosas "fuera del pecho". Tal vez la palabra "pecho" en este dicho común está utilizada sabiamente, porque pareciera hacer referencia al corazón. El corazón tradicionalmente ha sido considerado el centro de la vida emocional.

Con una expresión más clásica Shakespeare da el mismo consejo: "¿Puedes tú ayudar a una mente que está enferma a arrancar de la memoria la pena enraizada, arrasar los problemas escritos en el cerebro y por medio del dulce antídoto del olvido purificar el pecho de esa peligrosa materia que reside en el corazón?"

La liberación interior es una necesidad que enfrenta todo ser humano. Debemos aliviar al corazón. Es una política peligrosa llevar cosas solos demasiado tiempo, de otra manera se volverán hacia su interior. No se guarde los problemas. Haga que alguien que sepa el arte y esté capacitado en consejería, los ordene. Las personas que siguen este procedimiento y consultan a su pastor, rabino, sacerdote, psiquiatra o psicólogo, u otro consejero bien calificado, o aún algún amigo sabio y entendido, obtienen profundos beneficios. Con frecuencia reciben el alivio completo de sus dificultades.

El consejero saca a la superficie y elimina de la mente las ideas y pensamientos que han causado problemas, y dan lugar a pensamientos más nuevos y sanos. Es imposible eliminar un pensamiento, simplemente por tener el deseo de hacerlo. Si por fuerza de voluntad lo eliminamos momentáneamente, regresa velozmente a la mente cuando no hacemos fuerza o bajamos la guardia. El único método exitoso y permanente es suplantar los pensamientos destructivos por buenos, y pensamientos enfermos por sanos. Para lograr esto el consejero emplea técnicas específicas.

En nuestra sala de entrevistas un hombre describió penosamente su condición. Resultó ser el banquero de una pequeña ciudad, y un hombre influyente de su comunidad. Tenía un carácter incuestionable y era tenido en alta estima.

– Simplemente no entiendo –dijo–. Vivo una vida decente y trato de ayudar a las personas de muchas manera, pero soy infeliz. De hecho –concluyó–, estoy deprimido.

Al investigar quedó revelado un estado interior de conflicto. Estaba lleno de temores y ansiedades, y no era poco el odio y el resentimiento que tenía en su mente. Cuando empezamos a hablar dio la impresión de que había mucha más gente de la que se imaginaba en su ciudad, que lo irritaban y a quienes detestaba. Tenía un fuerte deseo de arreglar las cuentas, pero su estricto entrenamiento religioso le había ayudado a sublimar gran parte de ese antagonismo. Sin embargo, no lo había eliminado completamente. Simplemente lo había empujado hacia su interior donde hacía una presión tan grande como vapor tapado.

Él sacó todo esto a la superficie al principio con indecisión, pero luego lo derramó como un torrente en el momento en que él mismo se lo permitió y superó todos los impedimentos de la vergüenza y la timidez.

Escuché pacientemente. Lo importante no era lo que yo debía aconsejar, sino que él pudiera expresarlo todo. En otras palabras, debía sacar todo. Necesitaba una catarsis mental completa.

¿Cuál debía ser mi consejo? ¡Ore! Sí, pero era lo que él había hecho toda su vida. ¡Lea La Biblia! Por supuesto, pero esa había sido su práctica diaria. Las palabras religiosas superficiales no serían suficientes. Sencillamente era necesario atacar su situación de una manera simple, aunque fresca y original. Creo que la religión cristiana no ha sido simplificada todo lo necesario, aún para los hombres con educación como él. Deberíamos aprender que la única manera realmente efectiva de transformar a la religión en una herramienta útil, es traducirla a pensamientos de formas simples y resolver sus técnicas en procedimientos muy lúcidos y sencillos. Debería dársele forma gráfica, hasta pintoresca, y una mirada renovada para sacar la formalidad aburrida y sin vida que con frecuencia la transforma en impotente.

De manera que le dije a este hombre:

– ¿No sería muy bueno si pudiéramos llegar hasta lo profundo de su mente y eliminar todos aquellos pensamientos que han dejado su cerebro en este estado de confusión y tumulto?

– No tiene idea de lo maravilloso que sería eso –declaró.

Continuando con la idea, le dije:

– ¿No sería grandioso si un cirujano pudiera tomar un cuchillo y hacer un agujero en la parte superior de su cabeza, y con un instrumento fuera hasta el fondo y lijara hasta quitar todas esas ideas? Luego podría tomar uno de esos instrumentos que tiene el dentista para soplar aire en las cavidades y recorrer todo el interior de su cabeza, y estar seguro de que no quede vestigio de esas ideas

43

enfermas que acechan allí. Y entonces cuando todo estuviera limpio el médico cerraría la parte superior de su cabeza.

Luego le recordé esa sabia advertencia en La Biblia que dice que aunque echáramos a los demonios y limpiáramos la casa, volverían rápidamente muchos más. Por lo tanto, era obvio que tenía que hacer mucho más que vaciar su mente y barrerla hasta que estuviera limpia; de otra manera, esos pensamientos expulsados, por causa de su larga estadía, regresarían y tomarían su habitación en la casa de la cual habían sido forzados a abandonar temporalmente.

Siguiendo con este algo curioso tratamiento espiritual le dije:

– Cuando su cabeza esté limpia, antes de que el médico vuelva a cerrarla, tal vez como ministro también estaría presente, abriría La Biblia y tomaría algunos de esos grandes versículos sobre la fe, el perdón y la amabilidad, y los dejaría caer dentro de su mente, sencillamente rellenaría su cerebro con ellos. Luego dejaría que el médico cerrara el agujero de la parte superior de su cabeza y lo atornillara. Esas nuevas ideas bajo la forma de textos bíblicos sumergirían su mente y podrían permearla, creando una influencia sanadora para que finalmente usted fuera transformado completamente.

Movió la cabeza tristemente, aunque le causaba gracia lo extraño de esta terapia, y dijo:

– ¿No es una pena que no pueda hacerse? Es una pena de verdad.

Nos sentamos en quietud considerando el tema y luego le pregunté:

– ¿Por qué no se puede?

– ¿Pero, cómo? –demandó–. No puede cortar un agujero en la parte superior de mi cabeza.

– No necesitamos hacer eso. Ya hay dos entradas en su cerebro, los ojos y sus oídos. Por lo tanto, mi consejo profesional es que vuelva a su casa, tome un Nuevo Testamento y subraye en rojo cada versículo que usted piensa que necesita, y memorícelos uno por uno.

Durante un tiempo deje de leer libros y revistas, y solamente dé una rápida mirada al diario. Concéntrese en llenar su mente con versículos de La Biblia. Ocupe plenamente su mente con estos pensamientos sanadores, para prevenirse de los destructivos que tanto tiempo ha almacenado dejándolos continuamente vivir en su mente. Concéntrese en expulsar los pensamientos destructores por medio de los pensamientos poderosos y creativos que saque de La Biblia. Estas palabras de La Escritura son muy poderosas, y limarán hasta que desplacen los pensamientos enfermos a su debido tiempo.

– Entonces –dije– vaya a la iglesia y escuche realmente lo que se dice. Escuche más allá de su ser consciente, dispuesto a alcanzar las palabras vitales, las oraciones y pensamientos. Medite sinceramente en ellos e imagínese que caen dentro de su cerebro. De esa forma habrá admitido los pensamientos sanadores a través de las dos entradas de su cerebro que tiene disponibles, es decir, sus ojos y sus oídos. Por lo tanto, un agujero real en la cabeza es innecesario. Cuando sienta que un pensamiento de odio o de derrota viene a su mente, inmediatamente vaya a las palabras e ideas que ha reunido. Repáselas rápidamente. Repítalas una y otra vez. Persevere en esta práctica y pronto cambiará enteramente el carácter de sus pensamientos. Limpie su cerebro y rellénelo con poder sanador.

El banquero hizo como le indiqué. Como era un hombre de considerable fortaleza mental, pudo aplicar este procedimiento simple. Solamente las mentes grandes que se hacen simples obtienen beneficios de un procedimiento como este.

Por favor, recuerde que el más grande de todos los pensadores, Jesucristo, dijo que "a menos que uno se vuelva como niño pequeño" no podrá conseguir resultados.

El banquero me contó que, como resultado de este sencillo procedimiento, el carácter completo de su vida esta cambiando, pero advierte:

– Cuando bajo la guardia, las viejas ideas tratan de filtrarse nuevamente, pero no les permito, y con cada día que pasa logró más y más el control. He descubierto –concluyó– que cambiando mi pensamiento, poniendo dentro de mi mente las grandiosas ideas de mi religión, puedo literalmente sacar con fuerza los pensamientos destructivos. Al comienzo fue una batalla –admite– pero el poder de la fe puede vencer cualquier oposición, y gradualmente estoy ganando la paz mental que busco.

He descubierto que técnicas y procedimientos tan simples con frecuencia nos aseguran resultados extraordinarios. Mantener en forma general la religión y sus formas, aunque es sin duda estimulante e inspirador, no resulta siempre suficiente para curar las profundas dolencias del alma. Se requiere con frecuencia la aplicación de remedios específicos de maneras tan simples como las sugeridas en el incidente mencionado anteriormente, para traer alivio completo.

Para el lector que puede estar sorprendido por el procedimiento "inusual y curioso" recomendado al banquero, la mejor respuesta es que dio resultado. Ha sido mi experiencia, aún entre las más intelectuales y sofisticadas personas, que cuando el cristianismo lo reducimos a fórmulas precisas y lo aplicamos con técnicas o herramientas sencillas, "opera" de una manera asombrosamente exitosa.

Si, como creo, el ministro es un doctor espiritual, debe estar en una posición que le permita sugerir recetas espirituales prácticas.

En consejería dos problemas humanos básicos parecen repetirse constantemente: uno es el temor y el otro la culpa. El temor lo tratamos en otra parte del libro y no lo consideraremos aquí.

El pecado, o un sentido de culpa, tienen un efecto particularmente dañino sobre la personalidad. Podemos describirlo mejor como una herida. La culpa corta profundamente la naturaleza emocional y espiritual. Al comienzo este corte en la personalidad puede no causar sufrimiento y uno puede sentir que "salió triunfante". Sin embargo, como en la historia de algunas enfermedades físicas, aunque el desarrollo es lento, llega el momento cuando esta enfermedad de la culpa comienza a producir problemas y repentinamente puede "estallar".

La tensión aumenta, el nerviosismo se transforma en un problema y se desarrollan obsesiones muy curiosas. Un hombre con el que trabajaba siempre tenía que regresar y probar la puerta. Otro se lavaba constantemente las manos luego de tocar las cosas. Tal vez como Lady Macbeth, trataba de lavar una mancha que no existía en su mano, pero que seguramente estaba en su mente. Con frecuencia las obsesiones son mucho más profundas y dan como resultado un sufrimiento agudo. La mente se vuelve inquieta, las emociones se salen de su cauce, y uno está desesperadamente infeliz e ineficaz.

Una causa de estos fenómenos es que la culpa es una herida sucia. La pena, por ejemplo, es una herida limpia. Duele profundamente, pero como es limpia, la herida se sana de acuerdo al proceso de la naturaleza. Una herida limpia en la carne se sana sin dificultad. Un árbol que es golpeado por un rayo gradualmente sana sus heridas, pero el efecto de la culpa o del pecado es otra cosa. Al estar sucio, el proceso restaurador y curativo no se completa. La culpa supura y se transforma en un centro de infección; como en el cuerpo, así sucede en la mente y el espíritu. La personalidad siempre y automáticamente hace el esfuerzo de protegerse. La naturaleza lucha por aislar un centro de infección, pero en el caso de la culpa esto no puede hacerse. En la juventud y aún en los años fuertes de la edad mediana, sus efectos injuriosos pueden detenerse, por lo menos en parte, pero con la declinación de la vitalidad, con el avance de los años y las cargas más pesadas de las responsabilidades que viene con la madurez, esa resistencia declina y la infección de la culpa que se ha mantenido durante tanto tiempo, se exterioriza hasta dominar el sistema entero.

Algunas veces puede escuchar que un hombre se quebró, tiene problemas del corazón, presión demasiado alta, tensión anormal. Una vaga, indescriptible insatisfacción tiende a estropear su felicidad. No siempre, por supuesto, es el sentimiento de culpa la raíz de tantas dificultades, pero en la consejería personal descubrimos que es la causa o por lo menos un factor que contribuye en una gran número de casos.

A esta generación en particular no parece que le gustara admitir el hecho del pecado. Algunas personas han ido tan lejos como para decir que el pecado no existe, pero decir eso no lo vuelve cierto. En mi opinión, una de las causas profundas de la tensión nerviosa de esta era es que no reconoce ni trata con propiedad la supuración de la culpa que ha estado almacenada durante tanto tiempo en las mentes humanas. Puede también ser que los enormes pecados sociales de nuestro tiempo están minando la salud mental y emocional del hombre moderno.

Sí, sin dudas que es extraño y siniestro este sentido de culpa. Piensa que no pasará nada y, por lo tanto, lo toma dentro de su sistema, y la realidad es que comienza a despedir algo parecido a un "veneno", a juzgar por la reacción de la personalidad. Este "veneno" entra en su pensamiento, y al poco tiempo usted se dice: "No parece que estoy feliz. Ya no disfruto de las cosas. Estoy nervioso. Todo tiene mal gusto. ¿Qué pasa con todos? ¿Qué pasa conmigo?"

Por supuesto, no es un verdadero veneno físico pero, esa es la mejor palabra que podemos pensar para describir las secreciones insanas y de deterioro que fluyen del sentido de culpa. Ha quedado bien establecido que el nerviosismo, el enojo o el odio pueden estimular secreciones en el cuerpo y dificultar el funcionamiento apropiado del sistema físico. La culpa puede afectar a los seres humanos de igual forma. Los médicos prominentes han probado la teoría de que el odio y el resentimiento causan problemas físicos definidos, y hay muchos informes de laboratorio disponibles que afirman esto. Simplemente no puede permitirse que el veneno de la culpa permanezca en su mente, y al mismo tiempo ser feliz y eficiente.

Esto fue ilustrado por el caso de un oficial de la fuerza aérea que vino a una entrevista. Luego de muchas misiones fue baleado durante un ataque por una disputa sobre algunos campos de petróleo de Europa. Sufrió de fatiga y conmoción debido a las batallas. Fue enviado a un hospital donde le dieron un tratamiento espléndido, que era provisto por nuestros hospitales de la fuerza aérea.

Aún no se ha recuperado totalmente. La felicidad, un poco de vida, la salud normal y emocional lo abandonaron.

Finalmente el doctor a cargo lo derivó al capellán, y a través del capellán llegó a la consulta en nuestra clínica.

En las entrevistas siguientes surgió finalmente que con anterioridad a su ingreso al servicio militar, el muchacho había cometido un pecado sexual. Trató de racionalizarlo pensando que ya se estaba por ir y quizá jamás volvería a ver a la joven. Había planificado casarse, pero las circunstancias no se lo permitieron en aquel momento, y se esperaba que el matrimonio se concretara después de la guerra. Sin embargo, con el paso del tiempo los dos sintieron que no era sabio consumar el matrimonio y, además, otras personas se habían entrometido y complicado la relación. El joven se explicó todo a través de la racionalización, que es lo más obvio y común, pero es un hecho que no podemos engañar a la mente subconsciente, aunque pueda evadirse la consciente.

La mente siempre trata de salvar nuestra fachada; por lo tanto, no hay que confiar en la mente consciente, bajo esas circunstancias. Sin embargo, en la mente subconsciente se mantiene y se considera al pecado como lo que realmente es. La mente trató de enterrarlo, de aislarlo, pero comenzó a supurar y finalmente salió a la superficie: esa era la causa de la continua enfermedad emocional de este joven oficial.

– Hijo, el problema no reside en tu cuerpo –así le dijimos–. Realmente ni siquiera está en tu mente. Está en tu alma. Es de naturaleza moral y espiritual.

El psiquiatra corroboró este diagnóstico.

El joven que era muy despierto e intelectualmente objetivo, reconoció la validez de este análisis. Estaba dispuesto a someterse a tratamiento espiritual, que en esencia era sencillamente que su pecado fuera perdonado. Tan pronto hizo esto –y su actitud fue profundamente sincera– ocurrió el cambio más notable. Rápidamente quedó libre, feliz, aún alegre y exuberante. Tuvo tal estallido de energía y entusiasmo, que los que lo conocían quedaron asombrados, y no es para menos, porque una carga muy pesada que estaba sobre su alma fue quitada. Enseguida quedó sano, y en la actualidad es muy exitoso en el trabajo donde ingresó después de recibir el alta del servicio.

Al principio resultó difícil persuadir al joven para que le contara al consejero la historia completa. Su renuencia no se debía específicamente a un sentimiento de vergüenza, sino porque había llegado a creer que lo que llamamos "pecado" ya no tenía más el efecto que las generaciones anteriores creían que poseía.

El ambiente social en que estaba había enfatizado durante gran parte de sus años de desarrollo, que lo que él hacía ya no estaba más mal. De hecho, intentó presentarnos a nosotros ese argumento, pero mil novecientos años de civilización cristiana le habían hecho saber a su mente subconsciente que sí estaba mal. Por lo tanto, su mente subconsciente reaccionó de una manera que no estaba afectada en lo más mínimo por lo que esta generación específica pensaba. Si hubiera seguido las creencias que habían sido aceptadas por su mente consciente, todavía hoy continuaría siendo uno de aquellos que han naufragado en la vida.

El subconsciente no siempre es nuestro enemigo. Puede ser también su esperanza, como quedó comprobado en este caso.

Al tratar con la culpa, el consejero con frecuencia encuentra la extraña dificultad de que un individuo puede sentir que ha recibido el perdón de Dios; sin embargo, no puede perdonarse a sí mismo. Esto se debe en gran parte al hecho de que la mente se ha condicionado a la presencia del complejo de culpa. Hay una curiosa renuencia en la mente humana a dejar ir la culpa sin importar lo desagradable que sea. La mente, sin dudas, es extraña. Desea la libertad y, con todo, duda de tomar la libertad cuando se le ofrece gratuitamente. Quiere ser libre y, sin embargo, con frecuencia no toma la liberación que recibe.

Frecuentemente he observado que una persona que confiesa la totalidad de su culpa y recibe el glorioso alivio que esa confesión le provee, en realidad querrá regresar y desea confesar todo el asunto nuevamente y en forma repetida.

Un hombre vino a verme, confesó un pecado y experimentó profundo alivio, pero seguía viniendo a intervalos para confesar nuevamente el mismo pecado con idénticos detalles. Finalmente le dije:

– Está pasando un buen rato, ¿no es cierto?

– Siempre me siento mejor luego de confesar esto –me contestó.

– Puede ser que se sienta mejor temporalmente, pero pronto su mente comienza a retomar la culpa. Su mente no cree que pueda llegar a ser libre. Razona que esa liberación sería demasiado buena para ser cierta. Gobernada por el hábito es lenta para aceptar la idea de que puede ser liberada de la dominación del complejo de culpa. Por lo tanto, actualmente se siente tan mal como antes de venir a verme por primera vez. Pero como ha experimentado la liberación de la confesión, regresa para asegurarse una vez más la paz mental temporaria.

Le señalé que debía aprender a perdonarse a sí mismo si esperaba quebrar el círculo vicioso de la derrota. En su mente debía perdonarse y tomar la libertad. En lugar del círculo que lo llevaba desde la prisión espiritual hacia la liberación y nuevamente a volver a comenzar, debía caminar directamente hacia adelante y alejándose, no hacia atrás y alrededor del círculo

Entonces le dije que nunca debía confesarse más conmigo ni con otra persona, sino, por el contrario, debía repetirse para sí mismo: "Gracias Dios, que terminé con eso, y mi intención es permanecer con eso terminado".

– Por lo tanto –le dije– adelante, confiésese conmigo una vez más, pero esta será la última oportunidad que lo hable.

Cuando había terminado, dije:

– Ahora bien, esta es la última, nunca más lo escucharé, y le aconsejo firmemente que nunca más se lo diga a otra persona.

Estaba seguro que no se lo confesaría a ninguna otra persona, porque le había costado tanto contármelo a mí la primera vez. Me había transformado en una especie de padre espiritual para él, un agente de liberación, pero para que él se curara tenía que hacer una transferencia más allá de mí hacia Dios y su propia mente. Tenía que aceptar el perdón de ambos: de Dios y de él mismo. La confesión repetida indicaba que realmente no había entregado la culpa.

Pasaron varios meses antes de que encontrara su nombre nuevamente en mi agenda de entrevistas. Cuando entré a la sala, se levantó con un vigor que nunca antes había observado en él, y literalmente me estrujó con el apretón de manos.

– Y, mi amigo, ¿qué tiene en mente esta vez? –le pregunté.

Rápidamente me contestó:

– No se preocupe. No voy a confesar ese asunto de nuevo. Simplemente vine para decirle que finalmente he terminado con eso. Solamente quiero contarle que en el mismo minuto en que decidí que todo el asunto estaba aclarado, que Dios verdaderamente me había perdonado, hice tal como usted me sugirió, me perdoné a mí mismo y finalmente me alejé. Pareció ir decayendo y realmente ahora ha quedado atrás.

Entonces agregó:

– Me he comprometido a memorizar ese pasaje de Las Escrituras que me dio, qué maravilloso que es. Realmente da resultado; en todo caso, lo dio conmigo.

El pasaje de La Biblia que le di es este: *"Olvidando ciertamente lo que queda atrás, y extendiéndome a lo que está delante, prosigo a la meta, al premio del supremo llamamiento de Dios en Cristo Jesús"* (Filipenses 3:13-14). Por lo tanto, no se guarde los problemas para usted. Sino que una vez que se los cuente a un consejero competente y haya sido perdonado por Dios y entonces haya encontrado la liberación, verdaderamente perdónese y aléjese definitivamente de eso. Llene su mente con pensamientos esperanzados, beneficiosos y positivos. Tenga fe y avance. No mire hacia atrás. Marche directamente adelante, porque la vida está adelante, nunca hacia atrás. Siga adelante.

Cierta vez en mi trabajo de consejería tuve una experiencia única con respeto a esto. Una pequeña señora de cabellos blancos vino a verme. Se la veía soportando una gran depresión. Tenía un rostro muy dulce, parecido al retrato inmortal de una madre de Whistler. A medida que íbamos teniendo las entrevistas, me daba cuenta más y más que se trataba de un caso de culpa. Parecía imposible a la vista de la gentileza y belleza de su personalidad. Sin embargo, me di cuenta que un médico competente del alma debe explorar todas las posibilidades.

Por lo tanto, con mucha reserva le pregunté si en su experiencia había adquirido un sentido de culpa, hubiera cometido el pecado o, lo que es más sutil, si pensaba que lo había cometido.

Resultó que la última era la respuesta al problema. Relató que cuando era una jovencita de alrededor de dieciocho años, había estado muy enamorada. Fue criada en un hogar cristiano estricto, y sus ideales de conducta personal y pureza eran muy altos. El joven de quien estaba enamorada era un poco más flexible en su moralidad, y parece que estuvieron al borde de cometer pecado sexual. La insistencia de él para que accediera a su razonamiento moral, era considerable. Sin embargo, me aseguró, que no accedió, me dijo:

– Esto es lo terrible… yo deseaba hacerlo. Únicamente después de la más horrible batalla conmigo misma pude resistirme. Ahora –me dijo– leí en La Biblia que "cualquiera que mira a una mujer codiciándola, en su corazón ya ha cometido adulterio". Por lo tanto me di cuenta de mi culpa. No había realizado ese acto, pero ese era mi deseo; por lo tanto era tan culpable como si lo hubiera hecho. Toda mi vida viví una vida limpia, justa, pero en esto pequé y la idea me ha perseguido y sé que cuando muera, estaré condenada –así concluyó su patética historia.

Le señalé que no podemos gobernar los pensamientos que vienen a nuestras mentes. Con las palabras del viejo proverbio: "No puede evitar que las aves vuelen sobre su cabeza, pero sí puede impedirles que hagan nido en su cabello". Le expliqué que en realidad lo que había hecho era lograr una gran victoria moral y espiritual. Le dije que había enfrentado al enemigo en el campo de batalla de su vida, y luego de una terrible batalla lo había destruido, y más que condenarse debía agradecer a Dios que había tenido la fuerza interior de ganar esta lucha.

Fue en vano. La idea de la culpa que había mantenido tanto tiempo no podía ser disipada fácilmente.

Finalmente hice algo que tal vez no es una práctica protestante común, pero fue efectiva. Le pedí que se quitara el sombrero y la hice arrodillar ante el altar de la iglesia. De pie detrás del altar, le dije:

– ¿Me reconoce como ministro de la iglesia?

Ella dijo:

– Sí.

– Como ministro de la iglesia ¿para usted soy el representante humano de Dios?

– Sí, lo es.

– ¿Cree que Dios le perdona de cualquier maldad, se lleva la carga de cualquier culpa de su mente, y confiesa en este momento que obró mal y confía en Jesucristo como su Salvador?

– Sí –dijo– creo con sinceridad, y pongo mi fe en Cristo.

Entonces puse mis manos sobre su cabeza. Me sentí tocado por esto, aún puedo recordar mi mano sobre su cabello blanco como la nieve. Por lo menos tenía setenta y cinco años, tal vez era la mujer más buena que haya caminado en la Tierra, una santa, aunque no lo supiera. Luego le dije:

– En el nombre de Jesucristo, el único que puede perdonar pecados, declaro que por su poder eres perdonada de cualquier error. Vete y no peques más –y luego agregué– *"Olvidando lo que queda atrás, y extendiéndome hacia adelante, prosigo a la meta..."*

Luego de uno o dos momentos de oración silenciosa, se puso de pie y me miró. Con frecuencia he visto la gloria sobre los rostros humanos, pero nunca tan resplandeciente como la de aquella cara.

– Me siento muy feliz. Pienso que se ha ido –dijo simplemente.

Vivió cuatro años más luego de aquel día, y en varias oportunidades me dijo:

– ¿Por qué no fui a ver a alguien muchos años antes y me quitaba todo esto de encima?

Aprendió el valor de no guardarse los problemas. Descubrió que cualquier persona puede ser liberada de sus angustias.

Cómo eliminar su complejo de inferioridad

"HAY SUFICIENTE energía atómica en el cuerpo de un hombre para destruir la ciudad de Nueva York", dice un prominente físico. Leemos estas palabras con una comprensión superficial, pero tratemos de introducirlas dentro de nuestras mentes y ser conscientes de ellas. Hay suficiente poder en *usted* para volar la ciudad de Nueva York y hacerla escombros. Eso, nada menos, es lo que nos dice un físico avanzado.

Si esto es así, y es innegable, ¿por qué tener complejo de inferioridad? Si hay dentro de usted, literalmente, la fuerza suficiente como para hacer volar la ciudad más grandiosa del mundo, también existe, literalmente, suficiente poder para que pueda vencer cada obstáculo de su vida.

Pitágoras estaba absolutamente en lo cierto cuando alentaba: "Conócete a ti mismo". Eso incluye conocer sus poderes. Cuando se conoce a sí mismo y se da cuenta del enorme poder en su interior, entonces sabrá que no necesita ser una persona derrotada, vencida, porque vive acosada por un falso sentimiento de inferioridad.

Es posible que con frecuencia se sienta derrotado. La depresión se instala y trae ese sentimiento desalentador de que no hay mucho por qué pelear. Es probable que en alguna ocasión todos tengan la tentación de hundirse en esta triste y deprimente actitud, pero no todos lo hacen. Los que acepta la idea de que están derrotados, habitualmente *lo están;* porque tal como dice un famoso psicólogo, "Hay una profunda tendencia en la naturaleza humana para transformarse en lo que uno se imagina que es". Crea que está derrotado, durante el tiempo suficiente, y es probable que se transforme en un hecho, aunque "haya suficiente energía atómica en el cuerpo de un hombre para destruir la ciudad de Nueva York".

Pero observe: las personas que logran felicidad y el éxito son aquellos que cuando tienden a hundirse en un humor depresivo lo eliminan, negándose a aceptar la idea de la derrota. Se niegan a considerar el pensamiento de que las situaciones y circunstancias, o sus enemigos, los tienen debajo de ellos. Saben que es el *pensamiento* de la derrota el que causa la derrota, así que practican para tener pensamientos positivos. Pensamientos indomables, pensamientos de fe que surgen a través de sus mentes. Entrenan sus mentes para pensar en victoria y, como resultado, obtienen la victoria.

Básicamente el complejo de inferioridad –por lo general, sentirse inferior a otros– surge de pensar mal, ya sea que esto lo haya adquirido en la infancia o como resultado de experiencias posteriores. Un complejo de inferioridad puede ser definido como un sistema de ideas emocionalmente alineadas alrededor de una idea central: la falta de confianza en uno mismo.

Los síntomas de un complejo de inferioridad pueden reconocerse por la forma en que uno tiende a compensar; esto es, por el método que usa su mente subconsciente para emparejar los sentimientos de inferioridad. Si miramos brevemente a ciertos tipos de compensación, vamos a lograr una idea más completa de cómo la falta de confianza en uno mismo influencia el comportamiento humano.

Hay un tipo de personalidad que se sobreestima a sí misma. La víctima, en lugar de caminar, se pavonea. Es pomposa. Cuando habla es probable que lo haga en voz fuerte. Cuando discute cualquier tema, da la impresión de saber todo lo necesario. Uno dice: "¡Qué vanidoso es!" No necesariamente. Podría ser más exacto decir: "¡Qué enfermo que está!" Detrás de su pomposa seguridad tienen un profundo sentimiento de insuficiencia. Se repliega en una manifestación infantil de la inferioridad.

El complejo de inferioridad algunas veces toma una forma curiosa. Un profundo sentimiento de insuficiencia puede manifestarse en un irrazonable deseo de dominar. Una persona que durante su infancia fue sobredominado, puede en su vida adulta tratar de sobrecompensar buscando él mismo dominar a otros. Esta persona puede, y habitualmente no lo hace, no reconocer esto como causa de sus propias actitudes, ni lo hacen las otras personas con las cuales se asocia. En una situación emocional anormal, entre otras posibles causas, sería sabio explorar la inferioridad escondida.

*   *   *   *

Una mujer vino a verme porque, como ella lo decía:

– Prácticamente no podía vivir más.

– Estoy rodeada –se quejaba– por gente que se pelea constantemente. Debo tener paz, o me volveré loca.

Su casa, decía, era un "manicomio", que estaba todo el tiempo revolucionada. Todos en su hogar eran nerviosos, era una familia neurótica, tensa.

– Y –decía enojada– es sencillamente horrible.

Decía que estaba tan nerviosa que no podía dormir. En resumen, declaraba, era una situación intolerable.

Le pedí que trajera a su esposo para verme, pensando que él pudiera ser la causa de ese revuelo, pero mostró ser un pequeño hombre humilde, de buenas maneras. Se sentó quietamente mientras que ella hablaba todo el tiempo. Era, obviamente, una personalidad derrotada. Hasta la miraba con temor antes de hablar, luego hablaba como un timorato.

Decidí persuadir a los miembros de la familia que se fueran uno por vez de la casa, calculando que si el revuelo cesaba ante la ausencia de alguno de ellos, el que se había ido, a través de un proceso de eliminación, sería la causa de las dificultades. Parecía una forma simple de resolver las cosas. Los niños se fueron primero, uno tras otro; después el esposo, pero no sucedía nada que cambiara la situación, que se mantenía más tumultuosa que nunca.

Finalmente le pedí a la esposa que se fuera por un tiempo.

– Bien –contestó–. No pienso que eso resuelva nada. Si me voy, ¿quién cuidará el lugar?

– No se preocupe de eso –le dije–. Usted solo váyase. ¿Cuánto hace que está casada?

Me dijo y yo le respondí:

– Cualquier esposa que ha estado casada por tanto tiempo, merece unas vacaciones. Vaya a alguna parte durante dos semanas.

Se fue durante una quincena. Cuando dejó la casa todo se calmó. Se volvió tranquila y pacífica. Aunque algunas de las tareas de la casa no se cumplieron con la misma eficiencia, era un lugar de paz y tranquilidad.

– ¿Cómo van las cosas? –le pregunté al esposo.

Él me susurró:

–Maravilloso, grandioso.

Y mirando furtivamente hacia todos lados, me confesó:

– Todo es magnífico.

Luego de dos semanas la esposa regresó y vino con su esposo para hablarme. Le dije:

– Hemos realizado un experimento. Hicimos que los niños uno a uno se fueran, y no sucedió nada. Luego el esposo, y no pasó nada. Pedimos a la esposa que se fuera, y todo se tranquilizó.

– Sí –admitió ella–. Eso es lo que ellos dicen.

Luego de pensar durante un momento, preguntó reflexionando:

– ¿Usted no pensará que la causa de todo puedo ser yo, no es cierto?

Entonces el esposo se despertó y confiadamente dijo:

– Sí, Mary, tú eres la causa.

Ella se dio vuelta y le contestó enfáticamente:

– Tú quedas fuera de esto, decidiré por mí misma.

– ¿Cuál es mi problema?" –me preguntó.

Me gustaba su estilo honesto. Sabía que la falta estaba en ella, y quería la respuesta. Cuando le describí el mecanismo de inferioridad a la luz de sus reacciones, reconoció la exactitud del diagnóstico. Estaba inconscientemente sobrecompensando por la dominación que había sufrido en su niñez. Su mente tomó este método para tratar de escapar de un profundo sentimiento de inferioridad.

Pidió ayuda para corregir sus fallas de personalidad. Se le bosquejó un plan definido y detallado de técnica espiritual. Tenía un carácter directo y lo puso en práctica, con el resultado de que la situación se rectificó en forma total.

Un día observó con sabiduría:

– Tal vez la mejor manera de cambiar una situación, es cambiar uno mismo.

Conócete a ti mismo, cambia tú, eso es muy importante. Pero existe aún un factor más profundo para erradicar la inferioridad, y se lo puede encontrar en las vastas riquezas psicológicas de La Biblia. Entre los métodos posibles, uno de los mejores y más seguros es la fórmula que contienen estas palabras: *"Si Dios es por nosotros ¿quién contra nosotros?"* (Romanos 8:31).

Esa fórmula tiene una potencia incalculable. Si cree lo que esas palabras implican, desarrollará fe en sus propios poderes. Es más, descubrirá que la fe desata fuerzas que le ayudarán poderosamente.

Permítame darle una ilustración gráfica de la manera en la cual funciona esta fórmula.

En Cedar Rapids, Iowa, me encontré con Arthur Poe, uno de los seis hermanos famosos que jugaban al fútbol en Princeton a comienzos del siglo. Los Poe son probablemente la familia futbolística más famosa de la historia del atletismo estadounidense, porque los seis hermanos fueron estrellas de primera magnitud.

Aquella noche cuando hablé en Cedar Rapids, enfaticé bastante sobre el poder del pensamiento positivo, y afirmé que la práctica de las técnicas de fe hacen posible que una persona venza dificultades. El pensamiento positivo fue bosquejado como cura para el complejo de inferioridad.

Luego de la reunión un hombre se presentó como Arthur Poe. Dijo:

– Tiene razón acerca del poder del pensamiento positivo, y mi propia experiencia me probó en forma concluyente lo que la fe real puede hacer. Sin ella hubiera tenido un terrible complejo de inferioridad.

Cuando ingresó a Princeton como el Poe número cinco y precedido por cuatro hermanos grandiosos jugadores de fútbol, él también quería continuar con la tradición familiar. Eligió el fútbol y formó un equipo de los recién ingresados. Pero casi al final de la estación sufrió una herida muy severa en su pierna. Los doctores le dijeron que nunca más iba a poder jugar al fútbol. Naturalmente, se le quebró el corazón. Todo el invierno y el verano cuidó su pierna, pero el veredicto se mantuvo firme, ya no podría jugar al fútbol.

Finalmente, por sugerencia de su madre, Poe adoptó la actitud mental de poner el tema de su pierna lastimada en las manos de Dios. Desarrolló la habilidad y capacidad de tener fe. Practicó la aceptación de la fórmula: *"Si Dios es por nosotros ¿quién contra nosotros?"*

– Como resultado –dijo– jugué al fútbol en Princeton.

Vi el record atlético de Arthur Poe en Princeton, y descubrí que cuando dijo: "Jugué al fútbol en Princeton", estaba haciendo una declaración exageradamente modesta. Jugó y con tal brillo que la memoria de sus logros atléticos aún tienen el poder de hacer estremecer a los viejos alumnos de Princenton, y a otros de generaciones posteriores que escuchan la historia.

Era el 12 de noviembre de 1898. Se enfrentaban los dos grandes "Princeton-Yale". Nadie había apuntado ningún tanto. Princeton había sido forzado a retroceder hasta cerca de su propio arco. Nadie podía detener a Yale que avanzaba por el campo. Pero Durston, de Yale, tropezó; y un muchacho que decían que nunca más iba a poder jugar al fútbol atrapó la pelota. Esquivando a los defensores de Yale, comenzó a correr. Se olvidó de su pierna. Corrió como un corredor de carreras. Atravesó el campo, veloz como un ciervo, emocionante, inspirador. Corrió ochenta y seis metros, todo el largo del campo, avanzando tres metros delante del hombre de Yale que tenía más cerca. Arthur Poe, corriendo con una pierna que se suponía discapacitada, venció a Yale sin ayuda. El puntaje final fue 6-0.

El 25 de noviembre de 1899, Yale y Princeton una vez más luchaban por el primer lugar. Eran los últimos treinta segundos de juego. De pronto la pelota quedó en las manos de Arthur Poe. Tomó distancia como si fuera a pegarle, pero nadie lo esperaba porque con esa pierna que estaba mal nunca antes lo había intentado.

Todos pensaban que iba a correr, pero no tenía tiempo de correr. Era pegarle o nada. Arthur Poe fue hacia atrás, dejó caer la pelota; la tocó con la punta del pie, y en un hermoso arco la hizo viajar hasta llegar al poste del arco, y tocó la tierra justo al mismo tiempo que sonaba el silbato. Y Princeton ganó por un punto.

Arthur Poe no me contó esta historia. Mientras leía el relato que acabo de resumir, recordé la convicción en su voz cuando dijo que toda su vida había practicado el principio de que un hombre puede vencer cualquier obstáculo por medio de una fe simple en Dios.

¡Qué fácil hubiera sido para el joven Poe desarrollar un complejo de inferioridad! Hubiera sido sencillo frustrarse en su ambición por jugar al fútbol y, lo que es peor, podría haber atravesado la vida derrotado con un sentido interior de insuficiencia. Se negó a aceptar un complejo de inferioridad. Arthur Poe lo eliminó antes de que echara raíces, simplemente empleando de manera inteligente su fe religiosa.

La víctima del complejo de inferioridad siempre tiende a pensar que está derrotada. Pensar así es lo que produce tal resultado. Pero la actitud mental de dar pelea, da resultados, especialmente cuando uno ha desarrollado y practicado de manera regular el patrón de pensamiento de que cuenta con un aliado invencible. Dígalo de esta forma: "¿Sí Dios está conmigo, quién puede estar en mi contra?"

*   *   *   *

¿Recuerda la inmortal y antigua parábola de las dos ranas que cayeron en un jarro con crema? La superficie de la crema estaba a bastante distancia de la parte superior del recipiente. Las ranas trataron de saltar, pero no llegaban. Luchaban, se agitaban, se irritaban, hicieron todo lo posible para salir, pero sin éxito.

Finalmente una de las ranas adoptó una actitud negativa. Comenzó a tener pensamientos de derrota, y los ácidos de la inutilidad comenzaron a extenderse a través de su mente. Se volvió pesimista. Dijo:

– Sé que no puedo salir de este jarro de crema, así que no tengo por qué cansarme intentándolo De todos modos moriré, así que ¿por qué no me dejo estar, por qué no muero en paz?

Con desesperación y resignación se hundió dentro de la crema y murió. Su epitafio decía: "Murió de complejo de inferioridad".

La otra rana estaba hecha de una fibra mas firme. Su entrenamiento y trasfondo era diferente, y se hizo evidente que descendía de una larga estirpe de ranas valientes. Tenía pensamiento positivo. Se dijo:

– Seguramente, podría morir, pero si es así moriré con todos los honores. Pelearé lo humanamente [supongo que habrá dicho "lo ranilmente"] que me sea posible: y si al final no puedo lograrlo, moriré con orgullo en la gloriosa tradición de las antiguas y honorables ranas.

Dicho esto usó todo su vigor. Nadó por todos lados, se agitó hacia todas partes, batió la crema y revolvió mucho. Como resultado, gradualmente comenzó a sentir un suelo consistente debajo de ella y su actividad transformó la crema en manteca. Finalmente sus piernas, moviéndose como pequeños pistones, consiguieron tomar impulso y saltó victoriosamente del tarro, cuyo contenido ahora se había transformado en manteca sólida.

*   *   *   *

La fe religiosa pone fibra dentro de un hombre, de modo que desarrolla una poderosa resistencia a la derrota. Los obstáculos ya no lo espantan más. Los utiliza como escalones para pasar de la derrota al éxito.

Fortaleza y fe son las palabras. Eso es lo que mantienen a un hombre cuando pareciera que está derrotado. Crea que si pone su confianza en Dios y continua haciendo las cosas con la misma energía e inteligencia, usted también puede edificar un sólido fundamento debajo de usted, sobre el cual puede elevarse hacia la victoria. Por lo tanto, entrene su mente para que jamás acepte el pensamiento de derrota en ningún aspecto. Este versículo de La Biblia da una inspiración invencible ante cualquier situación: *"Si Dios es con nosotros, ¿quién contra nosotros?"* Manténgalo constantemente en su mente, y lo entrenará para creer, le recordará permanentemente que tiene un poder extra a su disposición.

Le doy una inclinación religiosa a la curación de la inferioridad por una única razón: el cristianismo es completamente práctico. Es asombroso cómo las personas derrotadas puede ser cambiadas en individuos victoriosos cuando usan su fe religiosa como un instrumento útil. Estoy tan seguro de esto, que sin la menor duda afirmo que jamás he visto nada que pueda hundir a una persona y mantenerla hundida si la persona definitiva e inteligentemente practica su fe. No existe una situación que haya visto –y como ministro he visto mucho– en la cual la fe en Dios no ayude.

En los momentos difíciles practique repetir una y otra vez, hasta transformarlo en una declaración personal: "Sí Dios está *conmigo*, ¿quién puede estar en mi contra?" Esta práctica hace que llegado el momento la mente acepte el pensamiento poderoso de que su insuficiencia es superada por medio de una fuerza mayor. Practique la repetición de esta fórmula, y continúe diciéndola; la perseverancia dará resultados. La fe es un medio vital para volver a crear fortaleza, esperanza y eficiencia. Tiene un extraño efecto terapéutico y recreativo. Podría citar muchos casos para sostener la oración precedente, pero el incidente que relato a continuación es un ejemplo completo.

Un soldado regresó al hogar de tierras lejanas, sin una pierna. La amputación que se le realizó debido a las heridas que se le produjeron en batalla conmocionó profundamente la mente del muchacho. Permanecía en la cama sin sonreír ni hablar, solamente con la vista fija en el techo. No cooperaba para aprender a llevar una prótesis, aunque los demás que lo rodeaban sí lo hacían. Obviamente, su problema no era físico, sino mental y espiritual. Tan profundo era el complejo de inferioridad que había adquirido, que se había entregado completamente en derrota.

Se pensó que un período de tiempo en su propio hogar podría ayudarle a salir del ensimismamiento y permitiría eliminar la depresión. Provenía de una familia de posición acomodada, y en su hogar recibió toda clase de atenciones. De hecho, su familia se excedió. Lo llevaban amorosamente en brazos a bañar, lo cuidaban y supervisaban de todas las maneras imaginables. Esto es entendible, porque todos quieren mostrar amor y aprecio por un joven que se ha sacrificado por su país.

Sin embargo, el doctor se dio cuenta de que estaban creando un muchacho que iba a quedar inválido para siempre. De acuerdo a esto lo ubicó en un hospital para convalecientes. Se hizo un esfuerzo para ayudarlo a que se ayude, y darle una actitud normal hacia el problema, pero no tuvieron éxito. Continuaba tirado en su cama, indiferente y sin cooperar.

Un día el joven doctor algo desconcertado y exasperado dijo:

– Tengo que ser duro con el joven; detesto tener que hacerlo, pero de alguna manera debo atravesar esta pared que ha creado a su alrededor. Tiene que expulsar esa psicosis de inferioridad, si es que va a recuperar su vida normal.

Le dijo:

– Soldado, no lo vamos a consentir más, ni lo llevaremos de un lado al otro. Tiene que despertar, muchacho. No podemos hacer nada por usted hasta que abra su mente. Todos sentimos mucho el problema de su pierna, pero otros hombres han perdido sus piernas en la batalla y han salido adelante con buen ánimo. Además, un hombre puede vivir y ser feliz y tener una carrera exitosa aún faltándole una pierna, un brazo o un ojo.

El doctor señaló que las personas tienen capacidad de adaptarse y cómo muchas han logrado cosas asombrosas.

Esta conversación no movilizó al joven en lo más mínimo. Finalmente, luego de muchos días de intentar abrir la mente cerrada de su paciente, el doctor casi inconscientemente hizo algo peculiar, algo que lo asombró aún a él mismo.

El doctor no era una persona particularmente religiosa, y hasta ese momento rara vez, si alguna, había mencionado la religión en su práctica. Sin embargo, ese día, completamente desesperado, el doctor literalmente le gritó al joven:

– Está bien, está bien; si no nos permitirá a ninguno de nosotros que lo ayudemos, si es tan obstinado que ni siquiera se ayuda usted mismo, entonces... entonces ¿por qué no deja que Dios le ayude? Levántese y póngase esa pierna: usted sabe cómo hacerlo.

Dicho esto salió del cuarto.

Pocas horas después le informaron que el joven estaba levantado, se había puesto la pierna artificial y andaba por todos lados. El doctor dijo que uno de los más emocionantes momentos de su experiencia como médico sucedió algunos días después, al ver al joven caminando por el jardín con una joven amiga.

Después que el soldado fue dado de alta, volvió para ver al doctor. El médico comenzó a darle algunas sugerencias, pero el muchacho dijo:

– Está bien, doctor, recuerdo la medicina que me dio aquel día. Y creo que con esa receta puedo andar bastante bien.

– ¿Qué receta? –preguntó el doctor.

– ¿No se acuerda del día que me dijo que si no podía hacerlo yo solo, dejara que Dios me ayudara? Bien, eso produjo algo en mí. Comencé a sentirme diferente en mi interior, y a medida que reflexionaba, comencé a pensar que tal vez podía hacerlo, que tal vez no estaba acabado, después de todo.

Mientras relataba esta historia el médico estaba sentado golpeteando el escritorio con su lápiz, y pensativo.

– Lo que le sucedió al joven no podría explicarlo; el proceso que siguió está más allá de mis conocimientos. Pero sí sé que de alguna manera espiritual ese joven fue liberado. Su mente cambió de un estado de derrota interior a uno de poder personal.

Dudó, y luego agregó:

– Parece que existe gran poder en la fe religiosa, cuando se la practica.

Y está en lo correcto. Use su fe religiosa y no tendrá ninguna razón para ser una persona derrotada. Reacondicionará su mente cambiando de reacciones negativas hacia positivas. Es posible lo que antes parecía imposible. Este es el mecanismo que explica la declaración bíblica: "Con los hombres las cosas son imposibles, pero para Dios todas las cosas son posibles". Cuando mentalmente uno vive con pensamientos de Dios, la inferioridad cambia a poder, la imposibilidad cambia a posibilidad.

De hecho, esa breve declaración de ocho palabras cortas de La Biblia que he citado varias veces puede revolucionar su vida en forma absoluta. *"Si Dios es por nosotros, ¿quién contra nosotros?"* Son palabras fuertes, firmes. Con estas ocho palabras de poder puede levantarse contra cualquier situación humana y no ser derrotado.

*　　　*　　　*　　　*

Para librarse del complejo de inferioridad, las técnicas disponibles no deben ser menospreciadas porque sean simples. El propósito es cambiar la orientación del pensamiento. La inferioridad es una enfermedad de los pensamientos, y puede usarse cualquier recurso, sin importar lo simple que sea, para cambiar ese patrón de pensamiento.

Un joven vino a verme y dijo que tenía un colapso nervioso. No parecía; era una persona vigorosa, sana. Aunque de alguna manera se lo veía al límite, muy nervioso. No tenía un colapso nervioso, pero estaba intentando imaginarse que tenía uno. Se sentó en mi oficina recitando una tras otras las "enormes"dificultades que había experimentado. Hice unas pocas sugerencias sobre lo que es un carácter optimista, pero inmediatamente las atacó y explicó las razones por las que no podían hacerse. Era un experto en poner objeciones. Era lo que cierta vez le escuché decir a un hombre de negocios "un hombre obstáculo", un hombre adicto a descubrir obstáculos. Se lanzó con tanto vigor y rapidez, con tal capacidad de censura, que casi me convence que todo *estaba realmente* en su contra.

Finalmente le dije:

– Es una vergüenza que la vida lo trate tan mal y que sea un fracaso. Es muy, muy triste, que esté a punto de quebrarse en pedazos. Lo siento por usted.

Me miró con asombro, y casi se sale de la silla, aunque se sentó en el borde. Sus ojos relampaguearon y su cara enrojeció. Se volvió completamente agresivo.

– No soy un fracaso –me dijo bruscamente. Echó su cabeza hacia atrás con un gesto de "puedo hacer cosas".

Seguidamente hizo de todo excepto insultarme, entonces mirándole con admiración le dije:

– ¡Maravilloso! ¡Esto es maravilloso! Si se levanta cada mañana y se repite ante el espejo todo a la manera en que lo está haciendo ahora –le aconsejé– se convencerá de que tiene fuerza, poder y posibilidades dentro de usted.

En realidad lo animé a que se parara delante del espejo y se diga en ese mismo tono, y en voz alta las ocho palabras clave: *"Si Dios es por nosotros ¿quién contra nosotros?"*

¡Y lo hizo! Su esposa me contó que nunca se había asombrado tanto como cuando escuchó a su marido tan robusto y grandote, hablando consigo mismo en la habitación, delante del espejo, repitiendo: "Puedes hacer cosas. Tienes cerebro. Dios está contigo. ¿Si Dios está contigo, quién estará en tu contra?" Un día entró y lo descubrió así, lo que le produjo mucha vergüenza.

Ese hombre ahora ha tomado las riendas de su vida. Cuando me encuentro con él, ocasionalmente, me dice:

– Se lo debo todo a ese texto, sí, un texto.

Es cierto que el texto ayudó, lo mismo que el simple procedimiento que practicó. Tenía el propósito de que su mente se acostumbrara a pensar la idea que contenía el texto bíblico.

Resulta cuando uno lo cree y lo practica. Aprendió el secreto de eliminar su complejo de inferioridad empleando una fórmula práctica.

*   *   *   *

La simple pero efectiva técnica de fe que acabamos de describir hoy es muy necesaria, porque todos los seres humanos están afligidos por el complejo de inferioridad. El sentimiento de incapacidad o inferioridad es un impedimento muy común en el desarrollo de la personalidad. También es posible que el aumento de la inferioridad como problema de la personalidad, se deba a la declinación de la religión entre la gente. Si existe una conexión entre la declinación de la religión y la frecuencia de la inferioridad, entonces el remedio es fácil: hay que revivir la fe religiosa y los sentimientos de inferioridad disminuirán.

Los principios espirituales sugeridos aquí no son teóricos. Es un hecho comprobado, demostrado caso tras caso, que la fe religiosa aplicada en forma apropiada puede liberar a las personas de su complejo de inferioridad.

Esas ocho palabras de La Biblia contienen la solución básica para el complejo de inferioridad. Representa una de las más grandiosas, si no la más grandiosa de las evidencias espirituales y psicológicas de liberación de la personalidad; esto es, el pensamiento de que la presencia de Dios está con *usted*. Practique el creer que Dios está con usted, y creerá que nada *puede* estar en contra suyo. A través de un proceso subconsciente, el sentido de inferioridad e insuficiencia gradualmente le abren paso a la confianza y la fe.

El temor y la fe, como se señaló antes, son los dos enormes poderes que compiten por controlar la mente humana. La inferioridad e insuficiencia por un lado; la fe y efectividad por el otro, ese es el problema. Pero nunca olvide que la fe es más fuerte que el temor; la suficiencia es más fuerte que la insuficiencia.

Repita esas ocho palabras de fortalecimiento una docena de veces por día; permita que saturen su mente. Cuando se enfrente con una situación crítica o difícil, practique para sí mismo: "Dios está conmigo; puedo enfrentar esta crisis".

Tengo un amigo, un hombre de negocios exitoso llamado Jerry Henderson, que practica esta técnica, y a él le debo la siguiente historia muy conmovedora sobre la eficiencia de la misma. Verá por medio de esta historia que no exagero.

Henderson estaba en las Rockies de Canadá, en el Lago Louise, para escalar y luego esquiar con un grupo de amigos. Poco tiempo antes, uno de los más famosos maestros de ski había muerto por una avalancha, y la sugestión sobre el peligro era fuerte.

El grupo de Henderson iba con el guía a escalar el pico White Eagle. Escalaron durante toda la mañana, y hacia la tarde habían subido mil quinientos de los dos mil setecientos metros que se habían propuesto ascender. En ese momento el guía les dijo que tenían que cruzar un valle que estaba ante ellos. Los lados caían en ángulo de cuarenta y cinco a cincuenta grados.

– No llamen ni silben ni hablen fuerte, porque podría iniciar una avalancha –advirtió el guía.

Desde que habían escuchado sobre la muerte del maestro de ski, todos habían quedado impresionados por el peligro de las avalanchas.

El guía sacó de su mochila un enorme ovillo de hilo rojo. Cortó quince metros de largo y se los dio a cada uno.

– Aten esto alrededor de su cintura –dijo–. Si comienza una avalancha, quítense los esquís, tiren los palos y comiencen a nadar igual que si estuvieran en el agua. Esto hará fuerza para llevarlos a la superficie. Si la avalancha los sepulta, el extremo de este hilo rojo quedará afuera y podremos encontrarlos.

En el grupo había una joven de alrededor de veinte años. Miró hacia abajo por el declive tan empinado, pensó en la posibilidad de una avalancha y se asustó mucho. Comenzó a lloriquear y quejarse, y le dijo a Jerry:

– No puedo hacerlo. Estoy aterrorizada. Simplemente no puedo hacerlo.

Él mismo no estaba demasiado animado, pero Henderson cree y practica las ocho grandiosas palabras. Tiene la postura de que no es necesario tener temor si Dios está con uno; que es posible contar razonablemente con Dios para que se ocupe de todo lo que se nos presente.

Se dio vuelta hacia la joven temblorosa, histérica, y le dijo suavemente:

– El Señor te ha cuidado a través de toda tu vida, ¿no es cierto? ¿Crees eso, verdad?"

– Sí –dijo sollozando.

– Bueno, ¿no puedes confiar que Él te cuidará en estos próximos veinte minutos?

Un giro notable se produjo en la joven. Hizo el descenso maravillosamente, tomando lugar en la larga y graciosa línea donde cada esquiador seguía al otro a unos treinta y seis metros de distancia.

Hizo el descenso con entusiasmo. Había conseguido un asombroso sentir de victoria sobre sí misma. Aprendió que existe un secreto a través del cual uno puede eliminar el complejo de inferioridad.

Intente prácticas religiosas simples. Dan resultado. Es posible librarse del complejo de inferioridad.

Cómo lograr un centro de quietud para su vida

LAS GRANDES TENSIONES son las dolencias predominantes en los Estados Unidos. El adulto que no mira con aprehensión a su doctor cuando le toma la presión, es la minoría. Dé una mirada a la columna de obituarios de los diarios, y observe con qué frecuencia la causa de muerte es la alta presión, *angina pectoris* y otras aflicciones debidas a la hipertensión. Muchos "ataques" tienen como causa contribuyente o su misma raíz al exceso de tensión. Para multitudes de personas tensas o nerviosas, la vida es un esfuerzo constante e invariable.

Un reconocido médico dice:

– Los hombres de negocios y profesionales no viven la expectativa normal de vida. La tensión y presiones de estos tiempos turbulentos, el ritmo de la vida estadounidense, la preocupación y la inseguridad, causan estragos en estos hombres de cuarenta o más.

Mueren demasiado pronto. Las enfermedades del corazón, arteriales, la presión alta, dolencias del hígado, desórdenes nerviosos, cáncer, dificultades gastrointestinales... estos son los peores enemigos de los hombres de responsabilidad y liderazgo de los Estados Unidos. Observe que pocas son causadas por gérmenes; entran más bien dentro de la clasificación de "enfermedades degenerativas". Sabemos cómo controlar los males causados por gérmenes: tifoidea, escarlatina, difteria, viruela y tuberculosis. Pero las enfermedades degenerativas que vienen debido a la edad del individuo, agregado a sus hábitos equivocados de vida, demasiado trabajo, esfuerzo, estrés, poco descanso y relax, son los problemas que eliminan a mucha de nuestra gente valiosa de cuarenta años o más. Preocupación, temor, esfuerzo, exceso de trabajo, carencia de descanso, excesos sexuales, nicotina y alcohol, una dieta equivocada, sobrepeso; todo puede llevar la presión sanguínea a alturas peligrosas. Veinticinco por ciento de todas las muertes de hombres de más de cincuenta años se deben a la hipertensión.*

Aparentemente, los estadounidenses han sido siempre más o menos así de tensionados. Un escritor francés vino a este país en 1830 para estudiar a los estadounidenses, que clasificaba como "una nueva raza de hombre sobre la Tierra". El visitante observó la agresividad constante de nuestra gente.

– El estadounidense –se quejaba– es tan inquieto que hasta ha inventado una silla, llamada mecedora, en la cual puede moverse mientras está sentado.

Si este observador francés pudiera vernos ahora, seguramente se vería forzado a revisar incrementando sus conclusiones, ya que el ritmo ha aumentado.

Un médico escocés nos analiza:

– Ustedes los estadounidenses –concluye–, llevan la expresión grabada en sus rostros. Viven con todos los nervios en acción.

---

* Dr. M. A. Mortenson, en *Noticias Médicas de Battle Creek*, vol. 13, N° 3.

Algunas veces nuestra preocupación por la tensión nacional toma formas grotescas... A dos mujeres se les escuchó en una ciudad de Florida hablando sobre sus problemas, que consistían principalmente de problemas del corazón y alta presión. Aparentemente los hombres van por las calles de esta ciudad con instrumentos para medir la presión, y lo han transformado en un negocio.

Una mujer preguntó:

– ¿El hombre de la calle Blank te tomó la presión?

– No, él no. Porque cobra veinticinco. Hice que me la tomara el hombre de la otra calle que solamente me cobra quince –respondió la otra señora.

*   *   *   *

Un factor básico de tensión es la desorganización mental. El atropellado siempre se siente sobrecargado. Un estado de desorden mental significa confusión y, por supuesto, tensión. Una mente así toma livianamente los problemas que nunca llega a enfrentar. Salta nerviosamente de un problema a otro, sin llegar jamás a conclusiones. De hecho, ni siquiera toma seriamente el tema que trata. Por lo tanto las decisiones postergadas se acumulan. ¿El resultado? La mente se rinde y grita con desesperación:

– ¡Estoy empantanada! –simplemente porque no está organizada.

Está enmarañada y *pareciera*, por lo tanto, estar agobiada. Observe el énfasis, *pareciera*.

La mente en esta situación reacciona de alguna manera como el cuerpo cuando tiembla. Una persona tiembla cuando pasa repentinamente de una zona calurosa a otra fría; el cuerpo intenta acomodarse rápidamente al repentino cambio de temperatura del cuerpo. Se ha estimado que se utiliza la misma energía en medio minuto de temblores, que la que se usa en varias horas de trabajo. Esto da como resultado la disminución del vigor. De la misma manera, el temblor de la mente disminuye la fuerza de la misma cuando uno falla en poner en práctica el principio fundamental de la organización mental.

Adquiera la serena capacidad selectiva de ocuparse de una cosa por vez y concentrarse en ella. Resuélvala, cuando sea posible, antes de pasar al próximo tema.

En mi oficina recibimos diariamente una pesada bolsa de correspondencia que cubre una amplia variedad de temas. Tenemos la política de trabajo de que cada carta se responde. Era común venir a mi oficina y encontrar una pila formidable de cartas... y desalentarme. Al contemplar la labor que me esperaba de pensar las respuestas a esas cartas, mi mente interiormente –y algunas veces exteriormente– se quejaba: "¿Cuándo, cuándo, iré a contestar todas estas cartas?" Era la reacción "¡Estoy empantanado!" Pero aprendí que la forma de responder cartas es hacerlo a medida que llegan. Una carta sin responder durante dos semanas ya se respondió por sí misma.

Hay una única manera de hacer bajar una pila de cartas. Tome la primera, decida una respuesta y díctela al momento. Si requiere una información que no es posible obtener en ese instante, dicte un memorando pertinente y ponga la carta en la bandeja correspondiente. Si es necesario un estudio adicional, ubíquela en una bandeja para temas pendientes, pero no la deje demasiado tiempo allí. De alguna manera dé curso a la carta. No la deje sin tomar decisión, para después tomarla sin ganas una y otra vez. Si continúa este curso falto de efectividad, las cartas se apilarán hasta que su escritorio sea una pesadilla, y su mente las rechazará con el grito de: "¡No puedo, es demasiada tensión!" A continuación su mente le dirá que usted es inadecuado para su tarea y, si mantiene este procedimiento demasiado tiempo, puede llegar al colapso nervioso.

Cuando uno organiza su mente, un sentido de poder sobreviene y pronto se sorprenderá por la facilidad con la que puede manejar las responsabilidades. Su capacidad de trabajo aumentará; del mismo modo que el placer por lo que hace. La fatiga y la tensión aflojarán.

Cultivar una actitud mental en forma cuidadosa y consistente, es importante para reducir tensiones. Los estadounidenses son herederos de la tradición de Horacio Alger: "Luche y triunfe". Este autor es un apóstol del trabajo intenso, del viejo buen principio estadounidense de ganar riqueza y posición personal por medio de habilidades y esfuerzos propios. Hay un aspecto de esforzarse demasiado que se transforma en error. Hacer las cosas serenamente y sin exigirse demasiado, es el mejor procedimiento diseñado para lograr resultados superiores con la menor fatiga. Los atletas saben que esforzarse demasiado los desvía de sus mejores logros. La coordinación afinada que caracteriza a los grandes hombres del deporte, se obtiene a través del principio de "Tomar el juego a su ritmo". No participan para marcar un récord o para figurar en los titulares de los diarios, o para transformarse en estrellas. Juegan por amor al juego. Están alertas, piensan en el equipo en conjunto más que en ellos mismos. Juegan con naturalidad, y de ese modo logran el máximo de su rendimiento.

El comentarista deportivo Grantland Rice relata una conversación que tuvo con Joe Gordon, que en ese momento formaba parte de los Yankees de Nueva York, en la cual el famoso jugador contaba una experiencia en los Encuentros Mundiales de béisbol. En su primera Serie, Gordon dijo que estuvo "atado" todo el tiempo:

– Quería marcar un gran récord y figurar en los titulares. Como resultado, estuve tenso y rígido, y mis logros fueron pobres.

En las próximas series Joe Gordon fue más sabio: decidió olvidarse que estaba jugando en las Series Mundiales. En lugar de eso se dispuso a jugar a la pelota como en las canchas de entrenamiento, "porque es el juego más grandioso del mundo", y también a pasar un buen rato jugando. Esto lo liberó de la tensión en su mente, y por lo tanto de sus nervios y músculos. Se transformó en un jugador natural. Como resultado, marcó un récord mucho mejor en esta segunda serie; de hecho, fue una de las estrellas.

En un encuentro de la Serie Mundial, "Dizzy" Trout estaba en el montículo del lanzador jugando para los Tigres de Detroit. Usaba anteojos. Había estado enfermo y sin practicar durante dos semanas, y estaba tan húmedo antes del juego que no pudo hacer ejercicios preliminares para poder relajarse. E igualmente tuvo que participar en los juegos de las Series Mundiales delante de cuarenta y dos mil fanáticos, en una ciudad que le era hostil, y lanzar la pelota. Eso demandaba calma, y él tenía su propia manera de conseguirla.

Cuando las cosas se ponían tensas, como era frecuente, simplemente se sacaba los anteojos y los limpiaba cuidadosamente, y así lo hizo mientras cuarenta y dos mil personas lo miraban expectantes y el bateador en la base se movía nerviosamente. Luego se puso los anteojos, y comenzó a lanzar, y una tras otra los Cubs la perdieron.

¡Existe calma para usted! Un bromista dijo que en la próxima temporada todos los Chicago Cubs iban a usar lentes.

Cualquiera sea su trabajo –escribir libros, enseñar, manejar un negocio, cocinar para una familia, trabajar en una fábrica, arar la tierra, o predicar sermones– entregue lo mejor a su trabajo: trabaje duro, no descuide nada, funcione bien, manténgase relajado. No se esfuerce demasiado por los resultados; no se fatigue por tener éxito. Haga su trabajo naturalmente, solamente porque le gusta, y el éxito vendrá por sí solo.

Aprendí esta verdad básica de un acarreador de valijas en una estación de Chicago. Estaba de paso para dar una conferencia en la parte occidental de Illinois, y tenía tres llamados "importantes" que hacer en Chicago en el tiempo entre la llegada de los trenes, pero mi tren desde Nueva York cada vez tardaba más y más. Yo iba y venía por el corredor y me enojaba e irritaba. Me fui metiendo en un estado de agitación bastante grande. Finalmente el tren entró en la oscura y cavernosa terminal. Con una impaciencia mal disimulada esperé que el portero trajera las valijas hacia la plataforma de la estación. Fui el primero en salir, y menos mal que había pedido ayuda, porque tenía dos valijas pesadas.

– Por favor traiga esas valijas rápidamente –le dije–– Estoy terriblemente apurado.

Comencé casi a correr por la plataforma. Consciente de que este hombre no me seguía, me di vuelta impaciente.

– Vamos, que llego tarde.

Pero ahí estaba el maletero mirándome con calma.

– ¿Por qué anda tan enérgico, hermano? –me preguntó–. Esa no es una forma de hacer tiempo. –Y luego me dijo–: Vaya caminando adelante que ya llego, no nos llevaremos más que dos minutos de distancia.

Bajé la velocidad tal como me había aconsejado, y caminé al lado de su carreta. Se dio vuelta y me dio una de esas grandes sonrisas con las que los hombres de color han sido bendecidos, y dijo:

– Aquiete su vida... tómeselo con calma, jefe –me aconsejó–. Puede hacer mucho en corto tiempo si simplemente anda tranquilo. Además –concluyó– vivirá más.

– Gracias mi amigo –dije con humildad–. Sucede que soy un ministro, y voy a predicar esta idea a mi congregación. ¿Usted va a la iglesia?

– Sí, por supuesto, señor, sí; y... –aquí acabó conmigo totalmente– trato de practicar lo que escuchó allí.

De modo que bajé la velocidad, hice mis llamados y tuve tiempo de sobra, pero estaba cansado antes de comenzar. Mucha de la energía que necesitamos para el día la hemos malgastado en tensiones. La relajación se logra mejor recordando que "la tranquilidad lo hace". Practique esto y se sorprenderá al descubrir que el éxito viene fácilmente.

*   *   *   *

Es importante mantener un constante consumo de energía. Una conferencia Nacional de Aptitud para la Guerra que se realizó en tiempos de la Segunda Guerra Mundial, con la asistencia de educadores y representantes de las fuerzas armadas, se reunió para hablar sobre la recreación. Allí se enfatizó el valor de los juegos y la gimnasia, pero sorprendentemente la conferencia declaró que la mejor recreación es ir a la iglesia. Recreación significa *re–crear*, explicaron.

Al asistir a la iglesia y practicar la técnica de vivir la vida espiritual, uno puede establecer contacto con el fluir básico de la energía que llamamos el poder de Dios. El Nuevo Testamento dice: *"En él vivimos, y nos movemos y somos"*. Esto significa que Dios no crea a un hombre y luego lo abandona para que se las arregle lo mejor que pueda. Él posibilita su constante re-creación o renovación. Al utilizar métodos de contacto que se saben que son efectivos, la energía espiritual renueva el poder del alma, la mente y el cuerpo. El reloj eléctrico se da cuerda en forma automática por la corriente que fluye a través del universo. De manera similar la gente que mantiene un contacto espiritual cercano se revitaliza. Es la forma natural de vivir.

La señora de Thomas A. Edison me describió a su esposo como un hombre "natural":

– Podía trabajar durante largas horas y mucho –dijo– luego se tiraba en su viejo sillón e inmediatamente se dormía. Podía relajarse completamente y dormir profundamente. Cuando se despertaba en forma instantánea se despejaba totalmente y estaba renovado.

El inventor no necesitaba buscar el sueño ni le resultaba trabajoso despertarse. Thomas Edison parecía ser llevado por una corriente de poder.

– Nunca –dijo la señora Edison– hubo alguna desconexión en su mente, ni obsesiones o se interrumpió el fluir de energía. Era como un niño en las manos de Dios; un hombre natural. Tal vez esa fue la razón por la que Dios pudo derramar todas esas maravillosas ideas a través de su mente.

Parece que el sabio de Menlo Park estaba en armonía con el universo, y por lo tanto los lugares secretos se abrieron para él. Edison "vivió, se movió y fue" conectado con la fuente de energía que nunca falta, y tuvo una personalidad acorde.

Es de tal importancia pensar que para un ser humano es posible sensibilizar y afinar su personalidad para recibir el beneficio de una renovación automática de poder, que merece ser experimentado. Conozco a un hombre de negocios cuya imperturbabilidad, paz interior y equilibrio impresionan. Sin embargo, confiesa que el problema más importante que tenía era la tensión. Pero encontró una técnica práctica para vivir sin tensión.

– Necesito renovarme por lo menos dos veces al día –explicó–. Me retiro a mi oficina privada a las once de la mañana, cada día justo en ese momento en que uno comienza a sentirse un poco desganado, y allí paso dos minutos de meditación. Nuevamente a las cuatro de la tarde, el momento en que la energía desciende, repito el mismo proceso.

Este período de dos minutos de meditación no tiene la forma habitual de la oración. Este hombre no considera sus problemas durante este período, en vez de eso "piensa" en Dios. Descansa en pensamientos sobre la paz de Dios. Afirma la presencia de Dios. Imagina que la fortaleza espiritual fluye hacia el interior de su ser. Ha contado que estos cuatro minutos por día han dado como resultado un renuevo tan marcado, que le produce una completa renovación de energía en el cuerpo, y fresca claridad en la mente. Declara que esta práctica diaria es mucho más efectiva que los sistemas "para levantar el ánimo" en los que confiaba antes.

Un joven oficial fue derribado durante su misión de bombardeo número treinta y cinco. Su avión se estrelló, y lo mismo le sucedió a él, no física, sino emocionalmente. El choque, más la tensión y fatiga de su trabajo, lo dejó en un estado de nervios muy serio.

– Lo que siento en mi interior es lo que dificulta todo –explicó–. Hubiera preferido perder un miembro de mi cuerpo antes que sentirme todo el tiempo como un volcán a punto de explotar. Me da la sensación de que voy a estallar en cientos de pedazos, y hay momentos en que quiero gritar, aullar. Lo peor de esto es que no puedo dormir, y que cuando llega la mañana pienso: "¿Cómo haré para pasar este día entero?" Estoy verdaderamente agotado.

Concluyó con esta patética declaración:

– Estoy harto de mí mismo. Ya no me gusta vivir conmigo mismo.

Nadie podía culpar al pobre muchacho. Había llegado a la máxima tensión, como una banda elástica. No podía relajarse ni descansar. No tenía paz. No era para asombrarse cómo se sentía.

Le aseguré que saldría de esta condición. Conocía cierta medicina que podía ayudarle, y se la mencioné.

– ¿Oras? –le pregunté.

– Lo intento, pero es difícil pensar las palabras. Mi mente se distrae y me pongo nervioso –contestó–. Así que por lo general termino orando muy poco.

Cuando le pregunté si trataba de leer La Biblia, me dijo que cualquier tipo de lectura le resultaba imposible, no podía concentrarse. Hacerlo lo "ponía todo tenso" dijo, le daban ganas de aullar.

Este muchacho estaba en un serio estado de nervios. Sin embargo, su problema no radicaba en el cuerpo, sino en la mente. Los estados nerviosos, la tensión, la confusión interior, habitualmente no tienen su causa en ningún daño físico, sino más bien en la desorganización de los pensamientos. Por supuesto, me di cuenta que resultaría de muy poco valor decirle: "Anímese, todo estará bien. Tenga fe y ore". Necesitaba saber "cómo" hacerlo.

Le di el siguiente consejo:

– Cuando vaya a la cama esta noche, practique relajarse. Levante sus brazos y déjelos caer flojamente a sus costados. Repita esto tres o cuatro veces. Piense que todo su cuerpo se va llenando de paz. Cierre los ojos suavemente y piense que la tensión se está yendo a través de los párpados. Trate de relajar los párpados pensando que caen flojos como sus brazos cayeron a sus costados. Después, recostado y relajado con las luces apagadas, repita, en lo posible en voz alta, o suavemente, como un susurro, si es que está con otros, estas simples palabras "El Señor es mi pastor". Imagine a estas palabras –lo animé– como una medicina que su mente va absorbiendo, que se sumergen dentro del subconsciente mientras duerme; piense que esta medicina está extendiendo su beneficio sanador a través de todo el cuerpo y profundamente dentro del alma.

Le sugerí, también, que repitiera este proceso antes de levantarse por la mañana.

El joven oficial probó esta receta; realmente la puso en práctica y le hizo un bien enorme. La antigua paz ha regresado ahora, la fatiga se ha ido. Recuerde que es muy probable que el problema esté en su propio pensamiento. Los pensamientos pueden ser sanados igual que una lastimadura en un dedo, únicamente que la medicina no es ni yodo ni pomada; es un agente de sanidad mucho más efectivo: pensar en la paz de Dios, su presencia y su poder. Se necesita pensar para sanar los pensamientos.

Algunas veces nuestras actitudes personales causan tensión interna. Un hombre me dijo que deseaba cambiar sus vacaciones anuales de dos semanas en el trabajo, por dos semanas de vacaciones de él mismo. Desafortunadamente, eso no es posible. Tenemos que vivir con nosotros mismos nos guste o no, de modo que el mejor curso de acción es lograrlo para que nos resulte agradable.

Un amigo mío sabía pasar momentos muy terribles consigo mismo. Todos lo irritaban. Venía a Nueva York en un tren de trabajadores, y la gente en el tren lo ponía nervioso. La mayoría de las noticias que leía en el diario lo volvían loco. Estaba lleno de resentimientos, no solamente contra las personas que conocía, sino también contra los que veía, y la gente de quien leía y que nunca había visto. Tomaba su desayuno en un restaurante bullicioso y lleno de personas, y la gente que estaba allí lo irritaban. Se quejaba: "¿Qué sucede con las personas actualmente?"

Finalmente descubrió que no eran en absoluto las personas; sino que él era el que producía la irritación y la tensión. Básicamente la verdad era que no odiaba a las otras personas, sino a él mismo. Era una personalidad susceptible y difícil, un montón de antagonismos organizados alrededor de un antagonismo central, es decir, la propia insatisfacción consigo mismo. Por supuesto, no tenía ningún placer de vivir consigo mismo. Estaba en una guerra civil personal.

Existen tantas personas así, pobres almas; pero hay una respuesta a esta triste condición. Este hombre la encontró. No podía cambiarse a sí mismo. Ni siquiera vale la pena intentar eso. Por lo tanto, le pidió a Dios que lo cambiara. Entonces comenzó a practicar la actitud que Cristo tenía hacia las personas. De inmediato descubrió que las personas y las cosas ya no lo irritaban más. Se descubrió comenzando a gustar de la gente; parecían diferentes, pero en realidad *él* era el diferente. Naturalmente, cuando uno tiene buena voluntad se transparenta, y esto trae a la superficie la buena voluntad de los demás. En todo caso la vida se volvió diferente porque él se hizo diferente. Ahora disfruta de la vida porque disfruta de sí mismo. Eliminó el irritable impulso de la tensión.

*   *   *   *

Las anteriores experiencias nos sugieren la importancia de hacer ejercicios definidos para reducir la tensión. La práctica habitual de los métodos probados da resultados. Algunas recetas para la sanidad de la tensión son médicas, otras psicológicas, otras espirituales; y aún otras, tal vez, están formadas por las tres en conjunto.

Seguirlas es una "receta" simple que yo, y cientos de otros que lo han probado, consideran muy efectiva.

Hace algunos años yo estaba muy agotado por la presión del trabajo, y tenía esa actitud frenética de la mente común a aquellos que intentan hacer demasiado en muy poco tiempo, o que por lo menos piensan que están haciéndolo, que es igualmente malo. El resultado fue que perdí mi capacidad de dormir profundamente, de descansar durante el sueño. Luego de dar vueltas durante varias horas me levantaba alrededor de las tres de la mañana en un estado agudo de tensión. En lugar de elegir una actitud relajada, había estado tirado sobre mi cama todo encogido como esperando que en cualquier momento la cama fuera a quebrarse y precipitarme en el piso.

Tenía la boca seca; estaba inquieto y acalorado. Fui a la biblioteca. Tome varios libros, pero ninguno me interesó. ¿Qué libro es interesante en esas circunstancias? Con inquietud anduve dando pasos ruidosos por todas partes, hasta que me detuve en la ventana y la abrí. Saqué la cabeza y mire hacia los dos lados de la Quinta Avenida.

Llovía, y el agua cayó sobre mi cabeza. Di vuelta mi cara hacia la lluvia, que cayó fresca y renovadora por mi cara. Se deslizó, hasta que al poco tiempo pude gustarla y sentirla. Se me ocurrió pensar que entre todas las cosas de este mundo que cambian, una que nunca cambia es el gusto y aroma de la lluvia. Aún cayendo por entre los oscuros cielos de Manhattan, tenía el mismo gusto y sabor que hace años en Ohio. Recordé el viejo tanque de agua para la lluvia que estaba en un rincón de mi casa de la infancia, durante un día lluvioso en mayo, cuando se formaban grandes charcos debajo de los árboles en los que uno se salpicaba con los pies descalzos. Me produjo un momentáneo sentido de paz y renovación reflexionar sobre la inmutabilidad de la lluvia.

Finalmente me senté en un sillón y tomé un pequeño folleto. Hojeándolo, leí:

"Está inquieto, tenso. Ansioso y nervioso. No puede dormir".

– ¿Cómo es posible que sepa eso? –grité con asombro.

Continué leyendo; el escritor decía: "Practique un método simple para vencer la tensión".

El folleto, que hace mucho tiempo no existe más –su contenido era de escaso valor excepto por el germen de una idea– sugería ejercicio físico, mental y espiritual, que era valioso. Como era temprano en la mañana, y no tenía otra cosa que hacer, decidí probar lo que se sugería. El método, que después fue desarrollado con experimentación adicional, es el siguiente:

Primero, relaje el cuerpo. Para hacerlo permita que su cabeza vaya hacia atrás y recuéstela contra la cabecera de su silla. Deje que caiga libremente, sin ningún tipo de rigidez, sino como si la cabeza se estuviera cayendo de sus hombros. Luego estire los pies lo más que pueda, y extienda las puntas de los pies lo máximo posible. Levante los brazos y déjelos caer libre y naturalmente a los costados. Permita que su mano caiga sobre la rodilla, como una hoja mojada sobre un tronco. ¡Qué otra cosa está más relajada que una hoja mojada sobre un tronco!

Siéntese flojamente en la silla con todos los músculos relajados, permita que la silla cargue el peso completo del cuerpo, de modo que si le quitaran la silla el cuerpo caería inerte sobre el piso.

Luego que el cuerpo se ha relajado, relaje la mente. Tenemos un don maravilloso que llamamos imaginación. Por medio de la imaginación uno puede transportarse cientos de kilómetros sobre las montañas y el mar, y regresar en fracciones de segundos. Es una verdadera alfombra mágica. Con ella puede hacer una viaje de vacaciones sin pagar boleto ni moverse de su casa.

Imagine que está, por ejemplo, en los bosques del norte, pacíficamente sentado con la espalda contra un árbol. La atmósfera está cargada con la fragancia de los pinos, cedros y abetos. Todo está en quietud, excepto los sonidos naturales del bosque. Frente a usted hay un lago, de aguas azules, espejadas, salvo cuando salta un pez. Al mirar por entre los árboles, alcanza a ver a la distancia grandes montañas, perdidas en una neblina mística de color azul, que sostienen el cielo con sus picos. La luz del sol cae suave y cálidamente sobre la Tierra, esparciéndose entre los árboles y danzando sobre el agua del lago.

Siguiendo este método de relajación, descubrí que estaba obteniendo no solamente una sensación de descanso en el cuerpo, sino también una calma que iba invadiendo mi mente. La mente se estaba relajando al alejarla en forma momentánea de los problemas que la agitaban, e impidiéndole el funcionamiento racional y los pensamientos almacenados. Esto se había producido tan solo en un instante.

Un rápido giro de la mente hacia la oración mientras se continúan realizando las actividades del día, es así. No necesita apartarse y ponerse de rodillas para orar, aunque la actitud de humildad es beneficiosa. Simplemente dirija sus pensamientos hacia Dios. Al hacer eso abre su mente a Él. Y Él hará el resto.

El tercer y último elemento en este proceso es la relajación del alma. El método es simple. Relaje el alma ejercitando el pensamiento espiritual. Fije la mente en Dios. Piense en Dios de la manera en que usted lo comprende mejor. Las personas tienen concepciones diferentes acerca de Dios. Cuando se menciona el nombre de Dios las diferentes mentes instantáneamente forman imágenes distintas. Pero piense en Dios en términos de su bondad. Su cuidado constante, compasión y entendimiento.

Al relajar la mente, repítase palabras de Las Escrituras que expresen paz y el cuidado de Dios. Entre ellas use este versículo de Isaías: *"Tú guardarás en completa paz, a aquel cuyo pensamiento en ti persevera"*.

La mayoría de las personas sufren de fatiga porque mantienen sus mentes o las fijan, no en Dios, sino en el nivel mucho más bajo de sus problemas personales y ansiedades.

Repítase con calma otros pasajes sanadores: *"Mi paz os dejo, mi paz os doy, no como el mundo la da, yo os la doy. No se turbe vuestro corazón, ni tenga miedo"*. Y también: *"Venid a mí todos los que estáis trabajados y cargados, y yo os haré descansar"*.

Las palabras de viejos himnos con frecuencia son de gran ayuda como ese verso de "Guíame, luz bondadosa, tanto tiempo tu poder me ha guardado, que estoy seguro que *todavía* seguirá haciéndolo".

Dios lo ha cuidado en el pasado. Puede confiar que Él lo cuidará ahora y en el futuro.

Como resultado de esta experiencia, rápidamente sentí deseos de dormir. Mi cuerpo estaba descansado. Los músculos y nervios relajados. Era consciente de que las preocupaciones habían sido quitadas de la mente, y que la tensión pasaba. Sentía paz en lo profundo de mi ser.

Este proceso no tiene la simple intención de inducir el sueño, sino que es una fórmula que puede ser empleada en la parte más ocupada del día más activo. No es tampoco un escape de la responsabilidad activa. Aumenta la capacidad para el trabajo activo. El poder se obtiene a partir de la quietud.

Edwin Markham tiene una frase sabia: "En el corazón del ciclón que está despedazando el cielo, hay un lugar en su centro que está en calma". El ciclón obtiene su poder de ese centro en calma. Así sucede con el hombre. De la relajación surge la energía que impulsa. El poder se genera y se obtiene a partir de un centro quieto.

Con la práctica se irá reduciendo el tiempo que se necesitará para este ejercicio, hasta que solamente requiera un momento. Por medio de esta técnica, modificada o aumentada a fin de que se aplique a su propia personalidad, podrá encontrar la relajación completa, y aprenderá a vivir sin tensión.

Cómo elaborar su camino hacia el éxito

—¿D ÓNDE CONSIGUE sus ideas exitosas? –le pregunté a un famoso hombre de negocios; en ese momento estábamos en la biblioteca.

– En un pequeño cuarto que tengo subiendo las escaleras –me contestó–. ¿Le gustaría verlo?

Me guió hasta un pequeño cuarto amueblado solamente con una mesa y dos sillas. Simples aunque exquisitas cortinas colgaban de las ventanas. En ambas paredes había dos cuadros. Una mostraba el pico Matterhorn cubierto de nieve; el otro mostraba un arroyo de truchas que fluía suavemente salpicado de sol y que corría sobre piedras suaves hacia aguas más profundas.

– Los dos cuadros –me dijo– representan la paz. Uno refleja la paz inamovible, el otro la paz en movimiento. Los dos aspectos se necesitan para contemplar apropiadamente la paz –remarcó.

Sobre la mesa había un anotador, varios lápices y una Biblia.

– Aquí es donde consigo mis ideas –dijo.

Me explicó que su método era regresar de la oficina a su casa bastante tiempo antes de la cena, y encerrarse en ese pequeño cuarto. Allí jamás se interrumpe su privacidad. Se sienta en un sillón y relaja su cuerpo consciente y deliberadamente.

Lo logra afirmando los pies sobre el piso, levantando las manos y dejándolas caer libremente dos o tres veces, al mismo tiempo que repite: "Mis brazos están muertos, mis brazos están muertos". Hace esto simultáneamente con sus pies, levantándolos y dejándolos caer. También relaja sus párpados dejando que caigan una docena de veces lo más inertes posible. Esta técnica, dice, es bastante efectiva para eliminar la fatiga.

Inmediatamente lee La Biblia; selecciona pasajes que tratan con la quietud, serenidad y paz mental. Sabe dónde encontrarlos rápidamente y observé que estaban subrayados. Su cita favorita es: *"Haya pues en vosotros este mismo sentir* (N. del T. : esta mente) *que hubo también en Cristo Jesús"* (Filipenses 2:5).

– Es posible –aseguró–, experimentar la calidad de la mente que tuvo Cristo y poseer hasta cierto grado su punto de vista y claridad de entendimiento.

El siguiente procedimiento es escribir el problema específico sobre el que desea tener discernimiento. Puede ser un problema de negocios, algún tema personal o un problema doméstico. Cada factor del problema lo pone por escrito.

– Escribir una idea tiende a clarificarla –declaró.

Citó a Temístocles: "El habla es como la tela de los tapices cuando se abre y extiende; mientras que en el pensamiento está, pero empaquetada". Una vez que escribe todo lo que puede pensar relacionado con el problema, entonces lo estudia y considera, pesando y analizándolo.

El procedimiento final toma la forma de una oración más o menos así: "Dios, me siento relajado en cuerpo y mente. Mi mente pequeña no es lo suficientemente grande para entender lo intrincado y las ramificaciones de mis problemas. He tratado de estudiar este problema. Ahora te pido, Dios, que me ilumines, me des discernimiento y entendimiento para que siga el mejor curso de acción".

– Una vez que hago esto –dijo– salgo del cuarto y elimino el problema de mi mente. Luego paso la tarde leyendo o conversando con amigos. La respuesta puede venir en medio de una conversación o tal vez me despierto en medio de la noche y la tengo claramente en mi mente. En algunas ocasiones tal vez tengo que repetir este proceso varias veces, pero –y esto lo enfatizó muchísimo– cada vez que he practicado este método de pensamiento siempre vienen las respuestas correctas a los problemas. La respuesta no siempre ha sido lo que esperaba o quería, pero aquella que he recibido ha sido la adecuada cuando la he juzgado por los resultados finales.

Este hombre ha descubierto que lo máximo en el arte del pensamiento es el toque espiritual. Ha aprendido cómo pensar creativamente. Sus energías emocionales, espirituales e intelectuales se han unido para dar como resultado ideas sólidas y prácticas.

*   *   *   *

Necesitamos cultivar las técnicas prácticas del pensamiento, porque el poder del pensamiento es una de nuestras más grandes facultades. Su vida, o la mía, no están determinadas por las circunstancias exteriores, sino por los pensamientos que por lo general emplea la mente. Usted crea su propio mundo a través de sus pensamientos. Se ha dicho: "Un hombre es lo que come". Una verdad más profunda es que "Un hombre es lo que piensa". El libro más sabio de todos dice: *"Como piensa en su corazón, así es él"*. Tal como un hombre piensa habitualmente en su mente consciente e inconsciente, en eso se transforma.

Marco Aurelio, el hombre más sabio de Roma, dijo:

93

– Nuestra vida es lo que nuestros pensamientos hacen de ella.

Ralph Waldo Emerson, un sabio estadounidense, dijo:

– Un hombre es lo que piensa durante todo el día.

Obviamente, una persona piensa sobre muchas cosas durante el día. Sin embargo, detrás de todos esos pensamientos hay uno que es básico o primario. Dentro de ese pensamiento fundamental, todos los demás se filtran, y de él toman color y contenido.

Por ejemplo, algunas personas permiten que el temor se transforme en su pensamiento básico. El temor habitualmente comienza como una fina línea de preocupación que cruza la mente. Al repetirse con el correr de los días, se hace costumbre hasta que corta un canal profundo a lo largo de la conciencia. Cada pensamiento que un hombre, al que le ha sucedido esto, piensa que –su familia, negocio, salud o el mundo– está coloreado por el pensamiento básico y primario del temor, y surge teñido de ansiedad e inseguridad. No importa cuánto intente resistir al pensamiento persistente de temor, no puede escapar. Él es lo que piensa todo el día; es un hombre temeroso.

Para contrarrestar esta condición, substitúyalo con un pensamiento básico más fuerte. El único pensamiento primario que puede oponerse exitosamente al temor es la fe o el pensamiento positivo. Únicamente la fe es más fuerte que el temor.

¿Pero cuál es la técnica para desarrollar la fe? Es afirmar el pensamiento positivo. La fe, también, comienza como una fina línea que cruza la mente. Al repetirla, se transforma en hábito. Corta profundamente en la conciencia hasta que finalmente –para usar una figura cruda– usted tiene dos canales básicos de pensamiento: uno de temor y otro de fe. Pero el temor jamás puede derrotar a la fe. A medida que profundice el canal del pensamiento de la fe, el canal del pensamiento de temor termina por secarse. El pensamiento de fe se desborda y se transforma en el pensamiento más profundo, fluido y básico de la mente. Entonces cada pensamiento que tiene sobre usted mismo, sobre el futuro, sobre los negocios, sobre la familia, sobre el mundo, es tocado por el pensamiento de fe y surge brillante, resplandeciente, optimista y positivo.

Como resultado del nuevo y positivo orden de pensamiento, aprenderá a creer en sí mismo, en su país y en el futuro de la humanidad. Ahora tendrá una convicción profunda, positiva, de que la vida es buena. Las sombras que en un tiempo lo atemorizaban, y los obstáculos que lo derrotaban, huyen y son vencidos. Físicamente puede ser que siga siendo la misma persona, pero mentalmente vive en un mundo diferente. En realidad es una persona diferente porque piensa distinto. Usted es lo que piensa durante todo el día. Pero sus pensamientos ahora le dan poder y lo guían a la felicidad y el éxito.

Un pensamiento, empleado apropiadamente, posee una propiedad sanadora. Los médicos en la actualidad enfatizan la medicina "psicosomática", psico –de la mente– y soma –del cuerpo–. Estudian el efecto del pensamiento o la emoción sobre los estados físicos. Para enfatizar esto, un médico dijo cierta vez que tendría muy pocas dificultades para que sus pacientes se pusieran bien, si solamente pudiera cortarles las cabezas durante la convalecencia. Y, de hecho, las condiciones químicas y orgánicas se ajustarán en muchos casos al efecto del pensamiento inadecuado.

Yo diría que todo individuo debería tener un control regular de sus procesos de pensamiento. Un hombre sabio tiene controles físicos para mantener su salud. ¿Por qué no tener controles para la salud mental? La mente es seguramente tan importante, si no más, que el cuerpo, porque el cuerpo es en su mayor parte regulado por la mente. Hágase controlar la salud mental.

La iglesia puede servir como una especie de centro de re-acondicionamiento, donde una persona puede someter su mente para una reparación general y puesta en orden nuevamente. Al contrario de lo que sostiene el error popular, la psiquiatría no trata con casos patológicos, sino que puede ser definida como una ciencia que ayuda a mantener normales a las personas normales. La cura con frecuencia se efectúa por la simple aplicación del tratamiento espiritual y psiquiátrico.

Un hombre de negocios de la ciudad de Nueva York vino a la clínica de nuestra iglesia. Era un hombre exitoso, que tenía un puesto bastante importante. Reuniendo esforzadamente todas sus energías, seguía andando. Su desgaste de energía nerviosa era inmenso. Sentía una disminución de su energía, tenía poca fuerza y nada le daba gusto. Obsesiones entremezcladas perseguían su mente.

– ¿Qué necesito? –preguntó.

– Acondicionamiento mental –le contesté.

– ¿Qué es acondicionamiento mental? –preguntó sorprendido.

– Es un proceso para renovar la mente –expliqué.

Me contó que:

– No sirvo para nada hasta que llegan las once de la mañana. Me cuesta un horror levantarme, y cuando lo hago, estoy desagradable e infeliz hasta las once. A esa hora me las arreglo para animarme y andar bastante bien durante unas pocas horas.

– ¿A qué hora se levanta? –le pregunté.

– Cerca de las nueve. Tengo una esposa maravillosa que me sirve el desayuno en la cama.

– ¿No es una dulzura? –Dije-. Ella entra y dice consoladora: "¿Cómo estas, querido?" –¿No es cierto?

– Sí, ¿cómo lo sabía?

– Y ¿qué hace usted? Se queja: "¡Me siento terriblemente mal!" –Luego ella pone sus manos suaves sobre su frente y dice: "Está bien, querido, quédate aquí y te traeré el desayuno".

– Sí, eso es lo que hace. ¿No es una maravilla?

– Usted no tiene una esposa. Ella actúa como una madre que lo está criando –le dije.

– El doctor dice que no tiene nada de malo, excepto mi mente –continuó–. Dice que soy víctima de autocompasión como resultado de pensar mal.

– Su doctor dice bien –le contesté–. Necesita reacondicionar su mente. Le sugiero que ore y pide fortaleza, luego crea que la fortaleza le ha sido dada. Mañana por la mañana, cuando su esposa entre en el cuarto y le pregunte cómo está, déle una respuesta vivaz y sana. Dígale: "Siento nueva fortaleza, con la ayuda de Dios sé que estoy bien". Luego salga de la cama y vaya a afeitarse cantando.

– Morirá de un ataque al corazón –me dijo.

– Baje las escaleras –continué–, y tome el desayuno en la mesa. Salga hacia su oficina a las nueve en punto.

Pensé que mejor sería a las ocho y treinta, pero no quería ser demasiado duro con él.

– Solo de pensarlo ya me cansé –me dijo.

– Son sus pensamientos los que lo cansan –le expliqué–. Pero no estará cansado si piensa que tiene la energía de Dios.

Dejé de verlo durante un tiempo. Hasta que un día lo encontré en la calle.

– ¿Recuerda ese asunto del acondicionamiento que me dijo? –preguntó–. Bueno, mientras iba por la calle ese día pensé: "Ese hombre Peale es un necio. Acondicionamiento mental, afirmar que me siento bien, ¡qué cosa de chiflados!" Luego empecé a pensar que tal vez realmente no era tan malo como lo había pensado. Pasadas unas mañanas estaba seguro que me sentía mejor y decidí probar su sugerencia. Mi esposa vino y dijo:

– ¿Cómo estás?

– Bien –le respondí–, ¡maravillosamente bien!

Salté de la cama, la alcé en el aire, la besé, la bajé con todas las fuerzas, y me fui cantando a afeitarme. Jamás había visto una expresión así en la cara de ninguna persona. Y tuve un buen día y he continuado practicando su idea desde entonces. Cuando un pensamiento negativo trata de filtrarse en mi mente, afirmo que Dios está inundando mi mente con paz y fuerza. He descubierto que cuando uno lo afirma, ya ha recorrido una buena parte del camino para conseguirlo.

Las personas desarrollan hábitos de pensamiento derrotistas que las deprimen. Su felicidad se frustra por su pensamiento. Las cosas serán diferentes cuando piense diferente. Cuando los pensamientos de depresión vengan a su mente, diga literalmente: "Tú, viejo y deprimente pensamiento de derrota ¡sal de mi mente! Puedo derrotarte. Afirmo que la fuerza de Dios está en mi". Háblele a sus pensamientos. A toda costa conquiste los pensamientos de derrota, de otro modo ellos lo conquistarán a usted.

¡Renueve su mente y la vida será diferente!

Un industrial descubrió la verdad de esto. Pasó un examen físico y el doctor le dijo:

– No tiene nada malo que no pueda ser curado con una nueva visión mental de la vida.

Le cobró muchísimo por esta receta, e hizo bien porque fue un consejo sólido. El industrial fue a ver a su pastor. Cambió la manera de pensar, eliminó los pensamientos de preocupación y temor. Una vez libre de los pensamientos que envenenaban su mente, se transformó en un hombre nuevo. Aprendió a encontrar un camino al éxito y a la felicidad.

*   *   *   *

Es muy importante mantener el proceso de pensamiento en buenas condiciones, porque en su mente está toda la parafernalia que precisa para construir su carrera. Mantenga la mente libre de confusión, y todas las ideas creativas que necesite serán suyas. Su mente se las dará si mantiene su equipo intelectual bien regulado.

Un factor importante para el logro del éxito, es el arte del pensamiento original y creativo. La persona promedio no confía en su propia mente para que produzca las ideas que necesita. Las firmas de negocios están comenzando a darse cuenta de la importancia del pensamiento creativo, y en algunos casos han empleado hombres con el único propósito de pensar. Su trabajo es estudiar el negocio, inundar sus mentes de él y después confiar en que se producirán ideas frescas y creativas.

El Dr. Glenn Clark cita a Arthur Brisbane, que decía que hay muchos puestos en este país que pagarían cincuenta mil dólares anuales por tener pensamientos creativos. Estos trabajos siempre tienen pedidos.

Se dice que John D. Rockefeller, Sr., una vez empleó a un hombre por veinticinco mil dólares anuales, cuyo trabajo era sentarse en una silla giratoria y pensar ideas nuevas para el negocio. Una persona celosa se quejó al Sr. Rockefeller:

– ¿Por qué le paga a ese hombre veinticinco mil dólares anuales por girar en una silla giratoria y mirar fijo por las ventanas?

El Sr. Rockefeller le contestó:

– Si usted puede pensar tantas buenas ideas como él, le daré a usted los veinticinco mil dólares anuales y una silla giratoria.

Sin embargo, no saque como conclusión a partir de este incidente de que todo hombre que gira con una silla giratoria merece veinticinco mil dólares anuales. Muchos solamente se dedican a dar vueltas intelectualmente.

¿Me permite sobre este punto introducir una parábola casera? Un hombre estaba muy presionado por dinero y oraba y le pedía al Señor que le diera un poco. El Señor, en su bondad, escuchó la oración que venía de la Tierra y llamó a uno de sus ángeles y le dijo:

– Ese pobre hombre necesita dinero. Envíale un poco.

El ángel regresó y le dijo:

– Señor, he buscado por todos lados en el cielo y no encuentro dinero. Solamente tenemos lo que *"ni la polilla ni el orín corrompen, ni los ladrones pueden minar ni hurtar"*. Pero, mientras que no tenemos dinero, hay en existencia algunas maravillosas ideas y discernimientos. ¿Le mandamos algunos de ellos?

El hombre había continuado orando y mostraba gran fe, y el Señor se deleitaba y dijo:

– Sí, abre las ventanas del cielo y derrama tanto discernimiento e ideas hasta que tenga más de lo que necesita.

Y sucedió así, de tal modo que todos decían:

– ¡Qué mente creativa, ingeniosa, y cuántos recursos que posee este hombre.

Esta parábola es tan acertada como la buena Tierra en la que caminamos.

Si realiza un trabajo intelectual honesto y profundo, el próximo paso es relajar su mente, confiando que ordenará el material y dará discernimiento y soluciones a los problemas. La mejor manera de pensar es aquella que se hace inconscientemente luego de un estudio y preparación consciente. El profesor de filosofía de Yale, Brand Blanshard, y anterior Presidente de la Asociación Filosófica Americana, nos dice que los grandes escritores emplearon el arte del pensamiento inconsciente. Describe el método de varios:

– Stevenson, cuando tenía una historia que escribir, delineaba el argumento y dejaba los detalles a sus "morenitos", pequeñas personas que trabajaban durante el sueño en los lugares escondidos de su mente. Henry James describió cómo, al escribir *El Americano*, formó la idea principal y la "dejó momentáneamente en el pozo profundo del cerebro inconsciente", donde continuó tomando forma y sustancia. Milton, durante largos períodos, incubaba un tema y no escribía nada. Pero durante estas "sequías", como él las llamaba, los resortes se formaban debajo de la superficie y de pronto, algunas veces en medio de la noche, llamaba a sus hijas para que tomaran, de su dictado, el torrente de versos que salían a borbotones. Las personas sabían quedar maravilladas ante la fertilidad del púlpito de Beecher; en una oportunidad predicó diariamente durante dieciocho meses sin perder un solo día; y sus sermones fueron poderosos. Pero dejó asentado que el trabajo era en gran parte inconsciente. Mantenía una serie de temas madurando simultáneamente en las celdas de su mente; una semana más o menos antes del sermón, seleccionaba uno que estaba bien, durante un tiempo le prestaba atención y luego lo ponía nuevamente en depósito. En la mañana que tenía que predicarlo descubría que había germinado tomando la forma de una gran masa de ideas importantes, que entonces ordenaba y escribía a gran velocidad.

Y continúa:

– No solamente en el arte y las cartas se ha utilizado el pensamiento inconsciente, también ha resuelto algunos de los problemas científicos más intrincados. Así Gauss había trabajado en un teorema de aritmética durante cuatro años, luego de lo cual "como un repentino resplandor de luz el enigma se resolvió". Pero explícitamente agrega que no pudo ver el hilo que debe haber seguido para alcanzar este resultado final. "He descubierto" dice Bertrand Russell, "que si tengo que escribir sobre algún tema difícil, el mejor plan es pensar sobre él con gran intensidad –la mayor que pueda– durante varias horas o días, y al final del tiempo dar órdenes, para decirlo de algún modo, que el trabajo continúe en forma subterránea.*

El siguiente es un ejemplo que bien podría ser agregado a la lista del profesor Blanshard. El señor Robert G. LeTourneau, famoso industrial y el más grande constructor mundial de maquinarias móviles, que posee el genio para inventar maquinarias muy complicadas, en una ocasión durante la Segunda Guerra Mundial, el gobierno ordenó cierto tipo de máquinas como, por ejemplo, una que podía levantar aviones destruidos. Se la necesitaba rápidamente. El señor LeTorneau y sus asistentes se pusieron a trabajar, pero no lograban nada. La solución no venía.

---

* Brand Blanshar, *El Mercurio Americano*, diciembre de 1945, p. 693

Casualmente era el día de reunión de oración por la noche y el señor LeTourneau jamás faltaba. Les dijo a sus asistentes:

– Voy a ir la reunión de oración. Tal vez la solución me venga mientras estoy en la reunión.

Puso el problema enteramente fuera de su pensamiento consciente y se fue a la reunión de oración, donde se entregó completamente al espíritu de adoración. Antes de que terminara la reunión la máquina completa estaba en su mente. Solamente tenía que volver y diseñar el proyecto.

Uno de los sobresalientes pensadores prácticos de negocios estadounidenses es Beardsley Ruml, a quien con frecuencia se lo menciona como el hombre de ideas número uno de los Estados Unidos.

El método de Ruml para abordar los problemas, es sentarse en una silla y no hacer nada. Ha aconsejado a ejecutivos que tienen problemas entre manos que se encierren, se sienten en una silla, y no hagan nada por lo menos durante una hora diaria. Es esencial para los aprendices de meditación que no haya diarios u otro material de lectura cerca, para no quebrar el momento. Ruml pasa mucho más que una hora al día en sesiones de este tipo. Con su mente liberada de la influencia ordinaria, puede manejar un panorama mejor de los hechos y teorías, que cuando estudia metódicamente un tema. Describe la condición mental en la cual obtiene sus ideas como "un estado de atención dispersa".

Aunque la información ayuda, no es necesario saber todo sobre un problema, de acuerdo a Ruml, para abordarlo en un ensueño, o al estilo de un sueño despierto. No piensa nada y permite que su mente subconsciente ande en regiones en las cuales su conocimiento es escaso. Su plan de granjas es un ejemplo de una idea traída del espacio remoto; Ruml ignoraba profundamente los problemas de las granjas en aquel momento. Está altamente capacitado y ha investigado muchos temas, pero no es un típico estudioso. Lee comparativamente poco. Su carrera tiende a reivindicar al viejo filósofo Hobbes que dijo:

– Si leo tanto como los otros hombres, voy a saber tan poco como ellos.

Ruml no va de la premisa a la conclusión o sigue algún método lógico conocido al inventar sus planes. No pareciera recibir voces o recibir mensajes. Su facultad habitualmente la describen como clarividencia o intuición, dos palabras insuficientes que no reflejan demasiado lo que sucede en su mente.*

En cierta industria se ha destinado un "cuarto silencioso" para ejecutivos, donde no hay libros u otra parafernalia, y en el cual pueden tener soledad para practicar el arte del pensamiento creativo.

El Dr. Frederick Kettner, autoridad en entrenamiento juvenil, considera la práctica del silencio creativo una parte vital de la educación. El silencio produce cambios notables en los jóvenes. Él hace una sugerencia singular de que la arquitectura en la era moderna debería incluir un cuarto "de silencio" en cada casa, donde el hombre pueda en forma figurativa tener la posibilidad de lavarse el cerebro y el corazón. Muchos hogares modernos incluyen una "sala de juegos" para los niños. A juzgar por las situaciones domésticas actuales, parecería que hay demasiadas "salas de juego" en los hogares. Necesitamos más cuartos de silencio.

Un exitoso gerente de ventas dice que no es necesario tener un cuarto para apartarse; uno puede practicar el arte de retirarse en la quietud mental aún en medio de la confusión.

Su método es sacarse los anteojos y poner las manos sobre sus ojos durante medio minuto. En este medio minuto deliberadamente piensa en una escena pacífica, tal como el lugar donde fue a pescar el verano anterior, o una vista de montañas. Al permitir que este cuadro aparezca en su mente, a continuación se dice suavemente a sí mismo las siguientes palabras, repitiendo la oración varias veces: "La paz está inundando mi mente, cuerpo, y alma". Declara que siente la paz fluir sobre él concibiéndolo así. Vuelve al trabajo con

---

* Alva Johnston, *The New Yorker,* 10 de febrero de 1945.

el sentir de que ha sucedido un renuevo de sus procesos de pensamiento. La apatía y la confusión se van, y vienen energía y nuevas percepciones.

Un sobresaliente banquero inversor de Nueva York, me relató que considera la lectura de La Biblia como el método más valioso para clarificar y estimular su mente. Va a la oficina en el distrito financiero a las 07:30 y pasa la primera media hora leyendo La Biblia. Luego tiene quince minutos de meditación quieta, luego de lo cual dice que está listo para el trabajo del día. Es un consumado lingüista y algunos días lee La Biblia en francés, otras veces en castellano, y sostiene que los diferentes énfasis que dan estas lenguas, agregan otros aspectos al conocimiento.

Hace poco tiempo fue a otra ciudad en una importante misión bancaria. Durante dos horas del viaje estudió los informes de negocios que afectaban las negociaciones. A la hora siguiente, dijo:

– Leí a san Pablo, no solo por los valores espirituales, sino básicamente por la estimulación de mis procesos mentales. Finalmente tuve quince minutos de oración relajada y meditación, luego de lo cual me dormí. Al llegar a mi destino, no traté de venderles nada a las personas que no desearan o necesitaran. Simplemente puse los hechos delante de ellos tal como los había pensado. Luego regresé a Nueva York. Dos días después tuve sobre mi escritorio un enorme cantidad de negocios.

Aunque no se hubiera materializado en los resultados financieros, igual hubiera estado satisfecho al saber que había hecho todo lo que estaba a su alcance.

– ¿Realmente piensa que esta práctica ha clarificado su pensamiento? –le pregunté.

– No lo pienso, lo sé –me respondió con firmeza.

La oración, la forma más poderosa de energía

UNA MAÑANA TEMPRANO llegué a la Gran Estación Central de Nueva York y tomé un taxi para ir a mi casa. El chofer demostró ser un hombre muy feliz y amigable.

– ¡Está muy feliz y radiante esta mañana! –le comenté.

– ¡Ah! –me contestó–, estoy aquí todas las mañanas a esta hora; es decir, todas las mañanas excepto los domingos.

– ¿Y qué hace los domingos? –le pregunté.

– ¿Qué le parece? –me respondió–. Voy a la iglesia.

Se detuvo en el semáforo.

– Eso no es todo –dijo–, también canto en el coro. Me gustan los viejos himnos… ¿a usted no?

Cuando le dije que sí, repentinamente me ofreció:

– ¿Le gustaría que le cante un himno?

Esto era sorprendente, pero uno aprende a esperar casi todo de Nueva York, por lo tanto le dije:

– Sí. Me gustaría escucharlo cantar.

Inmediatamente rompió a cantar uno de los viejos himnos, con una clara voz de tenor mientras íbamos por la Quinta Avenida.

Cuando terminamos lo felicité, y luego pregunté:

– ¿Tiene un buen pastor en su iglesia?

– ¿Un buen pastor? –exclamó–. Tenemos el mejor de Nueva York, ¡y no digo que "quizás"!

Esto me agradó, porque siempre me gusta encontrar un hombre que está entusiasmado con su pastor. En ese momento pasamos por mi propia iglesia en la esquina de la Quinta Avenida y la calle Veintinueve.

– Ahí es donde voy a la iglesia –le dije.

– ¿Es allí? –me contestó–. ¿Tienen un buen pastor allí?

– Bueno –le dije–, más o menos, vea... sucede que yo soy el pastor.

Esta información inesperada casi lo hace subir a la acera.

– Casi compré demasiado territorio por aquí –dijo.

Cuando llegamos a mi domicilio hablamos unos momentos.

– Le diré por qué mi pastor significa tanto para mí –dijo-. No siempre he sido un chofer de taxi. Cierta vez tenía un buen negocio, pero se fundió con "La gran depresión". Sabía que Dios tenía un plan para mí, y no me falló. Mi pastor me ayudó con el negocio del taxi. Me dijo: "Bill, manejar un taxi es lo mismo que tener un cualquier negocio. Si uno da buen servicio, es amigable, trata a las personas correctamente y confía en Dios, podrá hacerlo, y pasará buenos momentos mientras lo hace". Mi pastor me dijo que cada mañana cuando fuera al garaje a buscar el taxi, *antes de salir* debía bajar mi cabeza sobre el volante y dedicar mi día de trabajo a Dios y a las personas. Puede sonar piadoso, pero quiero decirle que me ha ido bien. Además, he pasado buenos momentos, y soy muy feliz; mucho más feliz que lo que he sido jamás.

Sin excepción este era un hombre que combinaba las buenas prácticas de los negocios con su religión, y era un éxito en la vida. No tengo la menor duda de que este hombre en este momento está en cosas mayores, porque tiene la filosofía que da resultado: confiar en Dios, trabajar duro, poner el negocio en las manos de Dios y servir a las personas.

Este chofer de taxi utilizó un procedimiento que uno de los científicos destacados del mundo, Alexis Carrel recomendó mucho. Dijo:

– La forma más poderosa de energía que uno puede generar es la oración. La oración, como el radio, es una forma de energía luminosa y autogeneradora.

Alexis Carrel, cuya aberración política no vicia su conocimiento científico, hizo una asombrosa declaración a una generación que está perfectamente familiarizada con el poder en sus formas más dramáticas. Sin embargo, señala este científico, la forma más poderosa de energía que uno puede generar no es mecánica, electrónica o aún atómica, sino la de la oración.

La mayoría de nosotros somos novicios en la oración. Algunos casi no oramos, algunos no oran en absoluto. Hay, hablando en forma general, tres maneras en las cuales los hombres consiguen lo que desean y necesitan: (1) trabajando, (2) pensando y (3) orando. Las primeras dos se usan todos los días. La tercera se la deja muchísimo de lado.

¿Por qué? Probablemente porque el trabajo y el pensamiento son factores obvios de nuestra experiencia diaria. Son comunes, cosas de todos los días, mientras que la oración está asociada con algo diferente, con formas y posturas especiales. La han transformado en algo de "los domingos para las reuniones", alejado de nuestras vidas diarias.

Esta eliminación del factor oración de la experiencia del hombre, es una omisión trágica. Nos lleva a cargar el peso entero y la carga de la vida. No es de asombrarse que los hombres se quiebren o fracasen al tratar de lograr lo mejor posible. A través de procedimientos espirituales podemos hacer contacto con una poderosa fuente de fuerza. Mayor fortaleza puede generarse por medio de la oración que por los pensamientos del cerebro o la obra de las manos. Permítame repetirle: la forma más poderosa de energía que uno puede generar, es la de la oración.

La conexión entre los hombres y el universo puede ser mucho más sutil y profunda que lo que pensamos. Somos parte de la naturaleza y de Dios, y para verdaderamente tener éxito en la vida uno debe armonizar con la naturaleza y con Dios.

Una mujer muy inteligente se repuso de una larga y seria enfermedad, y fue a Florida para recuperarse. Se dirigió a Daytona Beach, una de las playas más hermosas del mundo. Durante la convalecencia era su costumbre diaria tirarse en la arena a tomar sol. Nadie estaba cerca. Sola en medio de la naturaleza practicaba la orientación de sus pensamientos directamente hacia Dios. Oraba profundamente.

Un día tomó conciencia con gran agudeza del profundo silencio de la naturaleza. Se sintió extrañamente a tono con el mundo. La quietud era tal que, para su asombro, podía en realidad escuchar el latido de su propio corazón. Comenzó a contar esos latidos. Se dio cuenta del ritmo permanente e incesante. Escuchaba el latir de su propio corazón mientras enviaba la sangre con vida a través de todo su cuerpo.

Mientras estaba allí escuchando latir su corazón, se dio vuelta y miró entre los pastos que estaban cerca de ella en la playa, limpios y frescos por las mareas. Sus ojos seleccionaron una mata de pasto en particular. La miró moverse lenta y graciosamente hacia adelante y atrás por la brisa gentil. Se asombró al descubrir que se movía prácticamente con el mismo ritmo y latir de su corazón.

Luego sus ojos se posaron sobre el mar. Salpicado de sol como miríadas de diamantes, brillando a la luz solar, se enrollaba majestuosamente hacia adentro en ondas espumosas sobre la arena clara. Su mente repentinamente se despertó al hecho asombroso de que el latir de las olas sobre la playa estaba a ritmo muy similar al movimiento del pasto y al latido de su corazón. Se concienció de una armonía rítmica fundamental. Y allí se dio cuenta que era una con la naturaleza, y que ella formaba parte de su armonía interior. Este pensamiento hizo que la soledad y el temor abandonaran su mente. Ahora sabía que estaba a tono con Dios, que las fuerzas de sanidad de Dios estaban fluyendo trayendo nuevamente la sanidad de su cuerpo. Esto le produjo una profunda paz y un sentimiento de renovación.

– Nunca más estaré asustada por nada –declaró–, porque ahora sé que hay un poder por el cual la vida puede ser recreada. Conozco el secreto para armonizar con ese poder.

Es un medio a través del cual se produce una conexión cercana del hombre con Dios.

*   *   *   *

Para ser eficientes en oración debemos aprender el arte de orar. Es un error pensar que las leyes de la eficiencia no se aplican a la oración. Obviamente, se requieren habilidades en la operación de todo poder. No es razonable asumir que no se requiere ninguna capacidad para ejercitar el más grandioso poder de todos. Sin embargo, para dominar el arte de la oración solamente se necesita seguir ciertos principios simples. No es necesario asistir a la universidad o la escuela técnica para transformarse en un experto en este campo.

El primer paso para aprender a orar simplemente es orar. Puede leer todos los libros que se han escrito sobre la oración, y asistir a innumerables disertaciones sobre la oración, pero aún así la única manera de aprender a orar, es orando.

Como joven tomé lecciones para hablar públicamente. Algún tiempo después me encontré con uno de los más grandes oradores de ese período y le pregunté:

– ¿Cómo logra uno llegar a ser un experto orador?

– Hablando –me contestó–. Aprenda el arte con la práctica. Hable cada vez que le den una oportunidad. Siga haciéndolo. Siga practicando constantemente, buscando perfeccionarse.

Ese consejo se aplica a todo tipo de eficiencia. Es importante estudiar las leyes y técnicas de cualquier disciplina que quiera dominar, pero en el análisis final uno aprende haciendo.

¿Cuánto tiempo pasa cada día en oración? He hecho esa pregunta a muchas personas, y llegué a la conclusión de que cinco minutos por día es probablemente el promedio. Algunos oran más que eso; algunos menos, la mayoría posiblemente menos.

Hagamos un poquito de aritmética. La persona promedio está despierta cerca de dieciséis horas al día. Eso significa que tiene novecientos sesenta minutos disponibles. Si utiliza únicamente cinco minutos para orar, eso significa que está orando solo la mitad del uno por ciento de las horas que está en vigilia. Hubo un tiempo durante los días de la prohibición que, de acuerdo a un acta del Congreso, una mitad del uno por ciento de alcohol en una bebida se la consideraba legalmente como no embriagadora. Este porcentaje también es no embriagador en la religión. Levante el porcentaje diario de tiempo que pasa en oración si espera experimentar su poder.

Nuevamente cito a Alexis Carrel:

– Cuando oramos nos conectamos con el inagotable poder motivador que une el universo. Ore en todas partes; en la calle, en el subterráneo, en la oficina, durante las compras, en la escuela, tanto como en la soledad de su propio cuarto o en una iglesia. La verdadera oración es una forma de vida. Actualmente como nunca antes la oración es una necesidad inexorable en las vidas de los hombres y de las naciones.

Un plan práctico es utilizar los momentos libres, que de otra forma no tendrían objetivo. Conozco una mujer joven que vive en Brooklyn y trabaja en Manhattan. Anteriormente pasaba los quince minutos que requiere su viaje en subterráneo simplemente sentada y mirando los avisos publicitarios del coche. Entonces un día pensó que sería bueno cerrar los ojos y recitar suavemente para sí la oración del Señor y algunos versículos de Las Escrituras. Oraba por el trabajo de ese día y también por varias personas. Con una expresión muy ingeniosa me dijo que la distancia entre su casa y la oficina era de "tres Padrenuestros y tres salmos veintitrés". De esa forma pasa treinta minutos diarios de oración en el subterráneo. De esos treinta minutos durante los cuales ella antes repasaba sus preocupaciones, ahora saca inspiración para una vida singularmente feliz y útil.

Mi amigo Frank Laubach, un famoso educador, usa el tiempo que pasa en el ómnibus para orar por los otros pasajeros que viajan con él. Fija sus ojos en cada uno por turno y ora por ellos. Las personas que lo conocen han comentado la manera asombrosa en la cual esta irradiación de amor y buena voluntad cambia la atmósfera de un transporte. Laubach dice de manera pintoresca que él simplemente se sienta y "corta el aire del lugar con amor". Un día un hombre de cara enojada sentado delante de él, a quien no le había dicho nada, se dio vuelta y le dijo gruñendo: "Lo que este país necesita es un avivamiento religioso". Aparentemente este tipo de oración es contagiosa. Si tan solo logra transformar algunos de los momentos que de otra manera carecen de propósito, en minutos de oración, pronto verá que fuerza renovada y gozo surgen desde su interior.

La oración responde a la ley como cualquier ciencia. Aprenda estas leyes y practíquelas, e inevitablemente obtendrá un resultado definido. Una de las leyes básicas de la oración es la simplicidad. Haga oraciones simples y naturales. No es necesario utilizar frases y palabras estereotipadas. Háblele a Dios como a un amigo.

Aprendí mucho sobre la oración por mi abuela. Ella vivía en una pequeña ciudad en el medio este, en una casa antigua, típica de esa región. Había algo romántico en aquella casa antigua. La calefacción de mi abuela era una estufa a leña. De un lado uno estaba caliente, y del otro helado. Nunca en su vida tuvo una heladera moderna. La manteca y los huevos estaban puestos en una conservadora afuera. Era una mujer fuerte, simple, a la antigua.

Mi hermano y yo pasábamos los veranos con ella. Se hacía cargo de nosotros. Luego de la cena –en aquel entonces la comida era la del mediodía– nos leía a la luz de la lámpara de kerosén. Sus lentes cóncavos le quedaban bastante caídos sobre la nariz, mientras nos leía historias.

Luego nos llevaba escaleras arriba, a la cama. Que era de respaldos altos y estaba cubierta con mantas hechas a mano, y tenía un antiguo colchón de plumas en el cual nos hundíamos tanto, que lo único que sobresalía eran nuestras orejas. Ponía la lámpara sobre un estante y se arrodillaba al lado de nuestra cama. De rodillas le hablaba al Señor, como a alguien a quien conocía mucho y –ahora me doy cuenta– para darnos seguridad.

– Oh, Señor –decía su oración–, detesto tener que poner a estos dos pequeñitos aquí en este dormitorio. Cuando me lleve la luz se va a poner muy oscuro, y ellos son tan pequeños. Puede ser que tengan miedo, pero no tienen por qué, tú estás aquí y vas a cuidarlos toda la noche. Los cuidarás durante todas sus vidas, si son buenos niños. Ahora, Señor, te pido que esta noche cuides a estos pequeños mirando desde arriba hacia sus almohadas.

Luego se llevaba la lámpara y el resplandor iba disminuyendo a medida que se alejaba del cuarto. Sus suaves pasos se iban perdiendo mientras bajaba la escalera. En las noches de tormenta, especialmente cuando el viendo aullaba alrededor de la casa, mi hermano y yo nos acurrucábamos juntos en aquella gran cama. Yo acostumbraba mirar hacia arriba en la oscuridad y mi imaginación veía una enorme cara amable que miraba hacia mi almohada. Siempre he pensado que había algo magnífico en esa oración: "Mira desde arriba hacia las almohadas de estos pequeñitos".

Mi abuela decía:

– Recuerden, Dios no es un potentado oriental sentado sobre un trono; es su amigo; está al lado de ustedes. Háblenle en un lenguaje simple, sencillo, cuéntenle lo que está en su corazón, y Él va a escucharlos.

Hagan oraciones simples. Si están sentados en su escritorio y no saben qué hacer sobre algún asunto, no llamen a su compañero, porque puede ser que tampoco sepa qué hacer; más bien llame a su gran Compañero. Simplemente dígale:

– Señor, estoy estancado con este problema del negocio. Tú sabes más que yo sobre este negocio; dime qué hacer.

Si sus temores y ansiedades son pesados, háblele a Dios sobre ellos en una forma simple. Luego haga lo mejor que pueda y déjele el resto a Él. Deje de preocuparse sobre cosas. El amor de Dios lo protegerá y defenderá. Confíe en Él, trabaje mucho, piense correctamente y las cosas saldrán bien.

Al aprender este arte necesitamos reconocer que la oración es algo muy simple. Tal vez la hemos transformado en algo demasiado rígido y formal. Un profesor con el que estudié fue uno de los hombres más piadosos que conocí jamás. De él aprendí mucho sobre la oración. Me gustaba escucharlo orar en la capilla de la universidad. Cuando oraba yo lo observaba subrepticiamente. Su rostro levantado estaba iluminado; un reflejo exterior de una luz interior. Su cabello, lo que le quedaba, era blanco como la nieve. Para sus estudiantes era un santo humano y práctico a quien amábamos. Aunque ahora ya no esté, los que estudiamos con él nunca lo olvidaremos. Su nombre era Reverendo Doctor George H. Butters, Doctor en Divinidades (D.D.), Doctor en Filosofía (D.PH.), Doctor en Leyes (LL.D.), pero para sus estudiantes era "papi" Butters. Aún en el aula algunas veces lo llamábamos "papi", pero no le daba importancia.

Sabía decirnos que pasaba momentos difíciles con el tema de la oración con su esposa. Parece que su esposa era lo que llamamos una "cristiana rígida", que creía que la única manera de decir las oraciones por la noche era arrodillada al lado de la cama. Algunas veces hacía mucho frío en la ciudad de Nueva Inglaterra donde vivía, ¡y su esposa era una entusiasta del aire fresco! Cuando llegaba la hora de dormir, el viento soplaba por todo el cuarto, impulsando a entrar rápidamente en la cama. La señora Butters estaba contenta en el frío, y cuando descubría que su esposo ya estaba en la cama, suave pero firmemente le preguntaba:

– George, ¿has hecho tus oraciones?

–No, mi querida –era la sumisa respuesta–. Las estoy haciendo en la cama.

– George, sal de la cama y haz tus oraciones de manera correcta.

Obediente pero dolorosamente se deslizaba fuera de la cama, hacia el frío suelo, con el viento frío que azotaba sus pies descalzos.

– En aquellas ocasiones –comentaba– mis oraciones eran cortas y directas.

Recuerdo que contó esto en una de las más distinguidas iglesias de la ciudad de Boston, para delicia de la distinguida congregación; la gente real siempre quiere predicadores que sean seres humanos. Para "Papi" Butters Dios era un amigo. Dios estaba con él cuando se sentaba a almorzar. Estaba con él en su escritorio, en su oficina, cuando andaba en tren. Iba a su lado a todas partes. Hablaba acerca de Dios como de un buen amigo. El orden entero de su mente era el de alguien que vivía con Dios. La vida para él era en sí una oración. Pero jamás fue un aguafiestas. Me acuerdo de él como uno de los seres humanos más felices, genuinos, "con los pies en la Tierra" que haya conocido jamás.

Las personas que tienen este contacto simple con Dios tienen poder. No importa cuántas dificultades, penurias, dolor, tragedia, pequeñeces puedan venir a sus vidas, se levantan por encima de todo de manera magnífica.

Nunca está de más enfatizar que una importante técnica de oración es hacer todo lo que usted pueda, y dejar lo demás a Dios. Póngase a trabajar en su problema con toda la fuerza y vigor que pueda, utilizando completamente su propio cerebro y esfuerzo; luego póngalo en las manos de Dios a través de la oración. Un prominente médico de Nueva York me dijo recientemente que mientras esta idea parece simple, contiene una verdad muy profunda y vital. Descubrió esto de una experiencia crítica, porque se enfermó y tuvo que someterse a una operación muy seria. Como médico, sabía que el porcentaje de mortalidad de esta operación específica era altamente alarmante, y que las posibilidades de superarla eran escasas. Naturalmente, saber esto lo inquietaba. Su carrera profesional estaba en la cima. Quería vivir.

Decidió practicar la oración. Consiguió el mejor científico terrenal que podía. Una vez que hizo podo lo posible, simplemente puso el asunto en las manos de Dios. Descansó tranquilo en la voluntad y sabiduría de Dios. Le dijo al Señor que no quería morir, que quería vivir. Le dijo al Señor que tenía el mejor médico disponible; que ahora después de haber hecho todo lo que un ser humano podía hacer, estaba dispuesto a dejar los resultados a Él. Estaba dispuesto a aceptar lo que Dios dispusiera.

Relata que inmediatamente tuvo un sentir de paz en su mente, y al mismo tiempo de confianza. Dijo que internamente sentía que todo estaría bien, de cualquier manera que fuera. Entró en la operación con todas las fuerzas: humana y divina, libre y sin impedimentos. Recuperó su salud, y actualmente ha regresado a su trabajo todos los días, y hace una de las más difíciles y exigentes operaciones conocidas en la profesión médica.

Un hombre de negocios de Nueva York aprendió a través de la práctica el valor de la oración en la actividad de su negocio.

– Por la mañana –dice–, habitualmente soy el primero en llegar a la oficina. Le pido a Dios que guíe mis esfuerzos durante el día, y le agradezco por adelantado las respuestas a mi oración. Antes de comenzar una entrevista a posibles clientes, tengo como práctica orar por cada uno por su nombre. No oro para poder hacer la venta, porque el énfasis basado en el interés tiende a quebrar el circuito. Sería dictarle a Dios, que tal vez no quiera que se haga una venta en esa visita específica, o en cualquier otra; oro simplemente por mi cliente como persona, y pido que Dios pueda bendecirlo en la solución de sus problemas.

– El resultado –continuó– es que me encuentro con mis clientes en una atmósfera de amistad y confianza. Con frecuencia he observado que estamos extrañamente en la misma sintonía. Es más, he tenido el privilegio de ayudar a las personas que de otra manera nunca hubiera contactado. Este procedimiento pone al negocio más allá de hacer dinero, hacia el plano del entendimiento humano. Por supuesto, el resultado final son bendiciones materiales, no a través de algún proceso misterioso, sino simplemente siendo recto con Dios y con el hombre. Puedo mantenerme calmo y manejar cada problema que se produce, y en maneras extrañas vencer las dificultades que en años anteriores me hubieran echado por tierra completamente.

Vayamos de este negociante exitoso a una mujer que estaba desesperada. Accidentalmente esta mujer escuchó una charla radial del autor, que trataba con las técnicas simples y prácticas de la oración. Y escribió lo siguiente:

– Esta es mi historia –lo más breve que puedo relatarla– una gran historia para poner en pocas palabras.

En el verano de 1943, una tarde puse la radio, algo que rara vez hago durante el día. El siguiente impulso fue apagarla, cuando una frase atrapó mi oído. Esperé la próxima y así sucesivamente hasta que me di cuenta que estaba sentada al lado de la radio, escuchando.

Siempre dije que era cristiana, oraba, etc., pero por primera vez algo sucedió en mi vida.

Esa primera tarde que lo escuché tenía una profunda desesperación. Las cosas estaban yendo de mal en peor, hasta que me encontré enfrentando una involuntaria bancarrota. Los vendedores de inmuebles parecían todos incapaces.

A partir de esa tarde tuve una nueva fuerza, una manera distinta de orar, creo. Me sentí guiada, literalmente paso a paso a la puerta de la oficina de una agente del otro lado de la Bahía, de quién jamás había escuchado antes. Tomó las propiedades con vigor, aún descubrió nuevas cualidades en ellas.

Me llevaría hojas y hojas contarles toda la historia.

Pero, y aquí está el gran paso siguiente, siempre había tenido deseos de hacer diseños. Le hablé con todas mis fuerzas a Dios, le pedí que me mostrara definitivamente qué hacer. Recibí palabra de que un tapiz de dos metros que había mandado a una exhibición textil internacional, había recibido el primer premio. Esto me ha llevado a tener maravillosos contactos con algunas de las mejores y más confiables firmas. Querían mis diseños. Relato esto con la mayor modestia, con reserva y profundo y sincero agradecimiento a nuestro Señor y Padre.

Es un ejemplo de la manera en que algo imposible se hace posible cuando Dios es nuestro compañero.

Las personas que practican las técnicas simples de la oración se aseguran una guía extraordinaria. Son dirigidos en sus actividades y contactos por un poder invisible, pero definitivo. Al enfrentar situaciones y tratar con las personas, adquieren capacidades notables. Por supuesto, no creo que hay algo mágico en la oración, pero desde mi experiencia pienso que ciertos discernimientos, guías e iluminaciones son dados a aquellos que habitualmente practican una actitud de oración, en la cual se ponen a disposición de la guía divina. He tenido tantos indicios de la validez de esto, que afirmo que lo acepto como un precepto científico, a saber: entregue los problemas de su mente a una actitud de oración. Esté dispuesto a aceptar no lo que quiere o lo que piensa que debería ser, sino afirme que recibirá guía para la solución de su problema. El resultado será que luego de un período de tiempo, claramente verá el bosquejo de un molde que usted mismo no concibió.

John G. Ramsay, Representante de Relaciones Públicas de los Trabajadores del Acero de los Estados Unidos (C.I.O.), me contó de un conocido nuestro que pasa una hora cada día en oración. Ramsay sonrió y dijo:

– No podría hacer eso; Dios me da tantas sugerencias en dos minutos que me mantiene todo el día ocupado.

Ramsay dice que logra la guía y dirección para su trabajo diario en esos dos minutos de oración. El siguiente es un ejemplo que relata:

"Hace unos meses me senté en una mesa para cuatro personas en el coche comedor de un tren. Otros tres hombres ya estaban sentados; como lo supe después, ninguno conocía al otro. Todos parecían tristes y deprimidos. Debido a que no me gusta comer en esa atmósfera, comencé una conversación que esperaba que levantara sus espíritus. Pronto estaban todos hablando animadamente, la mayoría sobre religión. Después de terminar la cena, uno me dijo: 'Quisiera hablar con usted unos minutos'.

"'Sí, por supuesto –contesté– vamos al salón comedor'.

"El Señor debe haber querido que esta conversación se realizara, porque aunque el tren estaba lleno de personas, nos esperaban dos asientos libres. Mi nuevo compañero me contó que al dejar su hogar cuando niño, su padre le ordenó que jamás permita que pasen más de diez minutos sin hablar de su vida religiosa con la persona que tuviera más cerca.

"'En mi primer viaje de tren –dijo–, estaba sentado cerca de un grandote fornido. Controlé mi reloj hasta que pasaron los diez minutos; entonces, muerto de miedo, solté abruptamente: '¿Usted es salvo?' Me dio la respuesta dura que usted se imaginará, y durante veinte años nunca más he hablado a otro hombre sobre religión.

"'Hoy –continuó– consiguió en pocos minutos que tres hombres, que jamás se habían encontrado antes, hablaran sobre religión en forma natural e interesante. ¿Cuál es su técnica?'

"Conversamos durante un tiempo y, cuando se levantó para irse, se presentó como el vicepresidente de cierta compañía de acero; luego preguntó mi nombre y el trabajo que hacía.

"'Soy John Ramsay –contesté–, organizador para los trabajadores de acero de los Estados Unidos, y mi trabajo es organizar a los empleados de su compañía.

"A pesar de las diferencias en puntos de vista, nos relacionamos y entendimos en base a nuestra común fe religiosa. Nunca pensé demasiado sobre mi 'técnica', salvo intentar vivir una vida centrada en Dios."

* * * *

Este libro enfatiza los principios científicos espirituales que han sido demostrados en el laboratorio de la experiencia personal. Se presentan los principios de guía, oración, fe o simple confianza, o relajación, no como una teoría, sino como lo que queríamos demostrar (Q.E.D) de la prueba. Todo este libro es sobre hechos.

Cualquiera sea su problema, sin importar la dificultad, puede desatar poder espiritual suficiente para resolverlo. El secreto es orar y creer. Aunque pueda parecer difícil de creer, hágalo igual. Sencillamente crea que el Dios Todopoderoso le dará su poder. Ore y mentalmente descanse en el poder de Dios. Haga esto afirmando que no tiene suficiente poder dentro de usted y que, por lo tanto, está dispuesto a ponerse completamente en contacto con la fuerza espiritual. El secreto básico de la religión cristiana no es el esfuerzo o el poder de la voluntad, tan importantes como son. El secreto del cristianismo es la fe. La única lucha a la que le anima es a ejercer el esfuerzo de creer. El arte es aprender a tener fe. Cuando lo ha hecho así se transforma en un canal a través del cual el poder divino fluye. Fluye a través *de usted*. Así tendrá toda la fuerza que necesita para enfrentar cualquier situación en que se vea involucrado.

Para ilustrar esto la siguiente es una experiencia personal de un hombre que estaba "acabado". Del éxito brillante cayó en decadencia; luego, a una edad en que muchos hombres se jubilan, volvió. Esta es una historia que hará estremecer a muchos, contada con las propias palabras del hombre.

"Durante más de cincuenta años mi vida fue como una canción. Luego, durante cuatro años, jamás sonreí. Tenía una esposa amorosa, tres hijos excelentes y un hogar hermoso. En los negocios, mi historia era lo que la gente llama 'de éxito'. A los cuarenta y siete, era Teniente Coronel en la Primera Guerra Mundial, a cargo de millones de dólares de suministros. A los cincuenta, era presidente de una gran compañía de petróleo. A los cincuenta y ocho, era asociado cercano a uno de las figuras líderes de Wall Street. Estaba en la cima. La vida era buena, y creía que aunque las dificultades podían venirle a otras personas, a mí no me tocarían, simplemente porque no podrían.

"Repentinamente, todo comenzó a andar mal. Yo era uno de los náufragos de la depresión. Perdí todo: la fortuna personal, el hogar que amaba, seguido inmediatamente por la muerte de mi esposa, mi compañera idílica durante treinta y tres años. Para colmar todas mis dificultades, me tomó encefalitis, una variante de la temible enfermedad del sueño.

"Luego de muchas semanas, me declararon sano, pero tenía cicatrices en mi sistema emocional. Los médicos me menospreciaban y decían 'no tiene nada'. Yo sabía que algo andaba mal pero, al mirar atrás a aquella época, veo que mi problema no estaba dentro de sus especialidades. Por lo tanto, fui de un neurólogo a otro, de un osteópata a otro, de una dieta en boga a otra. Continuamente perdía peso, y ganaba en irritabilidad y cada vez más y más me fui transformando en una prueba para mi familia y amigos.

"Cuando regresé a los negocios no me fue mejor; me transformé en un neurasténico e hipocondríaco de la peor especie. Nada de lo que me pudiera decir nadie para ayudarme, me producía la menor impresión. Pensaba constantemente en mis problemas, los cuales buscaba descargar sobre otras personas. En los ómnibus contaba mis penas a cualquiera que quisiera escuchar, fuera amigo o extraño.

"'Juan –me dijo un amigo, después que había descubierto una nueva vida– ¿te acuerdas de aquella tarde en que viajé contigo en el subterráneo? Hablaste todo el tiempo sobre tu enfermedad y tus problemas. Finalmente te dije que tenía un compromiso, y me bajé del tren en la calle Catorce, solo para librarme de ti'.

"Ahora sé, pero no lo sabía entonces, qué pesado que era. Actuaba como si fuera el único hombre en el mundo que había tenido problemas. Tenía resentimiento y estaba envenenado, y maldecía todo en general. Cada mañana, cuando me levantaba me preguntaba: '¿Cómo sería posible pasar otro día?' Me encontré deseando que alguna mañana ya no me levantara. Un día me senté a la entrada de un hotel, con una carta de despedida en mi mano, y estuve decidiendo desde las diez de la mañana hasta la tarde si me iba a tirar o no de la ventana del piso más alto. Sé ahora que mi verdadero problema no residía en mi cuerpo, sino en mi espíritu.

"Durante ese tiempo hice dos intentos a medias en ámbitos del control mental y la religión. Habían ayudado a otros, pero mi fe estaba débil. Mi actitud era: 'Bien, Dios, no creo que puedas hacer nada sobre esta situación, pero, vamos a ver, ¡inténtalo!'

"Y me dije a mí mismo: 'Esto requiere un milagro, y los días de los milagros ya pasaron'. No pasó absolutamente nada con estos dos intentos, por supuesto, porque no tenía nada de fe. Pero cuatro años después de estar agobiado, la luz de la salud y la felicidad alumbró de tal manera que solamente pudo venir de parte de Dios.

"Siempre caminaba por una calle estrecha, llevando un bastón que sabía pensar que necesitaba, cuando sin advertirlo llevé por delante a un hombre que pasaba a mi lado. Al darme vueltas para pedir disculpas, descubrí que era una persona muy amable que tenía una oficina en el mismo edificio que yo. Me pidió que lo llamara, lo cual hice. Descubrí que era un creyente ferviente en el poder de la fe religiosa. Me animó a poner mi vida en las manos de Dios, que rindiera todas mis dificultades a Él, y que en lugar de pensar en mí practicara pensar en Dios.

"Me enseñaron a orar y tener fe. Este fue un momento crucial en mi vida. Me mostraron que mi pensamiento estaba completamente equivocado; que lo primero que debía hacer era limpiar mi mente. (Tal como el hombre piensa así es él). El siguiente es el material que eliminé de mi mente: autocompasión, mala voluntad, y otras maldades. No era para asombrarse que estuviera enfermo. Esta fue la primera catarsis mental verdadera que conocí, y fue efectiva porque estuvo hecha con una base espiritual, bajo la dirección de un hombre comprensivo.

"Luego de esta limpieza mental mi amigo comenzó a alimentar mi mente con comida simple, espiritual, sana. Me dieron un curso de lecciones para leer sobre la verdad espiritual. Me mostraron cómo leer La Biblia. Descubrí que la parte principal del saber es sencillamente leerla. Compré una de esas Biblias en las que las palabras de Jesús están impresas en rojo, y también leí los Salmos. Luego de leer me sentaba en quietud, pensando que estas palabras pasaban por mi mente como medicina.

"Esta persona también me enseñó a usar mi mente positivamente más que negativamente. En lugar de quedarme mentalmente en mis dificultades, aprendí a afirmar, en mi propia mente, que Dios me estaba ayudando en ese mismo momento. Paso a paso tomé posesión de esta idea. Descubrí que uno en verdad se transforma en lo que afirma que es, cuando lo hace en el nombre de Dios.

"Practiqué vivir con Cristo en mi mente, con frecuencia hablándole como si Él estuviera allí mismo (sé que es así). Mi mente estaba inundada con un sanador sentido de paz. Sentí que me iba transformando en un hombre nuevo, cumpliendo una de los más grandiosos y verdaderos textos de La Biblia: *'Si alguno está en Cristo, nueva criatura es: las cosas viejas pasaron; he aquí, todas son hechas nuevas'.*

"Este poder recién descubierto cambió todo. Recuperé lentamente el ánimo que antes tenía para trabajar. Un amigo me dijo: 'Nuevamente eres tú; ¡es un milagro!'

"Solamente Dios podía hacer esto y mostrarme las reservas de paz y fuerza con que cuento ahora. En el término de un año Dios me ha ayudado a transformarme en uno de los grandes productores de mi compañía. En años sucesivos he logrado negocios anuales de más de medio millón de dólares. No busco crédito alguno con esto, sino simplemente mencionarlo para mostrar lo que Dios puede hacer. Esto puede sonar materialista, pero no lo es. Lo cito con el único propósito de mostrar la respuesta de fortaleza y poder interior.

"Hace algunos meses me encontré con el director de una de las grandes clínicas psiquiátricas a la que alguna vez fui. Me preguntó cómo estaba. 'Bien –le contesté– He encontrado algo que realmente me ayudó'. Luego le conté sobre mi recuperación. 'Bueno –observó– trabajamos en la misma línea, con la excepción de que excluimos el elemento religioso'.

"'Sí –le dije–, ese es el problema'. Aunque la clínica haya sido la última palabra en psiquiatría, recién cuando encontré 'el elemento religioso' sucedió algo en mí."

El hombre de esta historia descubrió y puso en práctica las leyes que gobiernan la oración y, como resultado, pudo rehacer su vida.

Ahora, resumiendo. Aprenda a orar correcta, científicamente. Emplee métodos probados y aprobados. Evite las oraciones desordenadas. Para evitar la oración superficial, las siguientes son diez reglas para sus oraciones. Han demostrado ser una disciplina de oración efectiva y práctica:

1. Aparte algunos minutos para estar solo y en quietud. Relaje el cuerpo, la mente y el espíritu separando sus pensamientos de los problemas y fijando la mente en Dios. Piense en Él de la manera más natural posible.

2. Hable con Dios simple y naturalmente, diciéndole cualquier cosa que esté en su mente. No piense que tiene que usar palabras o frases formales. Háblele con su lenguaje. Él lo entiende.

3. Practique hablar con Dios mientras hace las cosas diarias. En el subterráneo, en el ómnibus o en su escritorio, cierre los ojos por un momento para separarse del mundo y tenga una o dos palabras con Dios. Esto le recordará su presencia, y le dará el sentido de su cercanía.

4. Afirme el hecho de que Dios está con usted y lo ayuda. Es decir, no siempre busque a Dios por sus bendiciones, sino afirme el hecho de que Él le da ahora sus bendiciones.

5. Ore pensando que sus oraciones llegan y rodean a sus seres amados con el amor y cuidado de Dios.

6. Tenga pensamientos positivos, no negativos, mientras ora.

7. Siempre declare en su oración que está dispuesto a aceptar la voluntad de Dios, cualquier que sea. Pídale lo que desea, pero exprese que su deseo es aceptar lo que Él desea.

8. En sus oraciones simplemente ponga todo en manos de Dios. Ore pidiendo fuerzas para hacer lo mejor, y con confianza deje lo demás a Dios.

9. Ore por las personas que no le gustan o que lo han tratado mal. Esto le ayudará a desatar un enorme poder en usted.

10. En algún momento del día dedique una oración por los problemas de este mundo, por el país y por una paz duradera.

Luego, *crea* que sus oraciones recibirán respuesta. *"Todo lo que pidiereis en oración, <u>creyendo</u>, lo recibiréis"* (Mateo 21:22, énfasis añadido).

CAPÍTULO 7

Olvídese de los fracasos y siga adelante

U NA DE LAS CAPACIDADES MÁS importantes es la de
olvidar. Se dice que un hombre es lo que piensa, o lo que
come. Un hombre también es lo que olvida.

No exagero la paradoja cuando digo que para ser feliz y exitoso uno debe cultivar la habilidad de decirse a sí mismo: "¡Olvida!"
Puede no ser fácil, tampoco es tan difícil como se piensa, pero una
cosa es cierta: debe aprender a olvidar.

La memoria es una de las más grandiosas facultades que tenemos. La capacidad de retener información y experiencia es de vital
importancia. Pero es un arte mucho más sutil poder eliminar de la
mente, o por lo menos quitarle el lugar dominante a fracasos, suce-
sos, tristezas que deben ser olvidadas. Es una gran habilidad poder
ser selectivo y decir: "Guardaré esto como una memoria querida.
Esto otro voy a eliminarlo". Para ser eficiente, feliz, tener control
completo de sus poderes y seguir adelante exitosamente, debe
aprender a olvidar.

Cualquiera que trata con los problemas de la personalidad de manera íntima, va rumbo a darse cuenta muy pronto de la importancia de olvidar. Al tratar con las personas uno descubre que sus problemas realmente se centran alrededor de unas pocas proposiciones: temor, culpa, egoísmo, egocentrismo y la incapacidad de olvidar.

Conozco a un ejecutivo destacado, que se ha levantado con muchísimo esfuerzo y notable habilidad hasta llegar a un puesto importante. Pero no lo retendrá a menos que aprenda a olvidar. Es un hombre de considerable rigidez, y quiere que todo sea de determinada forma. Su esposa acaba de morir. La recuerda como la más excelente persona que conoció jamás. Pero ella era bastante flexible, mientras que él es rígido.

Tal vez ella no fue tan buena ama de casa como podría haber sido, y eso lo enojaba. Ahora ella ya no está, y él solamente se acuerda de las críticas que le hacía. Vuelve a casa por la noche y tristemente se dice a sí mismo: "Estaría dispuesto a tener todo fuera de lugar si solamente la tuviera de nuevo conmigo". Está perseguido por el remordimiento, el lamento, la memoria de las pequeñas quejas que hacía.

Le dije que donde está ahora su esposa, en la grandeza y vastedad de la vida eterna, esas pequeñas cosas no importan. Todo lo que importa es la grandeza del amor que ella le tuvo. Si ella pudiera, se lo diría. Le advertí que si no aprende a olvidar, la pesada carga del lamento va a deteriorarlo. Ella vivió su vida. Sabía que él la amaba... Para este hombre el futuro de su vida dependerá de la capacidad que tenga de poner esos lamentos en el pasado y seguir adelante.

Repetidamente en la consejería personal uno encuentra esta trágica incapacidad de las personas para olvidar. Un caso curioso es el de un hombre que no puede escribir cuando se pone nervioso. Si va a registrarse a un hotel, sus dedos se niegan a funcionar. Dice que deliberadamente se va al final de la fila, para que todos los demás puedan registrarse antes. No quiere que nadie lo vea hacer "su horrible firma", con unos dedos que funcionan mal.

Le sugerí que fuera a un hotel, se pusiera a la cabeza de la fila y en voz alta para que todos puedan escuchar en la entrada gritara:

– Reúnanse aquí, reúnanse, vean la peor firma de los Estados Unidos.

Eso podría ayudarlo a quedar libre de esa inhibición paralizante. Para vencer el nerviosismo de sus dedos, debe quebrar una larga línea de la memoria que va hasta su pasado, a la infancia.

Cuando era un pequeño niño, su padre sufrió un accidente muscular que le destruyó la capacidad de sus dedos para escribir. El padre se volvió terriblemente tímido por esa situación, y se lo repetía tantas veces al niño, que quedó marcado en la mente del muchacho y aunque no tenía, por supuesto, ningún daño orgánico, llegó a tener un daño en su mente. La memoria mantenida por largo tiempo puso inhibiciones en los dedos del muchacho, ahora un hombre. Es una ilustración sorprendente acerca de cómo un pensamiento mantenido en lo profundo va hacia atrás, muy lejos en la memoria, y puede dejar discapacitado a un hombre.

Pero es necesario desarrollar habilidad en el arte de olvidar. He enfatizado que La Biblia es el más sabio de todos los libros. La Biblia contiene la fórmula para olvidar: *"Una cosa hago: olvidando ciertamente lo que queda atrás, y extendiéndome a lo que está delante, prosigo a la meta..."* (Filipenses 3:13-14). Esta fórmula contiene el secreto para olvidar y seguir adelante.

"Una cosa hago." El hombre que dijo esto estaba resuelto a disciplinar sus pensamientos y controlarlos. En el preciso instante en que un hombre se decide a controlar sus pensamientos, está en el camino a su autodominio. Generalmente nuestros pensamientos nos controlan. El primer paso para olvidar es la simple determinación de olvidar; darle la espalda a algo extendiéndose a lo que está delante. Practique ese modelo de pensamiento y podrá quebrar la atadura de las memorias infelices.

La señora Peale estaba en una reunión en la llanura oeste, representando una de las juntas denominacionales de nuestra iglesia, de la cual era presidenta. Las personas vinieron de kilómetros a la redonda a este encuentro, y todos se quedaron para una cena en la iglesia. Había habido una sequía y muchas privaciones entre los granjeros de la llanura. Se sentó al otro lado de la mesa de un sufrido viejo granjero de Dakota del Norte, un hombre tímido con grandes manos rudas. Trató de interesarlo en la conversación, pero él no respondía.

Entonces finalmente le preguntó:

– ¿Cómo están las cosechas este año?

Las cosechas, bien... pienso que no hay ninguna cosecha este año –contestó.

Ella le preguntó:

– ¿Y cómo es eso?

– Bueno –dijo–, primero tuvimos langostas, que se comieron casi todo. Luego vino una tormenta de polvo que destruyó lo que quedaba. Yo tuve suerte: obtuve el cinco por ciento de mi cosecha, pero mi hermano, que vive cerca, no cosechó nada.

La devastación era tan grande que ella se quedó callada y finalmente preguntó:

– ¿Cómo se siente por eso?

– Bueno –dijo–, ya ni pienso más. Verá, tengo el propósito de olvidarme.

Este granjero no había disfrutado el beneficio de escuelas u otras posibilidades, pero durante años había ido a un apequeña iglesia en la llanura. Los vientos la barrían, la nieve se apilaba en el invierno, aislándola. Estaba reseca por el calor durante el verano, y las lluvias de la primavera y el otoño la golpeaban. Tenía bancos rústicos, de madera, y viejos himnarios, pero allí había escuchado algunas palabras sumamente sabias: *"Una cosa hago, olvidando ciertamente lo que queda atrás (...) prosigo a la meta"*. El viejo hombre la había tomado como sólida filosofía para disciplinar su mente. Él "se había propuesto olvidar". Puede ser que haya perdido una cosecha, pero se salvó a sí mismo.

Por supuesto, algunas personas pueden hacer eso por la fuerza de su voluntad, pero la mayoría de las personas no han sido dotadas de un fuerte poder de voluntad. Es muy difícil expulsar un pensamiento simplemente diciendo "desaparece". Con frecuencia intentar algo así tiende a fijar un pensamiento mucho más firmemente en la mente. Uno debe ser más sutil. El secreto es la sustitución de pensamientos. Expulse un pensamiento sustituyéndolo por uno más poderoso.

He mantenido una interesante correspondencia con un médico del oeste medio. Usa su religión con profundidad y mucha habilidad en algunos de sus pacientes –sin dar nombres, por supuesto– le pregunté:

– Como doctor espiritual, ¿cuál sería su receta en estos distintos casos?

Tiene un paciente cuyo empleador era injusto, además de deshonesto con él. El doctor está conforme en que los hechos son verdaderos y que el empleador es tal como fue representado: cruel, severo, deshonesto, aunque actúa dentro de los límites de la legalidad. Como resultado de la mala voluntad hacia su empleador, el paciente desarrolló una úlcera péptica. El doctor dice que la úlcera básicamente es causada por un estado mental desequilibrado. Los pensamientos de odio, de venganza, de mala voluntad lo habían enfermado.

Dice:

– El problema es cambiar los pensamientos del paciente, si es que se quiere curar la úlcera.

El paciente debe cambiar la forma de pensar sobre su empleador. Debe dejar de envenenarse secretamente con el veneno del resentimiento. Cité el caso de otro hombre que se transformó en depresivo por estar resentido con algunas personas. Un día leía La

Biblia y leyó la declaración: *"Mía es la venganza, dice el Señor, yo pagaré".*

– Bueno –dijo–, si el Señor está dispuesto a ocuparse de estos resentimientos, le permitiré ocuparse de este hombre que me ha tratado tan mal. En el momento en que le entregué al Señor la responsabilidad de tratar con ese hombre y saqué la carga de mis hombros, me sentí un cien por ciento mejor.

El Señor, a su tiempo, sin duda "se ocupará" de la persona que lo ha maltratado. ¿Por qué no seguir este buen consejo y permitir que Dios maneje el asunto? No pierda el tiempo llevando pensamientos de mala voluntad hacia alguien, porque esos pensamientos no hieren a esa persona, lo hieren únicamente a usted. Puede llegar a tener úlceras pépticas.

Con frecuencia una persona lo perturbará para poder enojarlo. Sabiendo que está enojado, es feliz o al menos piensa que lo es. Le sugerí al doctor que le comentara a su paciente la idea de cambiar mentalmente la responsabilidad del resentimiento entregándoselo a Dios. Aún más: le dije que persuadiera a su paciente para que intentara con la forma más sutil de responder, es decir, orar por el hombre que lo había maltratado y, de esa manera, poner fuerzas espirituales que volvieran fluyendo hacia él; en resumen, conquistarlo por el amor. Esta es la más científica de todas las reacciones para una situación de mala voluntad.

Al afirmar su buena voluntad hacia un enemigo, su mente tiende a olvidar y así obtiene alivio. Gire el énfasis de la mente y domine el arte de olvidar.

Viejos rencores, odios muy enraizados, forman obstáculos impenetrables para que fluya el poder a través de una personalidad. Es difícil eliminar de la mente la mala voluntad con sus efectos venenosos, simplemente porque me dispongo a hacerlo. No es así de simple en el caso de que esa actitud mental sea habitual.

El secreto, como se indicó, es usar un método inverso. Trate de orar por la persona que no le gusta. Me doy cuenta que esto puede casi parecer hipócrita, aunque no lo es, sino que se trata de un método que dará resultado. Al hacer esto está oponiendo al efecto corrosivo de un rencor la única fuerza más poderosa que el odio, es decir, la buena voluntad o el amor. Aquellos venenos que hace mucho tiempo que se han venido segregando por la mala voluntad, son disipados por la fuerza curativa de la buena voluntad.

Aún el esfuerzo, aunque sea muy débil, por tener una actitud de buena voluntad hacia una persona, le ayuda a uno a olvidar el mal trato. Muchas personas arruinan su eficiencia, se deprimen y de hecho destruyen cualquier posibilidad de un futuro feliz, simplemente porque no olvidan insultos, desprecios o injusticias.

Un hombre vino a verme con la queja de que "necesitaba simplemente tener algo de paz interior". No podía dormir durante las noches. Estaba nervioso y tenso. Estallaba con las personas. Naturalmente, todo el mundo lo evitaba.

En la clínica de nuestra iglesia repasamos sus actitudes, su agenda diaria y sus prácticas generales de pensamiento y acción. Todo estaba bien, excepto una cosa: tenía algo que llegaba a ser odio contra algunos competidores de su negocio en particular. Sucedía que la mayoría de estos hombres eran de otra raza y religión, y había algo de prejuicio mezclado en el tema, pero mayormente era un mero conflicto personal, celos, mala voluntad y falta de perdón.

Le aseguré que podía curarse si seguía la receta espiritual que iba a darle. Me contestó que la seguiría, pero por poco quiebra la promesa cuando le bosquejé la receta:

– Durante las próximas dos semanas –le dije–, debe orar dos veces por día por cada uno de sus competidores, cada uno por su nombre. No debe orar por usted en absoluto durante este período. Debe orar para que cada uno de estos hombres logre mejores negocios que usted.

– Pero –gritó–, eso sería una gran mentira.

– No en la mente de su verdadero yo –le contesté–. Debe librarse de esa actitud de la mente que está derrotándolo, debe aprender a perdonar, y la única manera de hacer esto es orar para cambiar hacia la buena voluntad, si es que los venenos de la mala voluntad van a ser eliminados.

A regañadientes prometió realizar este procedimiento, y lo hizo. Luego me informó que la primera semana había sido un proceso muy doloroso.

– Imagínese –me dijo–, yo orando y pidiendo que esos bandidos ´buenos para nada´ me ganaran en los negocios. ¡Pero no sabe qué paso! Continué orando e inesperadamente un día, mientras lo hacía, me sentí mejor interiormente. Estaba liviano como una pluma, feliz, y experimenté tal alivio que usted no se imagina.

– El dolor que está en su interior ¿se ha ido? –le pregunté.

– Sí –contestó–, fue como una ola grandiosa de paz que vino a mi interior.

Ahora, meses después, me dijo que hasta ha aprendido a aceptar a los que había odiado. Su mente estaba bloqueada y le producía una disminución de poder. Si hubiera continuado con su odio, probablemente se hubiera transformado en un hombre enfermo. Muchas personas descubrirán, si buscan con honestidad yendo hacia atrás en sus mentes, que mucho de su nerviosismo, irritabilidad, aún dolencias físicas, son causadas por conflictos personales y odio que no han querido perdonar. En el caso de este hombre, su enfermedad emocional se sanó empleando un poderoso antídoto espiritual y, como resultado, se volvió feliz y eficiente. Aprendió a olvidar y así pudo seguir adelante.

Uno no solamente debería "olvidar lo que queda atrás", sino también "extenderse hacia lo que está delante". Existe siempre la idea de seguir moviéndose hacia delante, alejándose de una situación que uno desea olvidar. Conozco una viuda rica, una mujer agraciada y amorosa. Como muchas mujeres privadas de maridos con negocios brillantes y confiando en la honestidad y amabilidad de las personas, la estafaron por una enorme suma. Perdió miles de dólares, e inútilmente se preguntaba una y otra vez: "¿Por qué me pasó?"

Tenía que aprender a pensar que su experiencia había sido dinero bien gastado, porque había aprendido una lección.

– Vale los cincuenta mil dólares aprender que existen todo tipo de personas en el mundo, así que tome la lección y aléjese como una mujer más sabia –le dije–. Aléjese de las cosas que terminaron y pasaron y no puede hacer nada por ellas. Busque las cosas anteriores. Tome la lección, transfórmese en más sabia. Evite duelos inútiles sobre errores pasados. Olvídese y siga adelante.

Mi amigo, Grove Patterson, editor del *Toledo Blade* y uno de los más grandes editores de los Estados Unidos, dice que era víctima frecuente de sus propios duelos. Se quedaba acostado noches enteras, despierto, tratando de imaginarse por qué había hecho esto o aquello, o por qué no lo había hecho. Pero encontró una solución. Al no poder hacer nada, simplemente lo olvidaba diciendo, "¡Y qué!" Esto, dice Grove, induce una extraña tranquilidad. Por supuesto, porque alivia a la mente de la necedad de acarrear acciones pasadas, las cuales para bien o para mal ya están hechas.

Cualquier cosa que haya pasado, sin excepción, hay solamente dos caminos: (1) hacer todo lo posible y que sea razonable hacer; (2) luego practicar olvidarse. Aléjese de sus pensamientos. Imagine que se quedan atrás hasta que se van debilitando en el horizonte a medida que pasan los días y se aleja de ellos. A menos que haga esto, su eficiencia será estorbada. Si además de los problemas actuales, apila en su memoria acciones pasadas que a esta altura perdieron vigencia, irá tambaleando por la vida bajo una carga insoportable.

Un oficial de alto mando de la Armada vino a mi oficina. Arrastraba sus pies, lloraba. Era un hombre grande, de buen aspecto, y se disculpó por llorar. Mientras yo salía del lugar le dije:

– Adelante, llore.

Cuando regresé me dijo:

– Mi vida está arruinada.

Había bebido considerablemente.

– Traté de olvidar bebiendo –me explicó– pero no pude, así que salí y tomé un taxi y le dije al conductor: "Lléveme a una iglesia".

– ¿A cuál?

– A cualquiera.

– ¿Católica o protestante? –preguntó el conductor.

– Con preferencia una protestante, pero a cualquier iglesia, lléveme a la casa de Dios –fue la respuesta.

Y el taxista lo trajo a nuestra iglesia.

– Bien –le dije–. ¿Qué está pasando?

– Nunca estuve hecho para ser militar –explicó–; lo detesto con todo mi corazón, soy granjero y toda mi vida he amado cultivar plantas, amo la vida, odio la destrucción de la guerra. Lo he visto todo, he atravesado las más terribles experiencias, cosas que jamás podré olvidar –contestó.

– ¿Qué es lo que más le costará olvidar? –le pregunté.

Me contestó:

– Un soldado estadounidense había baleado a otro, tuve que estar en la corte y votamos para que muriera. Mientras viva jamás olvidaré la cara del muchacho, cuando uno de sus mismos oficiales estadounidenses leyó la sentencia de que debía morir. Nunca olvidaré su rostro.

Este hombre enfrentaría un deterioro a menos que aprendiera correctamente el arte de olvidar.

– Usted pensó que hacía su trabajo, ¿no es así? –le dije.

– Sí –me contestó.

– El muchacho está muerto, ¿no es así?

– Sí –me dijo.

– No puede volverlo a la vida –le dije-. Usted, como representante de los derechos soberanos de una nación, le hizo juicio. Fue parte de su tarea como soldado. Mi amigo, ya está. ¿Por qué no mira esa cara que usted dice que no podrá olvidar y le dice: 'Hijo, quiero vivir por ti tanto como por mí, y en los largos años venideros, si hay algo equivocado en el sistema militar, haré lo que esté a mi alcance para corregirlo. Viviré por tu país y el mío, y por aquellas cosas por las que has muerto'.

El hecho era irrevocable. No podía regresar y restaurar la vida de un muchacho. Este oficial tenía que alejarse de eso, fuera o no un error. La cura consistió en olvidar lo pasado, y aún extenderse hacia cosas anteriores. Tomó su sombrero, había una mirada de paz en su rostro y dijo:

– Ahora lo veo. Tengo algo más grande por qué vivir de lo que antes no era consciente.

Pidió y recibió perdón por lo que estuviera equivocado. Ahora debía olvidar las cosas que quedaban atrás, entretejer cualquier error en el tejido de la vida, disciplinar su pensamiento poniendo en mente pensamientos espirituales del propósito de Dios, y alejarse de los errores –si los hubiera–, y aprender sabiduría de ellos.

Mi amigo, el Dr. Smiley Blanton, un psiquiatra eminente, cierta vez me aseguró que en su opinión, la declaración más sabia que hubiera hecho psiquiatra alguno eran las palabras de Efesios: *"Habiendo acabado todo, estad firmes"*. Estas palabras fueron escritas hace muchas generaciones por una de las mentes más sagaces que la historia haya producido jamás, un hombre llamado san Pablo. El Dr. Blanton dijo que había leído prácticamente todo en el campo de la psiquiatría, y que no existe nada igual a la sabiduría y discernimiento contenidas en estas pocas palabras: *"Habiendo acabado todo, estad firmes"*.

El valor psiquiátrico, curativo de la declaración de san Pablo, está basada en un simple procedimiento: hacer todo lo posible. Haga todo lo que pueda. Dé a una propuesta, problema o situación toda la energía –física y mental– de la que sea capaz. No deje piedra sin remover. Ejercite todo su ingenio y eficiencia, luego esté consciente de que no existe nada más que pueda hacer; por lo tanto, no vale la pena enojarse, preocuparse o entrar en duelos mentales, es innecesario repetir o volver una y otra vez sobre una situación. Ha hecho todo lo que pudo, por lo tanto *esté firme*; esto es, no dé lugar al enojo; confíe en Dios y en lo que usted ha hecho. Sucederá como tiene que ser, si usted lo permite.

Cuando Henry Ford tenía setenta y cinco años le preguntaron el secreto de su salud y calma de espíritu.

– Tres reglas –respondió–: no comer demasiado; no preocuparse demasiado; hacer lo mejor posible, y creer que lo que suceda, es lo mejor.

El hecho de que la gente religiosa, es decir, personas genuinamente religiosas, aprenden este arte casi como una segunda naturaleza, es una de las razones por las que la práctica de la religión es de vital importancia.

Vi una demostración muy interesante e inolvidable de esta verdad en una estación de tren de una gran ciudad durante el tiempo de la guerra. El guarda, un hombre enorme, le permitió a algunos soldados pasar el portón cuando el tren llegó, antes de permitir que los civiles pasaran. Una madre muy humilde se colgó de un joven soldado, ante la vergüenza obvia del muchacho. Estaba haciendo una demostración abierta de su pena, que aparentemente no podía controlar. El hijo gentil, pero firmemente, trataba de apartarse de su madre, porque inconscientemente se daba cuenta de que ella se estaba acercando a la histeria. Cuando ella se alejó de la vista, atravesando el portón, se hundió contra una baranda de hierro y lloró amargamente. Verdaderamente, excepto gritar hizo de todo.

Yo estaba cerca y observé que mientras la multitud atravesaba el portón, el guarda la miraba con mucha atención. En un momento dejó su puesto y fue y le habló. Aparentemente se produjo un cambio mientras él hablaba. La ayudó a sentarse. Dejó de sollozar. Apoyó su espalda, calma y relajada. Luego lo escuché a él decir mientras se iba:

– Ahora recuerde lo que le dije.

Mi curiosidad aumentó, y me puse a conversar con él:

– Observé cómo trató a esa mujer, y si no es demasiado preguntar me gustaría saber qué le dijo.

– Ah... no le dije nada.

– Estoy seguro que debe haber dicho algo que la ayudó mucho –le insistí–, porque es obvio que produjo un efecto en ella. Estoy interesado en saber qué le dijo.

– Bueno, se lo diré. Es lo siguiente: vi que perdió su compostura, por lo tanto me acerqué y le dije: "Escúcheme, madre, sé exactamente cómo se siente. Yo mismo lo he pasado. Muchas personas lo han vivido, pero tiene que olvidarse de estas cosas. No quiero decirle que se olvide del muchacho, pero olvide sus temores". Después simplemente agregué: "Ponga su fe en Dios y Él cuidará de los dos, de usted y del muchacho".

Un poco sorprendido, le pregunté:

– ¿Usted es religioso?

– ¿A usted qué le parece?

Este hombre tenía sabiduría en su naturaleza humana, porque era un estudioso de las técnicas espirituales. Se dio cuenta que esta mujer necesitaba saber cómo olvidar sus temores para seguir adelante. Sabía cómo aplicar terapia mental y espiritual. Ella, por otra parte, pudo recibir su guía. En cada uno de ellos la fe era una cualidad activa. Por lo tanto se produjo el ajuste mental que le dio poder a ella para continuar. Su mente aceptó la equilibrada y sensible propuesta de que "habiendo hecho todo" podía "estar firme".

La adversidad y el fracaso pueden transformarse en obsesiones que congelan la mente, y de esa manera impiden la entrada a nuevas ideas. Uno debe tener la capacidad de olvidar la adversidad y el fracaso, y seguir adelante. Si una persona mantiene su mente fluida, le vienen nuevos discernimientos e ideas.

Conozco a un hombre y su esposa que descubrieron cómo lograr esta destreza tan importante de olvidar para poder seguir progresando.

Este caballero era socio en un negocio que sufrió un incendio desastroso y resurgió de esa tragedia financieramente arruinado. Esto quebró el espíritu de los dos: del hombre y de su esposa. La esposa se sentaba en la casa y se preocupaba continuamente, salía y se preocupaba, iba por las calles andando sin rumbo. "¿Por qué nos tuvo que suceder esto?" se lamentaba día tras día. Simplemente no podían olvidar, y no solamente no podían recuperarse, sino que estaban entrando en un estado nervioso muy grande.

De hecho, la esposa se preocupó tanto que finalmente la enviaron a un sanatorio. Mientras que estaba allí de pronto tuvo una idea nueva: orar. Descubrió que no es efectivo orar frenéticamente y en actitud desesperada, porque al hacerlo la mente no es receptiva. El temor la cierra para cualquier concepto nuevo. Aprendió a orar de manera relajada. Definitivamente practicó relajar su cuerpo antes de comenzar a orar. Relajó su mente poniendo el problema completo en las manos de Dios. En su oración dijo que ella y su esposo estaban listos para hacer cualquier cosa que Dios quisiera, si Él se lo mostraba.

Luego de unos pocos días su mente dio un vuelco extraño. Comenzó a pensar en unas agarraderas que ella misma cosía.

Constantemente le venían a la mente mientras oraba. Finalmente en su oración dijo:

– Señor, ¿qué me tratas de decir sobre estas agarraderas?

Contó que parecía que el Señor le decía: "Vuelve a casa y comienza a hacer agarraderas".

Sintió esto con tanta claridad, que realmente volvió a su casa y comenzó a hacerlas. Su esposo, un hombre grandioso, se sentó en la cocina y la ayudaba. Un día, ante su asombro, vendió la totalidad de las agarraderas al gerente de ventas de una cadena de negocios que le dijo:

– Estas son agarraderas maravillosas. Les compraremos todas las que puedan hacer.

Continuaron haciendo agarraderas, y luego ella ideó algunas otras cosas. Tenía mucha capacidad manual. Creó otras pequeñas chucherías que el esposo vendía a esta cadena de negocios. Resumiendo, finalmente construyeron una planta y en este momento tienen cerca de cuatrocientos empleados haciendo una colección de innumerables artículos interesantes y útiles.

Este descubrimiento de la mujer de una nueva y simple técnica de oración, hizo dos cosas. Primero, la liberó del fracaso enseñándole cómo olvidar; y en segundo lugar libró su mente del avance paralizador de esta obsesión relacionada a su pasado, recibió un discernimiento que cambió todo y abrió un futuro exitoso.

Esta mujer tuvo que enfrentar una crisis. Habitualmente pensamos que una crisis es algo peligroso que deseamos no tener que enfrentar. Tal vez cuando nuestra civilización sea más antigua podamos adquirir algo de la sabiduría eterna del Oriente. La palabra china para crisis tiene dos caracteres: el primero significa "peligro". Pero el segundo significa "oportunidad". Y allí está todo: una crisis es un punto peligroso, pero también una oportunidad. Todo dependerá de que pueda olvidar los fracasos y errores, y que vea con expectativas en su situación, por muy infeliz que aparezca en la superficie, los valores inesperados y la gran oportunidad que contiene.

Cómo quedar libre del temor

"LA MÁS COMÚN Y sutil de todas las enfermedades humanas es el temor", dijo un distinguido médico. Un reconocido psicólogo declara que el temor es el enemigo que más desintegra la personalidad humana.

Obviamente, estos científicos no se refieren al temor normal, sino a uno anormal. El temor normal es a la vez necesario y deseable. Es un mecanismo diseñado para nuestra protección. Sin temor normal una persona no puede tener una personalidad bien organizada. Le estará faltando la precaución común y sensible. El temor normal evita que hagamos cosas riesgosas, peligrosas y necias.

Pero la línea de distinción entre el temor normal y el anormal es muy delgada. Antes de que uno se dé cuenta, puede pasar del temor normal a las oscuras y sombrías regiones del temor anormal. ¡Y qué aterrorizante es el temor anormal! Altera sus días y persigue sus noches. Es el centro y fuente de los complejos. Enreda la mente con obsesiones. Quita energía, destruye la paz interior, bloquea el poder. Reduce la efectividad de una persona y frustra las ambiciones.

El temor anormal es el pozo venenoso del cual se extrae la tristeza que deprime. Transforma la vida literalmente en un infierno. Muchos sufren de esta penosa dolencia. ¡Qué patéticos y dignos de pena son ellos, las infelices víctimas del temor anormal!

Pero usted puede ser libre de ese temor. El temor anormal puede curarse. En este capítulo vamos a bosquejar una cura que le dará resultado, si la ejercita.

Cierto doctor en su infancia desarrolló una psicosis de temor. Esta fue en aumento, hasta que en la época en que entró en la Universidad de medicina le quitaba tanta energía a su mente, que solamente por medio de esfuerzos hercúleos pudo hacer su trabajo. Le producía un desgaste anormal de energías que lo dejaba débil e inútil.

Con gran esfuerzo de energía nerviosa finalmente se graduó e inició su trabajo interino, y aún entonces llevaba la pesada carga del temor.

Finalmente, incapaz de soportar más, consultó a uno de sus maestros de medicina y le dijo:

– Debo quitarme esta terrible carga de temor o tendré que dejar todo.

El médico un hombre mayor, sabio y amable, orientó a su joven estudiante a un Sanador que, como dijo sabiamente:

– Tiene su consultorio en el Nuevo Testamento.

– Seguí la sugerencia de mi maestro –declaró–, y aquel médico me dio una medicina que me sanó.

¿Y cuál fue esta medicina? No fue un líquido en botella, ni un compuesto en píldoras, sino en forma de palabras. Fue una combinación potente de palabras llamada versículo bíblico: *"Porque no nos ha dado Dios espíritu de temor, sino de poder, de amor y de domino propio"* (2 Timoteo 1:7).

– *Tomé* esas palabras –dijo el joven doctor–. Les permití sumergirse profundamente en mi mente. Por un proceso de ósmosis intelectual y espiritual, su potencia sanadora penetró e infiltró mi mente, y a su debido tiempo vino la liberación, seguida de un extraño sentido de paz.

Es notable lo que pueden hacer unas pocas palabras cuando son las correctas. El Dr. Edward Trudeau, famoso pionero en el tratamiento de la tuberculosis, quien había sufrido esa enfermedad, consiguió fortaleza repitiendo varias veces al día la palabra "aceptación". La decía lentamente, permitiendo que su grandioso significado entrara profundamente en su mente. Y el Dr. Paul Dubois, psicoterapeuta suizo que había luchado contra obstáculos, practicaba diciendo la palabra "invulnerabilidad".

He observado el extraño poder en un uso similar de los versículos bíblicos. La Biblia recomienda esta práctica, porque dice: *"Si permanecéis en mí, y mis palabras permanecen en vosotros, pedid todo lo que queréis y os será hecho"* (Juan 15:7). Es decir, si una persona *permanece* –significa una inmersión mental a largo plazo, habitual– en comunión con Cristo, y permite que las palabras de Cristo *permanezcan* –esto es, se queden como pensamiento permanente en la mente– desarrollará tal potencial de poder que la vida fluirá hacia él más que alejarse. Será liberado y sus poderes funcionarán con eficiencia. La ley opera a su favor antes que contra él, porque ahora su patrón de pensamiento cambiado lo ha puesto en armonía con la ley o la verdad.

Si está alterado por el temor, le sugiero que usted también "tome" estas palabras sanadores: *"Porque no nos ha dado Dios espíritu de temor, sino de poder, de amor, y de dominio propio"*.

Pero ¿cuál es el componente medicinal de estas palabras? Uno es el término *poder*. ¿Cuál poder? El único poder que puede contrarrestar el temor es el poder de la fe. Se piensa en la fe como algo teológico, como la aceptación de un credo. También pensamos de la fe como una propuesta intelectual, la aprobación de una idea. Pero existe otro significado de la fe. Es algo vivo y activo. Es una sustancia vital como la luz del sol, como el rayo ultravioleta, como el crecimiento de nuestro ser.

La fe no solamente es teológica e intelectual, sino que también actúa como medicina. Es decir, es una propiedad sanadora para la mente, el alma, y con frecuencia también para el cuerpo.

¿Cómo se toma la medicina? Por lo general, a través de la boca o inyectada en la corriente sanguínea; pero hay otras entradas a través de las cuales la medicina se puede insertar. Una es a través de los ojos. Por ejemplo, tome La Biblia y lea alguna de sus grandiosas palabras. Quedará el reflejo en la retina de su ojo. Esta imagen cambia tomando la forma de idea: una idea positiva de fe. La idea atraviesa la mente hasta que llega al punto infectado que causó el temor. Allí derrama su influencia sanadora alrededor de ese centro infectado. Quita la infección y finalmente, a través de la operación terapéutica de una idea espiritual, la idea enferma es expulsada de la mente. Uno, por lo tanto, ha tomado medicina –un agente sanador– a través de la lectura de Las Escrituras. Una poderosa idea sana ha expulsado una idea enferma.

Por otra parte, puede tomar medicina espiritual a través del oído. Vaya a la iglesia. Escuche la lectura de La Biblia. Oiga el sermón. Las olas de sonido caen sobre su oído y son admitidas por el cerebro bajo la forma de una idea espiritual. A través de un proceso similar la idea sanadora se abre camino hacia el centro enfermo, y se enfrenta en una batalla con el pensamiento de temor. Por causa de su poder superior, la fe echa fuera el temor y toma posesión.

Una vez que la mente ha sido limpiada, el centro de infección se sana rápidamente hasta que nuevamente prevalece la condición normal. Esta puede ser una forma curiosa de describir el efecto de la fe en la mente, y este concepto de fe como agente vital de sanidad ha dado resultado con tantas personas, que su validez está comprobada.

El mundo está lleno de personas preocupadas, ansiosas, que están así a causa de los pensamientos que tienen habitualmente. Si ellos practicaran la idea creativa de la fe religiosa, permitiendo que domine sus mentes, todo puede transformarse. Muchas personas han sido sanadas de la influencia debilitadora, usando como único medio el nuevo concepto de la fe que penetra en sus mentes.

Un prominente hombre de negocios vino a una entrevista.

– ¿Piensa que estoy enloqueciendo? –fue su pregunta.

– Lo veo bastante racional –le contesté–. ¿Qué le hace pensar que está enloqueciendo?

– Porque no puedo tomar ni las más simples decisiones –me contestó–. A través de mi carrera de negocios he manejado asuntos de gran importancia y he hecho decisiones que involucraban vastas sumas de dinero. Pero ahora las decisiones más simples y hasta las aparentemente más insignificantes, me alteran interminablemente. Cuando finalmente tomo una decisión, me persigue la posibilidad de que haya decidido incorrectamente. Como resultado, estoy lleno de temor. Tal vez mi incapacidad de tomar decisiones es causada por mi temor. De todas maneras, pareciera que estoy asustado de todo. He estado en el palco de su iglesia los domingos, y me interesa la idea de la fe como una propiedad sanadora. A través de mi vida, cuando he estado enfermo físicamente, he ido a los doctores y me han dado recetas. Ahora no estoy enfermo en el cuerpo, pero creo que sí lo estoy emocional y espiritualmente. Estoy resbalando mal. ¿No podría darme una receta espiritual? –me preguntó.

– Sí –contesté–. Puedo darle una receta espiritual, y si la toma fielmente, se pondrá bien.

– Eso es lo que quiero –dijo–, y lo practicaré fielmente.

Le di la siguiente "receta":

– Cuando se despierte en la mañana antes de levantarse, relájese completamente. Estire sus brazos lo más que pueda, luego deje que caigan libremente a los costados de la cama. Haga lo mismo con sus piernas. También practique abrir y cerrar sus ojos dejando que los párpados caigan laxos. Relaje sus dedos. Luego conciba que su cuerpo entero está inerte, rendido sobre la cama. Abandónese completamente. Permita que la tensión se vaya (se describió este método en forma más completa en capítulos anteriores.) Cuando sienta que ha logrado esto, cierre sus ojos y ore: "Dios, voy a levantarme ahora e iré a la oficina. Tú vienes conmigo, porque dijiste: 'Estoy con ustedes siempre'. No tendré temor en todo el día porque tú estás conmigo. Tendré que tomar algunas decisiones, pero estarás conmigo, ayudándome, y las decisiones se harán satisfactoriamente porque estarás allí para guiarme".

Y a continuación le dije:

– Luego vaya a su oficina y después del almuerzo recuéstese, si tiene lugar donde hacerlo. Sino apóyese en el escritorio hacia delante. Ponga la cabeza en sus manos. Y nuevamente relaje el cuerpo y una vez que lo ha hecho, ore diciendo: "Señor, tuvimos una maravillosa mañana juntos. Hicimos algunas decisiones y fueron buenas porque tú estuviste conmigo. Ahora las olvidamos y no estaré nervioso, porque estás conmigo. Finalmente, vaya a la cama a una hora razonable. Antes de entrar en la cama abra las ventanas, llene el cuarto de aire fresco, tome media docena de respiraciones profundas, inhale y exhale profunda, lentamente. Respirar profundamente tiene un poderoso efecto para reducir las tensiones. Luego entre en la cama y nuevamente practique la fórmula de la relajación.

– ¿Y mis oraciones? Siempre las hago de rodillas al lado de mi cama –se quejó.

– Bueno –le respondí–, es evidente que las oraciones que ha dicho de rodillas no le han hecho demasiado bien, por lo tanto cambiaremos el método de sus oraciones. Creo que es algo bueno arrodillarse para orar, porque se estimula el espíritu de adoración a través del acto de postración, pero es un error volverse tan estereotipado respecto al método de oración, porque se va perdiendo toda frescura. Intente otro método por un tiempo, aunque sea por solo el hecho de variar.

– Eso es maravilloso –dijo–, siempre quise orar en la cama, pero mi esposa nunca me dejaba, porque decía que me iba a dormir antes de terminar mis oraciones.

– Dios entenderá –le dije–. No es tan importante lo que dice sino lo que piensa de Él. Dios de todas maneras sabe lo que hay en su mente. Entre en su cama y relájese. Luego cierre los ojos y ore: "Señor, tuvimos un gran día juntos hoy. No tuve temor porque estuviste conmigo todo el día. Hicimos algunas decisiones y deben ser las correctas porque tú me ayudaste a hacerlas. Ahora estarás conmigo en la oscuridad, cuidándome. Las decisiones ya están tomadas. Debemos mantenerlas, y pasaremos un tiempo grandioso mañana". Luego apague la luz y repita estas palabras: "*Él dará el sueño a su amado*". Y duerma. No tema nada.

Sobre una hoja de papel escribí: "Receta espiritual", y bosquejé este proceso que acabo de describir. Un hombre con un gran cerebro tiene la capacidad de ser simple. Nunca vi una mente de primera clase que no fuera ingenua, simple y hasta infantil. Un intelecto que no puede reaccionar con simpleza no es una mente de primera clase, no importa lo profundo que el hombre aparente ser. Este caballero tenía una mente de primera clase.

– Tome esa prescripción tres veces al día durante dos semanas –le dije–, luego venga a verme.

Actualmente es un hombre de bien. Con una mente clara. No tiene temor. Está en perfecto control y pasa un buen tiempo ayudando a otras personas. Dice que no puede entender cómo vivió tanto tiempo ignorando este simple y maravilloso secreto.

Algún tiempo después me encontré con un importante ejecutivo de una gran organización. Sacó de su bolsillo un pequeño papel en el que estaba escrito "Receta espiritual".

– ¿Dónde consiguió eso? –le pregunté, y descubrí que nuestro amigo se lo había dado.

Este ejecutivo comentó:

– A él le dio resultado y yo quedé muy impresionado. Y para mí también da resultado.

* * * *

No es necesario que viva perseguido por el temor. Su religión puede ayudarle. Actúa como medicina, desata poder en su mente, el poder de la fe que quita el temor.

Muchos pueden dar testimonio de que la técnica de la fe elimina el temor.

– La primera vez que salté de un avión –me dijo un paracaidista–, todo en mí se resistía. Lo único que mediaba entre la muerte y yo era un trozo de cuerda y un pequeño paño de seda, pero cuando descubrí que realmente el paño de seda me sostenía, tuve el más maravilloso sentimiento de entusiasmo de toda mi vida. No temía nada, y liberarme del temor me llenó de un deleite exquisito. En realidad no quería descender; era feliz.

El temor nos derrota porque no estamos dispuestos a poner nuestra confianza en lo que vemos como algo etéreo, es decir, la fe en Dios, pero al igual que el paracaidista, cuando saltamos, confiando en la fe, descubrimos que esto místico y aparentemente frágil en realidad nos sostiene.

Esta es una verdad importante, pero debo confesar que me tomó años aprenderla, y aún mucho más tiempo la disposición para practicarla. Es extraño cómo podemos tener a mano la fórmula que puede significar tanto y, sin embargo, no tomar la actitud: "Haré todo lo que pueda respecto de cualquier problema. Además de eso, confiaré en Dios y sé que mi fe va a sostenerme".

El segundo ingrediente del remedio contra el temor es el amor. El amor es una de las palabras menos entendidas y más mal utilizadas del lenguaje. Hollywood y la ficción actual la han transformado en un término pegajoso, aún en un sentimiento cuestionable. Se ha tomado como sinónimo de sexo. Pero el amor no es en absoluto eso. Es una emoción o fuerza fuerte, dominante, curativa. Es el poder por el cual hacemos transferencia con otra persona, y a través del cual ella nos ayuda. Es también el poder por el cual hacemos transferencia con Dios, a través del cual Dios amándonos nos da fuerza y poder. *"El perfecto amor echa fuera el temor"*, porque el perfecto amor es completa confianza.

El amor es la relación natural, ingenua, básica, que un ser humano puede tener con Dios. Cuando lo hace, puede moverse a través de este mundo sin temor. Cree que alguien está con él y lo ama. Sabe que puede confiar a ese ser su protección y cuidado.

Si realmente quiere saber cómo vivir, asócielo con los niños. Si no tiene uno suyo, pida pasar un tiempo con alguno. Hay momentos en los que estaré dispuesto a darle los tres míos, pero los quiero de vuelta rápidamente, porque me pondría muy pesado sin ellos.

Cuando llegó nuestra primera hija, tenía miedo de tocarla, pensaba que podía quebrarse en pedazos. Sé ahora que los niños no son tan frágiles como parecen, y estoy convencido que un poquito de trato duro los ayuda. No tenía tanto temor cuando llegó nuestro segundo hijo. Era un niño más fuerte que su hermana mayor, pero no fue hasta que llegó el tercer bebé que me sentí más libre.

Descubrí placer cuando la alzaba en el aire. No la tiraba tan alto que no pudiera alcanzarla, pero ella siempre parecía disfrutar que la tirara. Mientras que subía, ella tomaba aire, y luego cuando descendía se apretaba entre mis brazos y reía como el ruido de un arroyo de aguas agitadas y gritaba:

– Hazlo de nuevo, papi.

Me asombraba que la niña aparentemente no sintiera miedo. Se dice que los niños tienen dos temores básicos: a caer y a los ruidos fuertes, pero ella no sentía miedo a que la tirara por el aire. Pienso que era porque instintivamente sabía que la persona que hacía eso la amaba, por lo tanto, confiaba. En ella "el perfecto amor echaba fuera el temor", por lo tanto, se entregaba al disfrute y estaba perfectamente relajada.

Una de las cosas más sabias que jamás se hayan dicho son las palabras de Jesucristo, que nos aconsejó tener la actitud y la mente de los niños pequeños. La así llamada "elegante" sofisticación que tenemos, por poco nos ha arruinado emocionalmente. Podría ser una de las razones de la tensión, "nervios" y colapsos nerviosos de nuestro tiempo. Tenga un amor simple hacia Dios como Padre amoroso que cuidará de usted. Si aprende a amarlo, aprenderá a confiar en Él y luego no se dirá a sí mismo con terror: "¿Qué me sucederá. ¿Cómo voy a atravesar esta situación?" Confíe en Dios, crea que Él lo cuidará. Este es un dogma simple del cristianismo, pero es uno de los más descuidados y poco usados. Desarrolle una confianza simple e infantil en Dios, y vea cómo su problema de temor se va.

Una buena idea en la iglesia podría ser tomar dos ofrendas en vez de una. Podría usarse para la segunda canastos muy grandes, y pedir a los ujieres que la traigan por los pasillos. Si a las personas se les dijera que no pongan dinero sino sus temores en esos canastos, una vez que se hayan juntado todos los temores, puede solicitarse a los ujieres que traigan esos canastos al altar. Resultarían tan pesados que los ujieres irían tambaleándose al llevarlos, pero, ¡qué sentir de alivio en la congregación! Solamente una canción sería apropiada para cantar: "Alabad a Dios de quien fluyen todas las bendiciones". La congregación liberada cantaría con tal fervor que el mismo techo temblaría.

Pero ¿sabe qué pasaría después de la bendición? La gente comenzaría a venir y una a una, y con actitud de cordero, volvería a la canasta en la cual puso su temor y buscaría hasta encontrar el que había depositado. Las personas están tan acostumbradas a sus temores que los extrañan. Las personas se transforman en víctimas tales de su temor, que tienen miedo a alejarse de él.

Pero cuando un hombre habitualmente afirma: "Amo a Dios, Él ha sido bueno conmigo y puedo confiar en Él, así que pondré mi temor en sus manos y me alejaré", ese hombre encontrará alivio.

Si está preocupado por algo, practique esta pequeña fórmula antes de comenzar mañana por la mañana. Deténgase durante un momento y diga: "Dios está conmigo. Me ama y puedo confiar en Él. Así que haré lo mejor que pueda y no temeré". Puede confiar que dará resultado luego de haberlo practicado durante algunos días. Haga de esto un procedimiento automático, y desatará un poder enorme en su personalidad, contra el temor.

*   *   *   *

El último ingrediente en el remedio para la cura del temor es "domino propio". Obviamente, la razón de nuestros temores se debe a que desarrollamos una mente insana o enmarañada. La mente poco firme se desarrolla de varias maneras. Con frecuencia comienza en la infancia cuando los padres inconscientemente implantan sus propios temores y ansiedades en la mente del niño.

También se desarrolla a partir del colapso de la moralidad que prevalece tanto en estos tiempos. Las personas tienen la idea de que el código moral cristiano ya no prevalece más, y que pueden violarlo con impunidad. Aprenden con dolor que lo que llamamos pecado es, en realidad, una herida en la mente. El dolor, por ejemplo, es una herida limpia. Duele, corta profundamente, pero sanará porque no lleva en sí una infección. Pero el pecado es una herida impura. Es una sustancia extraña que invade la mente, y esta trata de hacer un cerco pero no puede, se infecta.

Un hombre puede acarrear su culpa a través de sus años juveniles, y aún durante la edad mediana, pero todo el tiempo, como un diente que supura, envía la infección al sistema emocional. Los hombres algunas veces se quiebran y atribuyen el desastre a demasiado trabajo y eso es posible, pero con frecuencia la causa real puede ser el drenaje de infección de un sentido de culpa. Desde ese estado de infección se levantan los fantasmas que persiguen la mente de un hombre. Estos fantasmas lo llenan de temor, y su mente se enreda tanto con nociones obsesivas, reacciones e impulsos, que todo se tiñe de temor.

Es realmente algo muy patético cuando uno permite que esa extraña sustancia entre a la mente. Si usted abre un reloj fino y le pone una bolita dentro del mecanismo, la gente pensará que está demente. Sin embargo, las personas hacen cosas así de destructivas en sus mentes. Y lo hacen tan convencidos que si alguno trata de disuadirlos de cometer esa ofensa contra ellos mismo, lo catalogan de anticuado o retrógrado.

He observado durante un período de años en la clínica religioso-psicológica de nuestra iglesia, que una gran cantidad de personas que vienen para tratarse están afligidas por un sentido de culpa. Es curioso cuántas de las que vienen están del lado de la juventud de la vida, es decir con menos de cuarenta años. El temor es el principal problema. Con frecuencia la causa básica es que al haberse alejado de la vida moral, se han transformado en víctimas de un sentido de culpa. El final del proceso es tal maraña de reacciones emocionales, que lo que Pablo implica sobre el domino propio no está lejos de los hechos.

Tienen temor de ser descubiertos. Están atemorizados del futuro. Han perdido la confianza en ellos mismos. Tienen miedo de otras personas. Se han transformado en víctimas de un temor ciego, irrazonable, básico. Sufren de psicosis. Arrojan la verdad directamente en la cara de los novatos cándidos de la vida y les dicen que deben "emanciparse". Hay una única manera para estar emancipados, y es a través de la disciplina de la moralidad espiritual. Practique eso y no tendrá temor ni al hombre ni al diablo. Su mente será madura, estable y racional.

¿Cómo se cura la "mente inestable"? El análisis con frecuencia es útil. Cuando uno entiende por qué reacciona de cierta forma, inmediatamente comienza la mejoría. El autoconocimiento nos lleva a la mejoría. La práctica de la receta espiritual es útil. Una de las grandes necesidades es que las personas sepan el "cómo" de la práctica de la vida espiritual. A las personas se las presiona para que oren, pero no se les dice exactamente cómo hacerlo. Se nos anima a tener fe, pero no se instruye sobre los procedimientos precisos y prácticos de la fe. Nuestros antepasados lograron técnicas que fueron satisfactorias para ellos. Necesitamos saber cómo volver a aprender el simple ABC, para saber cómo poner en operación los principios curativos de la fe.

En un intento de cubrir esta necesidad, los siguientes incidentes pueden servir como práctica sugerida. Estos representan dos simples "herramientas espirituales" que fueron empleadas con éxito en los casos de dos personas que pidieron ayuda.

Vino a nuestra clínica un exitoso hombre de negocios de Nueva York, que estaba perseguido por el miedo. La fatiga lo estaba quebrando, y sabía que debía encontrar la cura para sus temores. Había comenzado a asistir a la iglesia, lo que no había hecho durante mucho tiempo. Luego pidió una entrevista. Describió actitudes y acciones que tenían el sello de las características de la infección. Limpió profundamente su mente a través de la confesión. Recibió el perdón, pero sus temores habían durado tanto tiempo que no podía dejarlos ir. Dios lo había perdonado, pero él tenía dificultades para perdonarse a sí mismo.

Me llamaba cada quince días. Le dije que no había nada que temer. Que se fuera con la mente descansada, pero dos semanas después los temores regresaban... y él también. Finalmente le dije:

– No logra librarse de este estado de temor porque siempre le está pidiendo a Dios que se lo quite, pero nunca cree que Él lo hace. Es experto para pedir, pero deficiente para recibir. ¿Qué logra pidiendo continuamente, sin practicar jamás el arte de recibir?

Cité la declaración bíblica: *"Pedid, y se os dará, buscad y hallaréis; golpead y se os abrirá"*. Le señalé que a las palabras *"se os dará"* les sigue inmediatamente antes la palabra *"pedid"*; que la palabra *"hallaréis"* está enseguida después de la palabra *"buscad"* y *"se os abrirá"* está al lado de la palabra *"golpead"*.

El significado sencillo, expliqué, es que debemos pedir, y luego tener una fe tan simple como para recibir inmediatamente.

Estamos aquí ante una ley muy clara: Tened fe, pedid a Dios, creed que lo recibiréis. Este hombre dijo que lo entendía, pero que nunca lo había hecho así.

Entonces hicimos un plan. Le pedí que pusiera su reloj sobre una mesa delante de él, y que mirara el reloj mientras pedía durante dos minutos a Dios que se llevara sus temores. Él me objetó:

– ¿Cómo puedo orar con los ojos abiertos?

– ¿Siempre oras con los ojos cerrados? –le pregunté.

– Siempre.

– Bien –observé– sus oraciones con los ojos cerrados aparentemente no le han dado demasiados resultados. No mantenga estereotipos. Intente orar con los ojos abiertos.

Algo avergonzado mantuvo sus ojos en el reloj, y durante dos minutos le pidió a Dios que le quitara sus temores. Cuando pasaron los dos minutos, dijo: "amén".

– Ahora –le indiqué– haga otra oración de dos minutos, pero esta vez agradeciendo a Dios por hacer lo que le pidió; es decir por llevarse sus temores.

– ¡Cómo! –exclamó– ¿Ya se ha llevado mis temores?

– Usted le pidió, ¿no es así? –le dije–. De acuerdo a la receta, su temor se ha ido, si es que lo ha dejado ir. Debe decidirse a aceptar lo grandioso que Dios ha hecho por usted. Por lo tanto, durante los próximos dos minutos agradézcale.

Esto sucedió hace tres años. Recientemente vi al hombre nuevamente.

– Ya lo superé muchísimo a usted –dijo alardeando–. Actualmente le pido a Dios únicamente durante medio minuto para que me ayude a resolver un problema, y le doy gracias durante tres minutos y medio.

– ¿Todavía sigue usando el reloj? –le pregunté, sorprendido.

– ¡Por supuesto! Usted me dijo que lo hiciera, ¿no es cierto?

El reloj era meramente un símbolo, le expliqué. Fuera o no un símbolo, me dijo que se iba a "mantener apegado al reloj". Podría agregar para aquellos que dudan que esta es una buena práctica religiosa, hasta podrían recordar el mandato bíblico: *"Velad y orad"* (N. del T. : Juego de palabras en inglés, porque *watch* es el mismo término para *velar* y *reloj*).

Si no le ayudan las prácticas religiosas habituales, ¿por qué no intentar una fórmula tan simple como la que describí? La simplicidad es la esencia del poder espiritual.

Un segundo incidente que ilustra las técnicas espirituales para eliminar el temor, es la historia de una joven mujer que me llamó por teléfono un día durante la guerra. Su esposo estaba en el exterior, y ella estaba tan segura de que iba a sucederle algo, que tuvo problemas nerviosos que casi llegaron a ser pánico. Estaba en Nueva York, lejos de parientes y amigos; y como no tenía a nadie más, vino a verme como pastor.

– ¿Qué voy a hacer? –repetía constantemente–. Me moriría si perdiera a mi esposo.

Mientras continuaba la conversación telefónica le pregunté:

– ¿Cuántos años tienes, jovencita?

– Veintiséis.

Pensé que había escuchado la voz de un niño, por lo tanto le pregunté:

– ¿Tienes un niño allí?

– Sí, una niñita de dos años –contestó.

– ¿Está alterada y preocupada como tú?

– ¡Claro que no! –contestó.

– Entonces ¿cómo explicas su falta de nerviosismo?

Ella dudó.

– Bueno, porque ella es solamente un bebé. Además, me tiene a mí, su madre, con ella. Supongo que simplemente pone su confianza en mí y deja que yo me encargue de las preocupaciones.

Eso me dio una puerta para sugerir uno de los más simples remedios que ofrece la fe cristiana para la preocupación.

– ¿Tienes un sillón cerca de ti? –le pregunté–. Si es así, por favor acércalo al teléfono y siéntate.

Luego de un instante me dijo que lo había hecho.

–Ahora pon tu cabeza hacia atrás –le dije–. Relaja tu cuerpo e inspira tres veces.

Era la primera vez que se reía un poco, luego preguntó como dudando:

– ¿De veras tengo que hacer eso?

– Supongo que suena extraño –admití–, pero inhalar y exhalar profundamente tres veces alivia la tensión. Después –le dije, una vez que me dijo que había seguido estas instrucciones–, ponga a su hijita en su falda. Ahora haga la siguiente transferencia; trate de pensar de sí misma como un niño en relación con Dios. Tal como su hija pone la confianza en usted, póngala en su Padre Celestial. Ponga a su esposo –a los tres– bajo el cuidado de Dios. Practique este simple procedimiento hasta que la paz venga a su mente.

Me prometió que lo haría. Luego de terminar la reunión el siguiente domingo, una mujer joven vino a verme y me dijo:

– Soy la que lo llamó por teléfono porque estaba nerviosa. Intenté su método, da resultado. Tengo control sobre mí misma ahora y sé que no voy a entrar en pánico nuevamente.

Luego agregó:

– Siempre pensé que la religión era algo vago, simplemente poder creer en algo. Estoy comenzando a ver que realmente da resultado.

No se conforme a vivir con temor permanentemente. Si hace eso nunca será feliz. Nunca será efectivo. No habrá éxito ni felicidad para usted. Recuerde que hay cura para el temor. Dígase con confianza: "Con la ayuda de Dios y la aplicación de técnicas simples, seré libre del temor". Crea eso, practíquelo, y así será.

Cómo el poder y la eficiencia pueden ser suyos

ODA PERSONA NORMAL desea sentir el poder. No sobre otras personas, porque eso es algo enfermo y anormal. Sino que toda persona normal desea tener poder sobre las circunstancias; sobre situaciones, sobre el temor, sobre la debilidad, sobre ellos mismos. Y todos pueden tener ese poder.

Todos desean ser eficientes; alcanzar metas con habilidad. La eficiencia es un elemento del poder. Sin él no es posible comprender ni tener destreza. Hay una gran satisfacción cuando logramos hacer algo bien. Mirar un partido bien jugado, escuchar una canción cantada con destreza, ver a un actor hábil en el escenario nos produce felicidad. No tiene mucho que ver con el juego, la canción o la acción sobre el escenario. Es el deleite de ser testigos de una demostración perfecta. Aún las cosas comunes bien hechas dan un brillo de satisfacción no solamente a la persona que lo hace, sino a todos los que observan. Recordé esta verdad durante un almuerzo.

Servía en la ocasión un mayordomo "a la antigua", un verdadero maestro de este arte. Tenía compostura, una cualidad que siempre es para admirar. No estaba en absoluto aturdido, como suele suceder hoy con los mozos y mozas. Hacía su trabajo diestramente y con gentileza. Un tiempo después del almuerzo le dije:

– Quiero felicitarlo. Siempre me gusta observar a un hombre que sabe hacer su trabajo. Admiro a los maestros de cualquier arte, y hoy lo he visto en usted.

Estaba agradecido y dijo:

– Perdón, señor, esto *es* un arte. Lo aprendí en Inglaterra, señor, en los viejos tiempos.

Descontemos que usted desea, como este extraordinario mayordomo, ser eficiente. ¡Puede serlo! ¿Cómo? De esta respuesta depende en gran medida su éxito y felicidad. Y la respuesta es: busque ser experto en la práctica de su fe religiosa. Hubo un tiempo cuando un lector en este punto diría: "Ahora salimos del sentido común y vamos hacia la teoría".

Existe una vieja y falsa noción, que felizmente está desapareciendo en este país, de que todo lo religioso es teórico, que no encaja en la vida práctica. Pero las personas inteligentes hoy se dan cuenta que el cristianismo no es un asunto de "el-domingo-vamos-a-la-iglesia", algo remoto de la vida práctica, sino una técnica científica y útil.

Un prominente publicista me dijo:

– Va a haber un definitivo surgimiento de la religión en la era posterior a la guerra.

– ¿Por qué? –le pregunté.

– Porque –me contestó– luego de cada gran guerra, tal vez debido a los disloques típicos y los reajustes necesarios, hay siempre un deseo ampliamente extendido de autosuperación. Las mejores maneras que tiene de superación son la aplicación de la psicología o de la religión, o tal vez de ambas. Sin embargo, la psicología, en mi opinión, no llega suficientemente a la profundidad; por lo tanto esta generación posterior a la guerra aprenderá que la eficiencia, la habilidad de tratar a las personas y relacionarse, la capacidad de hacer bien las cosas, es producto de la religión práctica.

Este experto continuó contándome sobre una cuenta muy grande que había manejado durante varios años. Se trataba de un curso de belleza para las mujeres, que había preparado empleando autoridades sobresalientes para que escribieran folletos sobre varias facetas del tema. Un escrito trataba del cuidado del cuerpo; otro cómo alimentarse bien; otro cómo usar las preparaciones de cosméticos. El curso estaba diseñado para desatar el encanto interior y la belleza de la personalidad femenina. Este curso, junto con un equipo de artículos cosméticos, había sido vendido a más de un cuarto de millón de personas. Ahora tenía un nuevo proyecto de publicidad entre manos, y lo conversaba conmigo.

El nuevo proyecto apuntaba a enseñar a los hombres a ser efectivos. El cliente era una casa de ropas, y una serie de escritos estaban en preparación; cada uno le enseñaba al hombre cómo ser completamente personal y a desatar la totalidad de su personalidad. Por ejemplo, un famoso director de atletismo escribía un folleto sobre ejercicios. Otro experto escribía cómo vestir ropas apropiadas, saber qué camisa combinar con cierto traje, y cómo elegir una corbata haciendo juego. Otro folleto estaba relacionado con los métodos para abordar a un cliente, cómo venderse uno mismo, cómo vender un producto.

Pero el quid de la cuestión, decía el publicista "es enseñar a nuestros clientes cómo pensar; cómo desatar el ser espiritual interior".

Concluyó con esta declaración llena de significado: "Es imposible crear un hombre eficiente, a menos que tenga algún tipo de experiencia espiritual. Sin esa experiencia, aquello que le da el toque final para el poder, le falta ".

Hubo un tiempo cuando el cristianismo era mirado por la gente común como algo teórico y sin relación con los asuntos prácticos de todos los días. El experto publicista que he mencionado es la refutación de esta noción. Los hombres que verdaderamente piensan en la actualidad, saben que los principios cristianos son los más útiles y necesarios para la evolución de hombres y mujeres hacia el éxito y la eficiencia. Ha quedado demostrado que no hay otro sistema que esté designado de manera más completa para dar habilidad, poder y eficiencia a las personas modernas, que los simples principios de La Biblia.

La siguiente es otra prueba. Un prominente periódico escribió sobre la "asombrosa" carrera de una exitosa mujer de negocios. Lo que hacía que su éxito fuera más notable, era el hecho de que no había tenido experiencia previa en los negocios. Por lo tanto, le pidieron que bosquejara los principios sobre los que había hecho sus negocios. Cuando envió el artículo el editor exclamó:

– Esto es increíble. Estas ideas son originales. ¿Le importaría decirme dónde las consiguió?

Ella sonrió y dijo:

– Me parece que no conoce demasiado La Biblia. Mi artículo prácticamente es una versión del capítulo 12 del Evangelio de Mateo, versículos 20-26.

El más anticuado hombre en los Estados Unidos es aquel raro caballero que todavía sostiene que la religión es algo para los domingos y nada más. Esa frase lo ubica como alguien perteneciente a la era de la carreta y el caballo.

Probablemente la razón por la cual los hombres llamados "prácticos" piensan que el cristianismo es teórico, es porque la ven en su totalidad como teología o filosofía. Cabe dentro de estos campos, pero también puede ser considerada una ciencia. De hecho, es una ciencia exacta, porque está basada en leyes como la ciencia. Es la ciencia de la vida personal y social. Aprenda sus leyes y siempre e invariablemente obtendrá resultados equivalentes.

Es bastante tosco pensar que la única ley que existe en nuestro universo es la que gobierna las cosas materiales. Constantemente encontramos nuevas aplicaciones del poder en el universo, y cada una de ellas es, tal como todas las otras, reguladas por la ley. Una de las últimas, por supuesto, es el poder atómico.

El hombre promedio prácticamente desconocía que existía esta forma de poder, y a pesar de todo está estupefacto. Es interesante recordar que hace años, el famoso científico Steinmetz dijo que los más grandiosos científicos del futuro serán aquellos que diagramarán y explicarán las leyes espirituales.

El Nuevo Testamento siempre ha sido visto como un libro religioso especial, y eso es, pero también se lo puede considerar un libro de reglas de la ciencia espiritual. Contiene procedimientos por lo cuales cualquier persona que los aplique con inteligencia, puede desarrollar poder en su mente y en su personalidad.

Por lo tanto, tenemos disponible una ciencia espiritual igualmente grandiosa, tal vez mayor y más valiosa que las leyes de química, física, electrónica o atómicas. En una planta generadora un eminente ingeniero cierta vez me describió un poderoso motor. Me comentó sobre la cantidad de energía que este motor podía generar, pero mientras nos alejábamos dijo:

– Puede sonar extraño, pero usted y yo podemos generar más energía real por medio de la fe y la oración, que la que puede ese motor. Se lo aseguro –agregó firmemente.

* * * *

Es una realidad que el cristianismo es un mecanismo poderoso. San Marcos 11:23-24 dice:

Porque de cierto os digo que cualquiera que dijere a este monte:

Quítate y échate en el mar, y no dudare en su corazón, sino creyere que será hecho lo que dice, lo que diga le será hecho.

Por tanto, os digo que todo lo que pidiereis orando, creed que lo recibiréis, y os vendrá.

Poniendo esas palabras en un discurso actual, ¿qué está diciendo? Simplemente esto: si tiene fe, no una enorme cantidad, simplemente una pequeña fe real, no más grande que una semilla de mostaza, que es bastante pequeña, podría decirle a "esa montaña", esa obstrucción grandísima que está atravesada en su camino, que siempre lo derrota, "muévete"; y no solamente será removida, sino que será echada en el mar —es decir, desaparecerá de la vista–. Y si no duda en su corazón, esto es, no tiene una actitud negativa en el subconsciente, sino que simplemente cree, cualquier cosa que pida sucederá.

Un psiquiatra de renombre declaró que una de las fuerzas más poderosas es desatada a través de la fórmula de Marcos que dice: *"Todo lo que pidiereis orando, creed que lo recibiréis y os vendrá"*. Lo ofreció como su opinión, basado en una larga experiencia en su profesión, que cuando la mente de un paciente se condiciona en términos de este versículo de Las Escrituras, entonces los cambios más asombrosos pueden suceder, y suceden.

– La fe –dice–, posee una enorme propiedad sanadora, y una fuerza que produce poder.

Con respecto a esos pasajes de La Biblia como los que he indicado y otros, hay varias actitudes a tomar. Puede decirse:

– No. No creo, no es así.

Por supuesto, tiene derecho a no creerlo, pero es dudoso ese derecho a aseverar dogmáticamente que no es así. Cuando lo hace se opone al documento antiguo más confiable que haya conocido la humanidad. Eso nos fuerza a elegir entre creerle a usted o al documento. Ante la fe religiosa de muchos distinguidos hombres de ciencia, la declaración dogmática contra La Biblia es no solo poco impresionante, sino poco convincente.

Otra actitud en la cual uno puede caer, es la pasividad. Puede decir:

– No lo entiendo, no es que no crea, pero está muy lejos de mí, y por lo tanto no lo aplicaré.

Esto, por supuesto, simplemente significa que una persona no se beneficia del poder que podría emplear.

Probablemente la actitud más sensible es asumir que tal vez es cierto; que quizás esta es una ley que no se entiende en su totalidad, pero es una que da resultado, lo cual ha sido demostrado por muchas personas. Tal vez es sabio aceptar la funcionalidad de la ley, deduciendo de ella cuánto poder y eficiencia es posible obtener, esperando luego lograr un entendimiento más profundo. Uno debería abordar los temas de religión con la actitud experimental de un auténtico científico.

Pasé una tarde, no hace mucho tiempo, en el hogar y laboratorio del fallecido Thomas A. Edison. La señora Edison me mostró recuerdos del distinguido inventor, sin discusión uno de los más grandes genios de todos los tiempos. La señora me dijo que luego de la Primera Guerra Mundial, el señor Edison le dijo que en la próxima guerra el gran faltante sería la goma. Aseguró que las probabilidades eran que el suministro de goma estaría en peligro, o sino directamente interrumpido, lo cual reveló una sorprendente previsión por sí sola.

Consciente de que sería importante desarrollar recursos propios de goma, Edison comenzó a experimentar. En su manera cuidadosa y dedicada, examinó innumerables plantas con la esperanza de descubrir goma. Finalmente dio órdenes a sus asociados que llevaran cortadoras y fueran a los campos en Nueva Jersey, y cortaran todas las variedades de plantas que pudieran encontrar. Los especímenes eran puestos sobre mesas y examinados cuidadosamente uno por uno. Finalmente Edison descubrió en el conocido y común árbol "vara de oro", el látex que buscaba. Al principio produjo cinco por ciento de la goma, luego diez, y después quince por ciento. Este era el experimento en el que trabajó hasta poco tiempo antes de su muerte.

Cuando la muerte interrumpió sus labores, había logrado hasta un quince por ciento de goma de la "vara de oro".

La lección para sacar del ejemplo de Edison es la siguiente: algunas personas abordan las leyes espirituales con la actitud racional y concreta de un científico, y al principio encuentran un pequeño porcentaje de verdad, que da como resultado cierto poder. Los que continúan operando la ley, investigando y trabajando con ella, aumentan ese porcentaje, y a medida que lo hacen, se desata dentro de sus vidas poder y eficiencia que continúa en aumento en el aspecto mental, físico y espiritual, lo que les da una comprensión y destreza muy superiores a otras personas, especialmente con respecto a aquellos que simplemente aseveran en forma dogmática: "Eso no tiene ninguna importancia".

Hace algunos años Emerson dijo que existen cámaras inexploradas de la mente humana, que algún día serán abiertas para desatar poderes espirituales inimaginables. Un psiquiatra francés dice que hay otro elemento presente en la mente, más allá del consciente y del inconsciente. Este elemento lo designa como "el supraconsciente". Su caracterización es interesante. Tal vez Jesucristo se refería a este "supraconsciente"cuando dijo: *"Si tuvieres fe (…) nada será imposible"*.

Cuando sus discípulos comentaron sobre la grandiosidad de las obras que hacía, les dijo:

– *"Mayores obras que estas haréis"*.

Leemos que *"Él se maravilló por causa de su incredulidad"*. Es decir, estaba asombrado de que personas que tenían tal poder potencial, no lo desataran. Es completamente cierto que en usted está encerrado todo el poder y eficacia que necesita. La evidencia obtenida a través de miles de casos, indica que la única forma segura de desatarlo es transformarse en un experto en el mecanismo de la fe que se describe en el Nuevo Testamento.

El Capitán Eddie Rickenbacker descubrió este principio hace algunos años. Él mismo me contó sobre su descubrimiento. Durante una carrera automovilística estaba llegando a la recta final con el regulador totalmente abierto. Debido a un "sentir" muy desarrollado sobre el funcionamiento mecánico de su automóvil, se dio cuenta de que algo andaba mal. A la velocidad que venía, esto podía producir un desastre. Dice:

– Un temblor momentáneo cruzó mi mente, pero alcé mi mente.

Relata que un sentimiento de júbilo pasó por todo su cuerpo. Era una convicción abrumadora y absoluta de que podía hacer ingresar la máquina, no con sus manos, sino por el poder de su mente.

No dice esto con jactancia, sino que explica que en ese momento no le contó a nadie, porque temía que nadie lo entendiera. Sin embargo, actualmente, el Capitán Rickenbacker explica que estamos mejor informados sobre las leyes de psicokinética, el poder de la mente humana sobre las condiciones, circunstancias, cosas materiales, la destreza y control invencible sobre la adversidad o la oposición, que es ejercida por la mente cuando se desata la arrasadora energía de la fe.

Tengo confianza en la funcionalidad científica de la fe para desarrollar poder y eficacia, por la misma razón que cualquier científico sabe que una fórmula va a funcionar, es decir, la ve obrar y obtiene los resultados.

En mi laboratorio científico –la Iglesia Marble Collegiate de Nueva York– teníamos un miembro, un ejecutivo, hombre de negocios, que se convenció con total entusiasmo sobre las técnicas de la fe. No hacía mucho tiempo que participaba, y se interesó en la iglesia solamente porque estaba "entregado" a la idea del cristianismo, y su receta sobre la fe.

– Pienso que tienen algo allí –declaró. Porque tal como él lo decía– Hay algo importante en eso.

Se unió a la iglesia y asistía regularmente, practicaba con entusiasmo las técnicas espirituales.

Una tarde me llamó por teléfono y me dijo:

– Debo verlo inmediatamente por un importante asunto de negocios.

Uno puede pensar que es curioso que un hombre de negocios consulte a un pastor por un problema de negocios, pero al ir hasta el fondo, la mayoría de los problemas de negocios involucra a personas. El ministro trata con personas, por lo tanto puede ser un auxiliar científico para cualquiera interesado en la investigación de los negocios.

Mi amigo, que representaba a un negocio especializado de Nueva York, me vino a ver y me dijo:

– Mi problema es el siguiente: tenemos un competidor en el medio este y emplea al ejecutivo estrella de ventas de nuestra industria. Este hombre se ha olvidado más de los negocios de lo que el resto de nosotros podamos imaginarnos. Nuestro competidor lo ha despedido por tercera y última vez. A mí me gustaría emplearlo.

– ¿Por qué no lo hace? –le dije.

– Porque –contestó–, hay un impedimento: es un alcohólico. Mi presidente no lo tomará porque dice que no hay esperanza para un alcohólico. Sin embargo, he continuado insistiendo porque creo que podemos curarlo. Lo he escuchado a usted hablar desde el púlpito sobre la fe, y estoy convencido de que si tenemos fe, nada es imposible; es por eso que finalmente he convencido a mi presidente, y me ha dicho que me dará un mes para que este hombre se cure, y si lo logramos, puede estar en mi equipo de ventas.

– ¿Se da cuenta de lo que pide? –le dije, y luego le expliqué lo que las autoridades científicas dicen sobre alcoholismo.

Le mostré que científicamente se ve al alcoholismo como una enfermedad de las más serias que pueden atacar a un ser humano, cuyo final es casi con seguridad el asilo de enfermos mentales, o la muerte... o los dos.

– No sé nada sobre eso –insistió mi amigo–, únicamente sé lo que dice La Biblia, que si uno tiene fe "nada es imposible". Y aplico eso al alcoholismo también –concluyó con firmeza.

– Este hombre ¿asiste a la iglesia? –le pregunté.

– No –me contestó– no va. Al menos no con frecuencia.

Sucedió que había una cena en la iglesia, que se realizaría una o dos noches después, y pregunté si pensaba que el alcohólico asistiría a esa cena.

– Sí, pienso que lo hará –contestó mi amigo–. Sé que come.

Por consiguiente, me encontré con este hombre. Después el hombre alcohólico vino a mi oficina. Dijo:

– Escúcheme, Doctor, el Sr. V. está muy interesado en mí. Es un hombre sumamente amable. Pero no pierda su tiempo conmigo. Ningún esfuerzo vale la pena conmigo. Esto me tiene atrapado. Estoy vencido, completamente vencido.

Me contó que tenía cuarenta y cinco años, dos hijos varones y una esposa amorosa. Era una personalidad atractiva y una mente brillante.

– ¿Y dice que está vencido? –le pregunté.

– Sí, absolutamente, completamente eliminado –dijo.

– Maravilloso –le contesté–. ¿Esta seguro de que no tiene fuerzas propias?

– No. Estoy terminado. Algunas veces siento que si pudiera liberarme, si tan solo pudiera... ¡las cosas que haría! Pero en el momento en que pienso que estoy libre, me vuelven deseos de tomar... y me ha sucedido demasiadas veces. No pierda su tiempo conmigo.

– Mi amigo –le dije–, cuando me dice que no tiene fuerzas propias, está comenzando su liberación, porque ahora está listo para decir: 'Por carecer de fuerza propia, pongo mi vida en las manos de Dios con fe'. Al hacer eso obtendrá toda la fortaleza que necesita.

– ¿Le parece que tengo una oportunidad? –Me miró anhelante.

– Sí. Lo creo.

– Bien –dijo–, haré cualquier cosa que diga. ¿Qué quiere que haga?

– Comencemos –sugerí–, asistiendo a la iglesia dos veces cada domingo durante todo el próximo mes.

– ¡Ay! –Se quejó; pero estuvo de acuerdo.

Le escribí al Sr. V. lo siguiente:

Ayer tuve una charla muy satisfactoria con el Sr. C. Nuestra conversación fue completamente franca.

Descubrí que es absolutamente honesto, y me agradó que mientras admitió su debilidad y no buscó en ningún sentido minimizarla o esconderla, al mismo tiempo no fue excesivamente despreciativo de sí mismo. Algunas veces hay una tendencia en el hombre a descalificarse completamente, lo que significa que ya no tiene respeto por sí mismo. Sencilla, honestamente enfrentó conmigo la gran debilidad de su carácter, y me convenció que tiene como propósito definitivo erradicar la práctica de la bebida.

Me contó que ha hecho un descubrimiento que nunca hubiera admitido anteriormente, es decir, hasta el momento ha pasado un período considerable de tiempo sin tomar, pero siempre creyó que podía tomar un trago y controlar todo hasta ese punto. Ahora, dice, ha aprendido que no debe tomar en absoluto, que un trago inevitablemente lo lleva a desear más. Esto es positivo, porque es extremadamente difícil hacer que un alcohólico acepte el hecho de que no debe tomar nunca más. El más grande engaño en la mente de un alcohólico, es que puede llegar a tomar con moderación. Con alguien que tiene inclinación al alcoholismo no existe tal cosa como la moderación. Por lo tanto, creo que se ha producido un verdadero progreso en este hombre. Declaró que su contacto con la religión no ha sido muy cercano, pero que ahora se ha dado cuenta que la religión puede ser un poder práctico en la vida de un hombre, y estuvo de acuerdo en seguir ciertas ideas que le presenté y que encontró en mis libros. También va a asociarse con Alcohólicos Anónimos.

Creo que definitivamente ha comenzado el camino hacia la completa sobriedad. He considerado esto cuidadosamente, y no hubiera dado mi opinión a menos que sintiera que este hombre honestamente está decidido. Pienso que lo está, y le aseguro que haré todo lo que esté a mi alcance para ayudarlo.

De paso, creo que ha tenido muy buen juicio y sentido común en la forma en que ha abordado este asunto.

El siguiente domingo por la mañana miré y allí estaba mi amigo, el señor V., al final del pasillo. A su lado estaba el alcohólico, y luego la esposa del señor V. El señor V. me vino a ver luego del primer servicio y dijo:

– Ahora, doctor, olvide por un momento al resto de la congregación y predíquele a este hombre. Tenemos que curarlo. Lo necesito en mi negocio.

Confieso que casi lo hago. Él estaba allí regularmente, escuchando con atención. Era muy impresionante: dos hombres de negocios tratando de resolver un problema de negocios desde el punto de vista humano.

Un domingo por la noche, tres semanas después, estaba predicando sobre el versículo: *"Cualquier cosa que pidiereis orando, creed que la recibiréis y os vendrá"*, y bosquejando el poder de la fe afirmativa. De pronto me escuché decir: "Si hay alguien en esta enorme congregación que está derrotado por algo, no importa lo que sea, si cree en este momento que el poder de Dios se desata en su vida, y si desea, mientras todos bajamos nuestras cabezas, levantar su mano como señal y símbolo de que acepta este poder, declaro que lo recibe ahora"... Fue algo sorprendente, pero lo dije. Obtendríamos más resultados asombrosos del cristianismo, si no fuéramos tan timoratos para creer.

Alrededor de cincuenta manos se levantaron entre la congregación. Para mi sorpresa vi la mano de este hombre. Luego del servicio vino a verme, me estrechó la mano y se fue, pero indirectamente tuve noticias de que estaba haciendo bien las cosas. Después me dijo que cuando levantó la mano "algo le sucedió". Tuvo un sentir parecido al que experimenta un hombre luego de una larga enfermedad, y de pronto se da cuenta que está bien. El impulso por beber no le volvió. El deseo *había pasado completamente*.

Para completar esta narración, agrego aquí la correspondencia que documenta este trabajo asociado de negocios y religión referido al problema del alcoholismo.

De una carta que el Sr. V. me escribió:

"Sé que está interesado en el Sr. C. y los desarrollos conectados a nuestro programa conjunto.

"Me impresioné y me gratificó de manera extraordinaria recibir una carta de la Sra. C. que hace referencia al Sr. C., y estoy seguro que le gustará leer algunos extractos, por lo tanto los cito a continuación:

"Verdaderamente es un hombre cambiado y estoy segura que en gran medida es debido a los contactos con usted y miembros de su familia. Hago lo mejor que puedo para ayudar mientras está en nuestra casas. Él es tan sincero que resulta fácil hacerlo. He asistido a la iglesia toda mi vida y he criado a nuestros dos hijos de igual forma, pero el Sr. C. verdaderamente me enseñó muchísimo sobre el poder de la fe, y le estoy muy agradecida."

Pueden imaginarse el entusiasmo que tenía por haber recibido esta palabra de la esposa de este alcohólico, y se aumentó mucho más mi deleite por el éxito de nuestros esfuerzos cuando recibí la siguiente carta del Sr. C.:

"Sé que estará interesado en el éxito que coronó nuestros esfuerzos de los meses pasados. El resultado final es que he sido nombrado Gerente General de la Compañía. En la próxima reunión de Directores de la compañía también estoy como candidato para Vice-Presidente.

"Nunca habíamos considerado algo parecido cuando comenzamos. La sucesión de las cosas que llevaron a esto, aún ahora, parecen increíbles. Estoy, sin dudas, asombrado. No sucedieron porque sí, y verdaderamente van mucho más allá de lo que yo planee. Sé que Él respondió mis oraciones y las suyas, también las del Sr. y la Sra. V. y la Sra. C. Aún las de mis dos hijos más pequeños, de ocho y diez años, que incluyeron en sus plegarias nocturnas 'oraciones especiales por Papá'.

"Pero lo mejor de todo es que ahora tengo dominio propio sobre mí mismo. Estoy seguro de tener la fe completa y sencilla a la que usted se refiere en sus libros y sermones. Mi mente está en descanso y conozco la paz y la felicidad nuevamente. Podrá imaginarse lo que esto significa para mi esposa y mis tres hijos. No tuve que hacer esfuerzos para evitar mi vieja debilidad. Pareciera que he encontrado un substituto: la fe.

"No sé cómo expresar adecuadamente mi gratitud. El cambio empieza desde el momento en que fui por primera vez a su iglesia, y tuve la oportunidad de hablar con usted personalmente. Luego siguió aquel momento especial el domingo por la noche en su iglesia, cuando por sugerencia suya levanté mi mano como una manera pública de reconocer a Dios y ponerme bajo su cuidado. Para mí eso fue enormemente impresionante.

"Tendré que enfrentar muchos problemas, tal vez el mayor sea mi experiencia en los negocios. Los abordo con una completa confianza y el conocimiento de que poder y ayuda ilimitada están siempre disponibles para mí."

Cuando recibí esta carta supe que había ocurrido una sanidad.

Así como la ciencia médica es capaz de desarrollar inmunidad contra ciertas formas de enfermedad, así es posible por medio de la aplicación de técnicas espirituales cambiar las reacciones emocionales y mentales, de manera que una persona se transforme en lo que el Nuevo Testamento expresa en forma tan pintoresca y terminante: *"una nueva criatura: las viejas cosas pasaron; he aquí todas son hechas nuevas."*

Por lo tanto le escribí al Sr. C.:

"Ha encontrado el secreto; por medio de la fe ha recibido el poder que Dios le ha dado. ¿Me permite sugerirle que forme hábitos de oración en los que constantemente afirme a Dios que Él le ha dado esta fortaleza, y le agradezca por ella? Ore no solamente en la mañana y la tarde, sino que adquiera el hábito de poner su mente en Dios con frecuencia durante el día.

"También le sugiero que forme el hábito de leer los Salmos en el Antiguo Testamento, y Mateo, Marcos, Lucas y Juan en el Nuevo Testamento. Lea un capítulo cada día, si fuera posible. Estas sugerencias son para construir en su mente conciencia de la presencia de Dios y su poder. Esta es parte de una técnica espiritual definida que es muy valiosa."

Esta historia del alcohólico va de un clímax a otro. Un año y medio después en una de mis cartas le contaba que jamás había dejado de orar por él, y que estaba muy interesado en tener informes suyos de vez en cuando. Ante esta sugerencia me escribió esta importante declaración de su experiencia.

"Le estoy humildemente agradecido porque continúa teniéndome en sus oraciones. Es mi firme convicción que eso me ha ayudado a través de situaciones muy difíciles. Me refiero a los muchos problemas en los negocios en la actualidad, no a mi vieja dificultad. Esa es un libro cerrado. Hace ahora un año y medio en que no he tomado ni una gota de bebida. Ni siquiera ha sido difícil. Para mi asombro, no me he sentido tentado ni una sola vez. Y tengo confianza que no sucederá.

Esto no hubiera sido posible si no hubiera asistido a la Iglesia Marble Collegiate, lo hubiera conocido a usted y tenido aquella primera conversación. Usted me señaló el camino que cambió todo para mejor. Mi momento sobresaliente en lo espiritual fue en su iglesia una noche de domingo, cuando la congregación estaba sentada con las cabezas bajas y los ojos cerrados, cuando respondí junto a otros levantando mi mano y poniendo mi ser sin reservas en las manos de Dios. Todo esto está escrito de manera totalmente sincera."

Luego de un año y medio declaraba que *nunca más había sido tentado a beber alcohol;* esa sanidad todavía estaba en operación.

Casi al cumplirse dos años, vino a mi oficina. Me dijo que estaba en viaje hacia la compañía del Medio Oeste donde lo había vuelto a llamar, y lo hicieron Vice-Presidente representante en Canadá. Cuando se sentó en mi escritorio le pregunté:

–¿Alguna vez desde aquella noche sintió deseos de volver a tomar alcohol?"

Su respuesta fue:

– Ni el más mínimo.

Algunas personas pueden llamar a esto un milagro. Cualquiera que conozca el verdadero significado de la enfermedad del alcoholismo estará bien consciente de lo asombroso de este caso.

A pesar de lo grandiosa que es esta recuperación, no es un milagro. Este hombre se puso en contacto con una ley espiritual. Fue cambiado por la operación de esta ley. Descubrió un poder básico del universo, tan cierto como el que descubrió el hombre que desató la energía atómica. Este poder es tan grandioso que quemó de su mente todo vestigio de la enfermedad que lo destruía. Descubrió y puso en operación la ley de la fe.

Pero la historia continúa y llega a uno de los más grandes factores en la cura del alcoholismo; el impulso a ayudar a otros a curarse, el Sr. C. escribe:

"Tengo un agente de compras con una dificultad bastante parecida a la que yo tuve. He estado intentando ayudarle durante un período de varios meses con considerable éxito, pero no ha sido completo. Le he hablado muchas veces –animándolo a ir a la iglesia– le di muchos de sus sermones y libros para leer, y he tratado de orar por él en forma regular. Hasta el momento no he tenido el éxito completo para convencerlo de que no puede hacerlo por sí mismo, sino que debe dejar que Dios lo haga por él.

Todavía puede sentirse orgulloso por el trabajo que hizo conmigo. Pronto serán tres años desde que dejé de tomar. Estoy mucho más seguro que cualquier hombre que jamás haya tomado una gota. Pero aparte de eso, y lo más importante, es que usted me mostró el camino para edificar fe religiosa, y le aseguro que eso significa mucho más que todo lo demás. Tengo todavía un largo camino, pero realmente creo que lo alcanzo cada día un poco más. De manera muy humilde trato de ayudar a otros a hacer lo mismo. Usted sabe que es bastante convincente para otros, cuando un viejo pecador como yo trata de mostrar el camino."

No cuento esta historia suponiendo que usted, lector, sea un alcohólico. Mi propósito al contarla es señalar que la fe puede revitalizar y rehacer a un alcohólico, y seguramente puede darle a usted poder y eficacia.

Por todas partes rodeándolo en este momento hay energía de sanidad divina. La misma atmósfera está cargada con ella. Si pone en práctica la fe, puede ser sanado de su enojo, inferioridad, temor, culpa o cualquier otro bloqueo que impide el fluir de la energía recreativa. Si cree, el poder y la eficacia están a su disposición.

Cómo evitar el enojo

"**E**SE HOMBRE ME INDIGNA." El que decía eso tenía el rostro colorado, y con su puño golpeaba sobre la mesa. "Estoy harto de ver el nombre de ese hombre en el diario. Estoy lleno de ira."

Esa es una descripción pintoresca y exacta de la condición interior de ese hombre. Una caldera ardiente de emoción agitada, estaba verdaderamente bullendo en su interior. Un ser humano no puede mantener para siempre estallidos de tal agitación. Todos los días nos enteramos de personas que quedan inútiles o "se quiebran", y en muchos casos es simplemente porque permiten que personas o situaciones los "agoten".

Una regla importante para ser feliz y exitoso es: no permita que las cosas lo agiten. Esto es vital.

Un doctor cierta vez me contó lo que había recetado a un hombre de negocios que se quejaba de que sus nervios estaban "todos destruidos".

– No necesita agitarse o enojarse. Practique su fe religiosa –le sugirió.

– ¿Tiene muchos de esos casos, y es habitual esa receta? –le pregunté.

– Sí –me contestó–. He notado un pronunciado aumento en la cantidad de problemas emocionales y nerviosos.

Muchos pacientes se enferman simplemente porque no tienen la capacidad de superar la agitación prolongada. Pero, excepto en casos donde existe una causa física definida, creo que la persona promedio no necesita estar agitada o nerviosa si toma la medicina que sus pastores ofrecen.

Esta no era la primera vez que me presentaban esta idea. Hace veinte años llevé a mi madre a un prominente especialista del corazón en Boston. Luego de un examen cuidadoso se apoyó en el respaldo de la silla, miró extrañado a mi madre y le dijo:

– Sra. Peale, ¿usted es cristiana?

Mi madre había sido esposa de pastor por muchos años, y una activa trabajadora en la iglesia. Esta pregunta la sobresaltó.

– Trato de serlo –contestó.

– Me temo que no está poniendo demasiado empeño –le dijo el doctor– y es muy poco lo que puedo hacer por usted. Podría recetarle alguna medicina, pero más allá de efectos paliativos, honestamente no creo que le resulte demasiado provechosa. Le sugiero que definitivamente practique la técnica de confiar, estar calmada y tener la fe que se encuentra en el Nuevo Testamento. Haga eso y pienso que todo estará bien –dijo.

Actualmente sabemos que un paso importante hacia la sanidad emocional y física es creer y practicar la religión. La religión contribuye a la salud física y emocional, porque considera los estados mentales y las actitudes. Muchas enfermedades humanas, como lo explico varias veces en este libro, derivan de pensar equivocadamente.

Recientemente un médico declaró que mientras hace veinticinco años solamente el dos por ciento de los desórdenes estomacales, indigestión y enfermedades relacionadas podían adjudicarse a estados mentales, en la actualidad probablemente veinticinco por ciento de esos casos se deben a la tensión nerviosa o agitación. Las personas se enferman en gran proporción porque no pueden controlar y disciplinar sus mentes.

Las personas dicen con frecuencia que sus nervios están "destrozados". Esto la mayoría de las veces no es así; en muy pocas ocasiones los nervios están verdaderamente dañados. El nervio es simplemente un cable de teléfono desde el cerebro hacia alguna parte del cuerpo. Lo que una persona quiere decir cuando expresa que sus nervios están "destrozados", no es que hay algo mal en el nervio en sí, sino que los pensamientos que estimulan el nervio están desordenados.

Estos pensamientos agitados imposibilitan al cerebro para enviar impulsos ordenados y controlados a los nervios, por lo que mensajes opuestos e inciertos van hacia los cables de los nervios. El cerebro está en confusión porque los pensamientos están así. Por lo tanto, el sistema nervioso tiende a estar desordenado. Como resultado, uno se siente nervioso, tenso, limitado y agitado.

El nerviosismo básicamente deriva de los pensamientos que tenemos. Aprenda a tener pensamientos ordenados, controlados, disciplinados, calmos, y no estará ni tenso ni agitado. Ante estos hechos es más y más evidente que la principal cura para la tensión que predomina y la agitación de esta era, es que volvamos a la religión.

Me encontré con un amigo, un pastor, que hacía varios años no veía. Había escuchado que sufrió un ataque de nervios. Pero ahora estaba aparentemente robusto y era el retrato de la salud. Nos sentamos en su biblioteca un día de invierno, frente a un fuego reconfortante. Estiró sus largas piernas, se apoyó en el respaldo de la silla y preguntó:

– ¿Alguna vez pensó en la relación de la religión con el arte de descansar? Nuestra religión ha estado tan preocupada con la moral y la ética, dos temas de mucha importancia, que muchos han fallado en darse cuenta del efecto tonificante de la fe. Porque –exclamó–, es asombroso lo que la religión puede hacer para curar la tensión, sanar pensamientos de preocupación y ansiedad, y dar fortaleza para el estrés y la fatiga que tanto prevalecen en la actualidad.

– Debe haber descubierto algo –dije animándolo a hablar.

– Así es. Hace un par de años tuve un ataque de nervios. Fui al hospital y me hicieron toda clase de análisis. Había perdido la energía. Estaba débil y desganado. Finalmente el doctor a cargo de mi caso me dio su diagnóstico. (Fue una experiencia muy similar a la que describí antes sobre mi madre.) "Hemos analizado su caso y hemos decidido que si practica el cristianismo, puede mejorar".

Sorprendido, mi amigo, le reclamó:

– ¿Qué quiere decir?

– Supongo que nunca lee el Nuevo Testamento –continuó el doctor.

– Por supuesto que sí –protestó el ministro.

– Ya veo –continuó el doctor–. Lo lee pero no lo cree.

– Lo creo –gritó el ministro.

– Bueno, déjeme decirlo de otra manera –y ahora admítalo– en realidad no practica la enseñanza sobre la fe y la confianza, ¿no es así? Sé que practica la moral y la ética, pero no practica su religión en su vida de pensamiento. Ponga en práctica mental estos principios: *"No os afanéis por el día de mañana"* o *"No se turbe vuestro corazón"*. *"Por nada estéis afanosos"*, *"Venid a mí todos los que estáis trabajados y cargados que yo os haré descansar"*.

Mi amigo comenzó a darse cuenta qué quería decir este sabio y amable doctor. Suavemente dijo:

– Veo lo que quiere decir y está bien. *Practicaré* mi fe en mis pensamientos, tanto como en mis acciones.

– Realmente es una gran medicina, el tónico más grandioso de todos –dijo el médico.

Allí estaba sentado mi amigo el día de nuestra visita, dos años después, fuerte y bien. Su esposa sentada al lado dijo:

– Le dije eso durante años, y no me prestaba atención y seguía agotándose y transformándose en un manojo de nervios.

– Bueno, estoy totalmente curado –continuó–, y ahora aliento a las personas a practicar el Evangelio por la liberación, que con seguridad produce de la tensión y el temor. Los animo a tomar la más grandiosa medicina de todas.

Un amigo mío, gerente de una de los hoteles más grandes de los Estados Unidos, me comentó sobre lo que decía que era una necesidad para su país, es decir, "volver a los simples principios de la religión".

– Porque –decía–, si no lo hacemos todos van hacia la ruina. Estoy bastante tiempo andando en la entrada de este hotel y uno aprende mucho tan solo mirando a las personas. Todo lo que tiene que hacer es pararse y mirar a la gente cuando usa las puertas giratorias, y verá lo que quiero decir. Porque, para algunos hombres se estropea el día completo si pierden una vuelta de esa puerta.

– ¿Usted dice que los enoja perderse una vuelta completa de la puerta? –le reflejé.

– No, señor –dijo– eso era antes, ahora están tan tensos, que los enoja perderse una división de esa puerta. Hay que hacer algo o todos terminaremos arruinados por los nervios.

Los resultados de esa tensión son claramente evidentes. Tome el diario cualquier día y cuente cuáles son las causas de muerte que se mencionan. También observe la edad en la que mueren los hombres. Si pasa los cincuenta en la actualidad, puede ser que viva hasta una edad avanzada. Alta presión, fallas del corazón, enfermedades de la hipertensión, estas son las hoces que usa el personaje de larga barba en la actualidad para cortar a los hombres en la flor de la juventud.

Es comprensible que las personas se quiebren bajo la fatiga. En la fabricación de automóviles el examen más severo es manejar el auto a alta velocidad sobre pavimento concreto liso. Parecería que el examen más duro pudiera ser sobre terreno accidentado, pero por el contrario, la alta velocidad sobre el pavimento liso produce vibraciones de alta frecuencia, las cuales indican más rápidamente cualquier debilidad que pudiera estar oculta.

La alta tensión y la agitación en un ser humano hacen vibrar esas debilidades escondidas que producen el quiebre.

Enrico Caruso hacía una demostración que utilizaba para delicia de sus compañeros de cena. Sostenía entre el pulgar y el índice una frágil copa de base larga. Cantaba la escala en forma ascendente y repetía los sonidos altos. La copa se quebraba en cientos de pedacitos.

Si la vibración o tensión de alta frecuencia afecta de esa manera a un automóvil o una copa, piense lo que puede hacer en nuestras personalidades y cuerpos humanos altamente organizados.

En su libro, *Liberación de la tensión nerviosa,** el Dr. David Fink explica el proceso. Orienta la atención hacia "el intercerebro".

– Los nervios –dice– controlan todos nuestros órganos. Estos nervios están agrupados, principalmente en una parte de nuestro sistema nervioso, y esta parte es el control central que normalmente mantendrá nuestros corazones, estómagos y pulmones trabajando en armonía en forma conjunta. Este centro nervioso de nuestra vida emocional se llama el intercerebro. Algunas veces recibe el nombre de tálamo o hipotálamo. El intercerebro es el asiento de las emociones: amor, odio, temor, ira, celos, etc.

---

* David Fink, *Liberación de la tensión nerviosa* (Nueva York; Simon y Schuster, Inc., 1943).

El Dr. Fink cita al Dr. Harvey Cushing cuando dice que "las tormentas emocionales que surgen del intercerebro pueden producir úlceras en el estómago, palpitaciones en el corazón y otras dolencias".

– El intercerebro –dice el Dr. Fink– se ubica en el asiento del chofer. –Y explica su operación–. Por encima del intercerebro está el pre-frontal, algunas veces llamado el cerebro propiamente dicho. El pre-frontal, que ocupa la mayor parte del espacio de su cráneo, es la parte de su sistema nervioso que analiza, piensa, decide. Le permite saber qué sucede en este mundo. Es con su pre-frontal que usted lee el diario. Su pre-frontal interpreta la situación general y envía sus descubrimientos al intercerebro para la acción y el sentimiento. El intercerebro informa la situación de vuelta al pre-frontal en forma de alegría o depresión. Cuando uno se siente calmo o feliz, triste o deprimido, cuando tiene desasosiego o indigestión nerviosa, lo sabe porque su intercerebro le ha dicho a su pre-frontal cómo se siente.

El Dr. Fink resume:

– Para disfrutar de buena salud debe primeramente ponerse bien con su intercerebro.

Tal vez un hombre que me envió un médico tenía problemas con el intercerebro. Por teléfono este médico me dijo:

– Le envío un paciente para que lo vea. Físicamente no tiene nada. Todo lo que necesita es convertir sus nervios.

Para se exacto debería haber dicho: "Necesita convertir su intercerebro".

Y agregó:

– Muéstrele cómo poner su confianza en Dios y ya no estará tan inquieto y perturbado.

*   *   *   *

Una aplicación difusa y general de la religión no necesariamente ayudará a vencer la tensión. Ningún lector puede sacar rápidamente la conclusión de que si uno asiste a la iglesia el próximo domingo, todo estará bien. Verdaderamente apoyo su asistencia a la iglesia el próximo y todos los domingos, pero es esencial hacer algo más que correr a la iglesia esporádicamente de una manera desesperada. Conozco a personas que han ido a la iglesia durante años, que aún siguen siendo víctimas patéticas de la tensión y la agitación. La falla está en el hecho de que nunca han aprendido cómo las simples y prácticas técnicas del cristianismo pueden ser aplicadas a la tensión y la agitación.

Un hombre enfermo no corre a una biblioteca médica y comienza a leer desesperadamente. Va a ver un doctor. El doctor lo examina y del conocimiento adquirido por esos libros médicos y largos años de práctica, escribe la receta para el paciente y le da consejos simples para aplicar a esta enfermedad en particular. El paciente toma la receta y la lleva a la farmacia. No piensa que se curará por sentir el aroma de toda la medicina que está en la farmacia. El farmacéutico lee la receta y le da un remedio específico. Escribe instrucciones específicas en la botella o la caja: "Tome tres veces al día como ha sido indicado". La práctica religiosa deberá seguir procedimientos similares: diagnóstico y aplicación específica de una receta.

Un hombre vino a la clínica de nuestra iglesia quejándose de nerviosismo severo. Era un fabricante y estaba bajo gran estrés. Tamborileaba sus dedos sobre mi escritorio al hablar.

– ¿Por qué tamborilea sus dedos? –le pregunté.

– Ni siquiera sabía que lo estaba haciendo –contestó sorprendido.

– Bueno –sugerí– no lo haga. Deje que su mano descanse sobre la mesa de manera relajada y libre.

Vi que estaba sentado rígidamente sobre el borde de su silla, por lo tanto lo animé:

– Apóyese contra el respaldo y relájese.

– ¿De que otras formas se manifiesta su nerviosismo? –Le pregunté.

– Me preocupo por mis negocios todo el tiempo. Cada vez que estoy lejos me preocupo pensando que mi casa podría quemarse o algo malo pudiera suceder. Me preocupo por mi esposa e hijos, preguntándome si no sufrirán algún daño.

Le di una receta, una pequeña fórmula para practicar:

– Dígase a usted mismo, "que mi casa se queme". ¿Está asegurada? –Le pregunté,

– Sí.

– Bueno –continué–, dígase a usted mismo "que se queme". También repita, "pongo a mi esposa e hijos en las manos de Dios. Él los cuidará". Debe aprender una técnica simple, debe tener una naturaleza ingenua de modo que pueda seguir al más grandioso de todos los pensadores, que nos dijo que las respuestas a los problemas de la vida residen en las actitudes infantiles o simples.

Me dijo:

– Lo intentaré.

– Bien –dije–. Imagine que Jesucristo está verdaderamente a su lado. Cuando se comienza a preocupar, deténgase y diga: "Señor, tú estás conmigo; todo está bien". Cuando entra a un restaurante, aún si está con alguien, corra una silla sin hacer demasiada ostentación e imagine que Jesucristo se sienta en esa silla. Cuando camina por la calle, imagine que escucha sus pisadas, siente sus hombros, ve su rostro. Cuando se retire a la noche, acerque una silla al lado de la cama e imagine que Jesucristo se sienta en esa silla. Entonces antes de apagar la luz hable un poco con Él y dígale: "Señor, no estoy preocupado, porque sé que me cuidas y me darás paz".

– ¡Ay! –protestó–, eso parece tan necio.

– Es meramente una simple arma psicológica para hacerle sentir la presencia de Cristo, y conozco a muchas personas que la han aplicado con excelentes resultados –le expliqué.

Regresó a verme no hace mucho. No tamborileaba sus dedos. Se sentó tranquilo en su silla, no había nervios. Su rostro tenía nuevo aspecto.

– ¿Se siente mejor? –pregunté.

– Sí, la verdad que sí.

Tardó un instante, y luego continuó:

– Me gustaría decirle algo. ¿Se acuerda de ese asunto sobre Cristo sentándose en las sillas, y caminando conmigo?

Le dije que recordaba mi consejo.

– Bien –y dudaba en continuar–. ¿Cree honestamente que tiene algo que ver?

– Creo que Él realmente está allí.

Tiene razón. Hay algo en eso.

Otro hombre que vino a mi oficina estuvo de acuerdo con este descubrimiento. Me contó que no podía dormir. Estaba bastante demacrado, y obviamente en un punto de mucha tensión.

– El problema es que mi mente es demasiado ágil –se quejó.

Su educación era en gran parte científica, era ingeniero. Se trataba de un hombre de mentalidad brillante, pero su mente operaba demasiado rápidamente para que sus emociones la alcanzaran, y no sincronizaba su vida.

Esta discrepancia en mi visitante me recordaba del incidente del hombre de la ciudad que se fue al campo y observaba a un granjero que estaba serruchando un tronco con lentos y mesurados movimientos. El hombre de la ciudad dijo con impaciencia:

– A ver, déjeme a mí serruchar el tronco.

Comenzó con movimientos lentos, mesurados, pero al poco

tiempo aceleró el ritmo. Los movimientos iban para todos lados y el serrucho se atascó.

El hombre de la ciudad dijo:

– Me parece que no hice las cosas demasiado bien, después de todo.

El granjero contestó:

– Eso es porque permitió que su mente fuera adelante del serrucho.

La tensión hace que las mentes de los hombres vayan delante de su naturaleza emocional, y el resultado es la dislocación de una personalidad sincronizada y armónica. Esto pasaba con el hombre que había venido a verme.

Le pedí que hiciera una simple práctica espiritual:

– Cuando esté en su casa y se vaya a dormir por la noche, ponga una silla al lado de su cama. Imagine que Cristo se sienta en la silla, y cuando esté listo para ir a dormir, mire hacia la silla y diga: "A su amado dará Dios el sueño". Luego hágalo personal: "Él me da a mí –su amado– el sueño". Crea que Cristo estará allí cuidándolo. Luego apague la luz y duerma.

Dijo:

– Voy a intentarlo. Pero es solamente imaginación, porque Cristo no puede estar allí.

– Igualmente trate de creerlo –le sugerí.

Me dijo después que durante las primeras cuatro noches no sucedió nada, y acababa de decidir que era una "noción dislocada", como la llamó.

– Pero –continuó– la quinta noche dormí maravillosamente. Y –se detuvo– creo que la presencia de Cristo es más que imaginación, es un hecho.

La última vez que lo vi dijo que aún pone la silla al lado de la cama. Por supuesto, descansa demasiado sobre el simbolismo de la silla. Pero si le da resultados poner una silla, está bien, porque detrás de eso hay una de las más poderosa, efectiva y profunda de todas las ideas: que Dios está con uno y que ningún mal puede venir, que no es necesario temer nada.

*   *   *   *

No es necesario emplear las estrategias para eliminar la agitación. Uno debe practicar una actitud alejada de las cosas irritantes. Ejercítese a levantar su mente por encima de la confusión e irritación que lo rodea.

Una manera de hacerlo es formando cuadros mentales de grandes montes o de zonas montañosas, o del grandioso movimiento del océano, o de algún valle grandioso que se extiende delante de usted. Tenga un cuadro mental de las estrellas quietas en los cielos, o de la Luna muy alta en una noche clara y calma. Uno puede hacer esto mientras está ocupado en el trabajo. Cuelgue estos cuadros en las paredes de su mente y piense en ellos habitualmente.

La práctica de alejarse le ayuda a mantenerse tranquilo, pacífico, controlado en medio de las pequeñas tempestades de esta vida. Permítame contarle acerca de algunas personas y las estrategias o técnicas que emplearon exitosamente para vencer la agitación.

Un año, poco antes de la Navidad, mi esposa me llevó de compras. Siempre trato de evitarlo, pero hasta el momento no he podido pasar una Navidad sin tener que ir a hacer las compras. Me llevó a un negocio lleno de gente, y el mostrador en el que queríamos comprar era el más lleno de todos. Estaba literalmente sitiado de mujeres. Para mi vergüenza era el único hombre entre esa multitud.

Observé al vendedor. Era alto, simpático, un muchacho joven que tenía la insignia del ejército de soldado con buen comportamiento en el servicio militar. Tenía una actitud relajada, aunque lo llamaban de todos lados. Estaba atendiendo a una clienta a quien le dedicaba su atención. Parecía que ella había comprados tres artículos, y yo me encontraba cerca cuando trató de sumar los precios. La clienta tenía los ojos pegados al lápiz que él tenía mientras sumaba las columnas, y uno podía sentir su actitud tensa y sospechosa. Tal vez esto lo confundió, porque sumó incorrectamente y quedé sorprendido por su integridad cuando con un gesto infantil en el rostro le dijo:

– ¿Qué le parece? No sumé bien, ¿no es cierto?

– No. No lo hizo bien –le contestó ella secamente.

Con gran cuidado lo intentó de nuevo apelando a mí para que mientras tanto lo ayudara. A pesar de mi torpeza en las matemáticas, nos arreglamos esta vez para sumar bien las columnas.

Luego él la miró con una sonrisa radiante tan cálida, que derritió hasta el hielo del rostro de ella, y le entregó el paquete con estas palabras:

– Soy un mal matemático, pero créame que ha comprado artículos muy finos esta Navidad. Espero que hagan muy felices a las personas para quienes los compró. ¡Feliz Navidad!

Y una vez que dijo eso se dedicó al siguiente cliente, que casualmente era yo.

Descubrí que había sido empleado recientemente de una firma publicitaria muy grande. Antes de que comenzara a trabajar, lo habían enviado, como él decía, "para conocer al gran pueblo estadounidense". Verdaderamente estaba en un lugar donde podía conocer al público bastante bien; le pregunté:

– ¿Y qué le parece?

– Bueno –dijo–, me gusta bastante; solamente ¿por qué será que todo el mundo está tan enloquecido? Atacan mi mostrador desde todas las direcciones, y pareciera que todos han perdido completamente la razón. No sé por qué están así; dudo de que ellos mismos lo sepan. Están comprando regalos navideños para hacer felices a las personas y, sin embargo, están todos enojados. Pero

—agregó— tengo un secreto: yo no los dejo que me desordenen. Les doy una gran sonrisa y los trato agradablemente; eso los quiebra a todos, sin excepción.

Este joven había dado justo con la técnica para no estar agitado. Si la mantiene durante toda su vida, será un hombre de éxito. Se relajó, le daba su atención a un cliente por vez, y "hacía resplandecer una gran sonrisa". En otras palabras, había conseguido dominar la habilidad para separarse. Por lo tanto, la irritación no tenía poder sobre él.

Robert Louis Stevenson hizo una declaración muy sabia: "Las mentes calmas no pueden quedar perplejas o asustadas, sino que atraviesan la fortuna o los desastres con su propio ritmo privado, como el ritmo del reloj, especialmente en las noches de tormenta". Eso es realmente discernir un trozo de sabiduría.

Tengo una pequeña granja en el campo, un lugar que tiene más de ciento cincuenta años. Tenemos algunas cosas antiguas en varias partes de esa casa, incluyendo relojes. Hay algo fascinante referido al "tic-tac" del reloj, especialmente en la quietud de la noche. Uno de esos viejos relojes está en el comedor. Un día tuvimos un huracán violento. Los grandes cedros parecían doblarse a la mitad bajo los vientos arrasadores. La lluvia golpeaba los ventanales. Los mismos cimientos de la casa parecían crujir.

Pero el viejo reloj actuaba como si no hubiera tormenta: "Tic-tac, tic-tac", decía quietamente. Si el reloj hubiera sido un ser humano moderno, habría aumentado la velocidad de su ritmo como para gritar con nerviosismo: "¿No es esta una tormenta terrible? ¿Qué haremos, qué haremos?" Sin embargo, el reloj estaba midiendo el tiempo que tiene sus raíces en el centro de las estrellas. Estaba midiendo décadas, generaciones, eones, no unos meros minutos nerviosos. Por lo tanto, continuó normalmente "a su propio ritmo privado".

Un hombre que ha cultivado *"la paz de Dios que sobrepasa todo entendimiento"*, no se agita por las pequeñas tormentas de la vida.

Su vida tiene raíces en algo eterno, por lo tanto continúa "a su propio ritmo privado como el tic-tac del reloj durante las tormentas".

El ya desaparecido William Jennings Bryan, uno de los más grandiosos oradores de nuestro tiempo, perfeccionó este arte. Hace algunos años un amigo mío pasó con Bryan todo un verano. Durmió junto con él en hoteles del campo. Aún en bancos de estaciones de tren. Una noche se recostaron en unos transportadores de equipaje en algún lugar en las montañas de Tennessee, mientras que esperaban el tren. Durante ese tiempo cierto diario estaba atacando a Bryan sin misericordia. Mi amigo estaba muy enojado por eso. Esa noche le dijo:

– Sr. Bryan, ¿por qué no se molesta y enoja o se pone nervioso por los ataques que este diario le lanza?

– ¿Qué diario? –preguntó el Sr. Bryan.

– Bueno –dijo mi amigo–. ¿No sabe? –Y nombró el diario.

– Ah, ese… Bueno, verá, nunca leí diarios que me atacaran. Solamente leo los otros. Los diarios que me atacan no me parecen lógicos –concluyó Bryan con una risita.

¿Podría decirse que Bryan era una mente cerrada? En absoluto. Bryan sentía que las posiciones que tomaba eran las correctas. Hacía lo mejor que podía y después continuaba "en buenaventura o en desventura… como el tic-tac de un reloj durante una tormenta". Si hubiera leído los diarios que lo atacaban y se hubiera permitido irritarse, lo que hubiera hecho después hubiera sido lo que los demás querían que hiciera. Querían que respondiera con enojo, porque sabían que "aquellos que los dioses quieren destruir, primero los provocan a ira". Bryan era un hombre religioso. Tenía en su interior la paz de Dios. Sus enemigos no podían desequilibrarlo.

Mahatma Gandhi también practicó esta fórmula. El líder nacionalista de setenta y cinco años, dijo que había planificado vivir otros cincuenta. Dijo que su plan para llegar al siglo y cuarto incluía abundancia de humor, dieta equilibrada, evitar toda clase de estimulantes, dormir lo necesario, negarse al enojo, a molestarse, airarse o perturbarse, resignación a la voluntad de Dios y orar dos veces diariamente.

Tengo un amigo, una figura pública que recibe ataques bastante violentos con cierta frecuencia. Nunca muestra agitación.

– No te entiendo –le dije un día–. Pensaría que algunas veces podrías estar perturbado por causa de lo que dicen de ti.

– No me molesta –me dijo.

– ¿Por qué no? –Le pregunté.

– Tengo dos fuentes de paz que nunca fallan –me contestó–. Una son las historias breves de Tolstoi; la otra, un libro conocido como el Nuevo Testamento. ¿Sabías esto? –dijo con cierta malicia– es algo gracioso este asunto de hablar cosas poco amables, o mal de una persona. Apunta ahora tu dedo hacia mí dijo.

Así lo hice.

– Ahora ¿qué están haciendo los otros tres dedos? ¿Te señalan a ti, no es cierto? Como ves yo gano tres a uno.

A propósito, es un buen truco para emplear la próxima vez que alguien le diga algo feo. Cuando alguien lo señala con un dedo, hay tres dedos acusadores que lo señalan a él.

La persona que es organizada, calma y controlada en su mente por la práctica habitual de la fórmula de fe, puede vivir sin tensión. El secreto es desarrollar el arte de apartarse, la habilidad de vivir por encima de la agitación.

Uno de los más seguros métodos de vencer la agitación es ponerse usted mismo en contacto con el proceso recreativo de la naturaleza. Toda la naturaleza está en constante proceso de recreación. Cada primavera lo vemos demostrado. Los árboles, flores y pasto están a tono con el fluir de la energía que está siempre presente en la tierra. Cuando es creado, el hombre no se instala por sí solo como un reloj cuando le dan cuerda. Se parece más al reloj eléctrico que constantemente se da cuerda a sí mismo por estar conectado con la energía automática y constante.

El proceso se describe en uno de las más sabias y notables declaraciones de La Biblia: *"En él [Dios] vivimos nos movemos y somos"* (Hechos 17:28). Es decir que si uno se mantiene en continuo contacto consciente con Dios en pensamiento y acciones, tiene vida, energía y la totalidad del ser.

Esto puede hacerlo recordando diariamente que "en Él estoy viviendo, teniendo nueva energía, y tomando conciencia de la totalidad de mi propio ser".

Tome tiempo cada día para afirmar que el proceso recreativo se está produciendo en usted, en su cuerpo, mente y espíritu. Un nuevo sentimiento vivificante de vitalidad y anhelo viene a usted siguiendo esta simple práctica.

Un doctor me llamó por teléfono y dijo:

– Tengo un paciente por el que ya no puedo hacer nada más. Piensa mal. Y ese es su campo –concluyó el doctor– y si usted lo recibe, se lo derivo.

Le pregunté al doctor qué sugería que podía hacer por su paciente, y me respondió:

– Enséñele a pensar distinto. Le sugerí que intentara memorizar pasajes de Las Escrituras hasta que llenara su mente de todas esas ideas sanadoras, y las otras ideas destructivas fueran expulsadas. Por supuesto, usted sabe que no puede forzar a salir una idea de la mente solamente por estar dispuesto a hacerlo, sino poniendo una idea más fuerte que desplace el pensamiento que está causando daño.

Quedé impresionado de que un médico tan actualizado pudiera hacer una sugerencia simple y, sin embargo, aparentemente sabia, y me dispuse a tratar al hombre.

El paciente residía en el Condado de Westchester y estaba relacionado por sus negocios con la ciudad de Nueva York. Tenía "nuevayorkitis" una enfermedad que es la combinación de ansiedad, prisa, tensión y pánico todo envuelto en uno. "La nuevayorkitis" literalmente hace pedazos a las personas. Es un producto de la alta velocidad de la vida metropolitana, y por lo tanto no se limita solamente a la ciudad de Nueva York.

Cada mañana era hábito de este hombre llegar a la ciudad en el tren de las 08:29 que apenas tomaba luego de salir corriendo de su casa a las 08:28. En el tren leía el diario, y se iba poniendo cada vez más y más enojado a medida que leía. Antes de llegar a la ciudad, estaba lleno de ira. Por la tarde salía con el tren de las 17:19 que tomaba a las 17:18 y quince segundos. Nuevamente leía el diario y nuevamente se enojaba. Como resultado, no estaba lejos de un ataque de nervios.

Se disgustó cuando le sugerí que el doctor y yo, los dos, pensábamos que su sanidad se produciría si se proponía memorizar pasajes de Las Escrituras.

– Entonces lo que quieren es que vuelva al departamento infantil de la Escuela Dominical –dijo despectivamente.

– Sí –le dije–, puede ser que tenga una religión formal y ética, pero no sabe la técnica simple de aplicar la fe cristiana, así que tenemos que comenzar con usted desde el ABC.

Le expliqué cómo nuestro plan le aportaría ideas nuevas que gradualmente expulsaría los pensamientos agitados, y extendería un aceite sanador de paz y quietud por toda su mente.

Tenía buen cerebro y captó la idea; la simplicidad y lógica lo atrajeron. Estuvo de acuerdo y dijo que seguiría nuestra "receta". Como lo sugerí anteriormente, una gran mente tiene la capacidad de ser simple; de hecho una mente que no puede ser simple no es un cerebro de primera clase. Esa es la razón por la que el más grande Maestro dijo que si queremos ser expertos, debemos "volvernos como niños", esto significa ser simples, ingenuos, sencillos.

Este hombre hizo como le dijimos y un día, luego de casi seis meses, el doctor me llamó por teléfono y me dijo:

– Nuestro paciente está curado. Tiene control de sí mismo ahora. Su visión mental ha cambiado y se siente mejor en todos los aspectos. Nuevamente estoy impresionado por el asombroso poder recreativo de la simple práctica cristiana.

Poco tiempo después hablé en la ciudad de Buffalo delante de una gran audiencia. Era una noche cálida y hablé con entusiasmo. Luego le di la mano a cientos de personas. Un hombre me dio unos golpecitos en la espalda y me dijo que escasamente tenía tiempo de tomar mi tren. Me llevó volando por la ciudad a una velocidad "vertiginosa", deslizándonos por las esquinas en dos ruedas, finalmente llegamos a la Estación Lackawanna con toda la fuerza y los frenos chirriando.

Llevando dos valijas, corrí desesperadamente para atravesar las puertas y mientras se cerraban tras de mí escuché al guarda decir "todos arriba". Tiré mis valijas sobre la plataforma y subí con un salto al tren en movimiento. No tenía respiración, me ahogaba y estaba temblando. El coche estaba lleno. No había lugar para sentarse, lo único que podía hacer era entrar en mi camarote. Todavía agitado por la experiencia de las dos horas anteriores, me recosté en mi camarote.

De pronto, me di cuenta que me dolía el brazo y alrededor de mi hombro. Me preocupó. Luego parecía que mi corazón palpitaba demasiado rápido. Tontamente traté de tomarme el pulso. Aparentemente tenía veinte palpitaciones por encima de lo normal. Me vino el pensamiento de que las personas a veces mueren en los camarotes de los coches Pullman y pensé: "¿No sería terrible morir aquí en este camarote?" Se me cruzó por la mente un posible titular del diario: "Pastor muere en un camarote".

Luego recordé la sugerencia de que uno puede aquietarse leyendo. Desafortunadamente, el único material de lectura que tenía a mano era un libro sobre política exterior de los Estados

Unidos, que obviamente no estaba diseñado para llenar la mente de paz. Luego se me ocurrió que si la receta que le di al hombre del Condado de Westchester le había dado resultado ¿por qué no podía pasar lo mismo conmigo? "Practica lo que predicas", me dije a mí mismo.

Por lo tanto comencé a repetirme una cantidad de pasajes de Las Escrituras. Luego recordé que un psicólogo había dicho que es más efectivo verbalizar en voz alta cualquier declaración diseñada para afectar la mente; entonces comencé a recitar estos pasajes de Las Escrituras en alta voz. ¿Qué pensaría el hombre que iba en el camarote de arriba? No lo sé. Pero me quedé allí recostado recitando todos los versículos de Las Escrituras que podía recordar y que se relacionaban con la quietud, la paz, la fe.

Al poco rato comencé a aquietarme. Me sobrevino una pesadez, y una profunda sensación de descanso pareció extenderse por todo mi cuerpo. Cuando volví en sí era de mañana y estaba en Hoboken. La ruta del ferrocarril de Lackawanna es tortuosa a través de las montañas de Pennsylvania, pero me dormí tan profundamente que me tuvo que despertar el guarda.

Era una mañana lluviosa, gris, triste, no estaba diseñada para levantar el espíritu. Sin embargo, parado en la proa del ferry, que cruzaba el río, observé las gaviotas que bajaban y sobrevolaban como nunca antes las había visto con tal gracia y belleza. Nunca antes había observado la hermosura de las gaviotas, pero ahora pensaba que no había visto en otra oportunidad una manera más graciosa y exquisita en la cual los pájaros se deslizan con el viento. De pronto pensé que todo era maravilloso, y me di cuenta que jamás me había sentido mejor en mi vida.

Tenía una sensación de salud, energía, vitalidad y una conciencia de estar vivo, que era positivamente jubilosa. Sentí que una profunda felicidad estaba burbujeando. Me descubrí diciendo: "Es maravilloso estar vivo", y contemplé con entusiasmo las responsabilidades que tendría ese día. De hecho, nunca tuve un día mejor en mi vida.

Me di cuenta que inconscientemente había descubierto una ley, una de las más grandiosas, es decir, la fórmula para la recreación de un ser humano a través de la práctica de la fe. Es una ley que puede revolucionar su vida. Puede cambiar al mundo entero, porque puede hacer de usted alguien diferente.

CAPÍTULO 11

Cómo conseguir la felicidad matrimonial

UNA VIDA MATRIMONIAL FELIZ es posible para aquellos que apliquen unos pocos, simples principios de sentido común. Las "complicaciones" que se dice que destruyen tantos matrimonios modernos no son inevitables. En verdad, el problema matrimonial con frecuencia lo han complicado demasiado los "expertos".

He aconsejado parejas de casados durante muchos años en el corazón de la más grandiosa ciudad de los Estados Unidos y, como resultado, estoy convencido de que muchos de los matrimonios que están en lo que pareciera el "punto de ruptura" pueden mantenerse juntos firmemente y de manera permanente, si aplican los principios bosquejados en este capítulo. Estos principios no están desarrollados como proposiciones teóricas. Se los declara como resultados del trabajo de laboratorio con cientos de parejas en la relación confidencial con un consejero espiritual.

La función de un consejero no es considerar los problemas de la disputa entre un esposo y una esposa, e intentar sabiamente solucionarlos desde una sabiduría superior. Aún cuando fuera posible ejercitar el juicio a la perfección y contribuir con el consejo más profundo posible, aún así en la mayoría de los casos, el resquebrajamiento que causa la disputa, permanecería. Cuando un matrimonio llega al punto de un serio desacuerdo, probablemente no pueda arreglarse completamente en base a la lógica o a la consideración de juicios. Algún tratamiento positivo debe darse a las causas básicas que han arrojado al esposo y la esposa a un campo de batalla, uno contra el otro.

No me preocupa una cantidad moderada de desacuerdo o aún disputas, porque no es nada fuera de lo natural que cierta cantidad de conflicto suceda entre seres humanos que viven en forma tan cercana. Nunca me ha impresionado la declaración que con frecuencia hacen un esposo y una esposa que han vivido juntos durante, digamos, cuarenta años, y jamás han discutido. Dejando de lado la pregunta sobre la veracidad de esta aseveración, aún queda para considerar lo aburrida que sería la existencia para dos personas que vivan juntas en un plano tan insípido en el que nunca tengan una discusión. Una buena, intensa diferencia de opinión llevada con energía, no es mala para los seres humanos, siempre que no dejen que el Sol descienda sobre la ira. Si acarrean de un día para el otro irritaciones acumuladas que han surgido por desacuerdos personales, en casos extremos pueden llegar a desarrollarse serias divisiones. Discuta los temas si es necesario, pero resuélvalos y perdone cualquier aspereza antes de ir a dormir por la noche. Permita que el paso de un día al otro sea testigo de una unanimidad de espíritu, más allá de las divisiones de opinión que puedan haber ocurrido durante el día.

Mientras es común hoy racionalizar la mayoría de las fallas del matrimonio, partiendo de la base de que los componentes de la pareja no se ajustaban uno al otro por naturaleza, es una realidad que la mayoría podría haber hecho los ajustes si hubieran tomado la situación en sus manos y corregido unas pocas simples fallas.

Por ejemplo, una de las necesidades más básicas de la naturaleza humana es el deseo de ser apreciado. Nada menos que William James lo declara así. William James fue uno de los más distinguidos estudiosos de la historia estadounidense. Teniendo en cuenta la importancia y extensión de sus trabajos, podemos considerarlo una de las más grandiosas mentes que se desarrollaron en este continente. Era un eminente filósofo y uno de los pioneros en la ciencia psicológica. En un período de su vida William tuvo una enfermedad muy prolongada, en el curso de la cual un amigo le envío una planta de azalea en un maceta, junto con unas palabras personales de aprecio.

Al contestar este afectuoso regalo, el distinguido filósofo-psicólogo dijo que le había recordado una inmensa omisión de la cual se declaraba culpable en los escritos de su inmortal obra sobre psicología. Había descubierto con disgusto que omitió de su libro de texto la más profunda cualidad de la naturaleza humana, es decir, el deseo de ser apreciado.

Que los esposos y esposas se graben este hecho en sus mentes y nunca lo olviden. Sin duda que deberían recordarse a sí mismos constantemente que *toda persona desea ser apreciada*. Actúe de acuerdo a esto y habrá cortado de raíz muchos de los problemas matrimoniales.

El esposo que alcanza algunos logros en su trabajo, desea el aprecio de su esposa. Cuando ha trabajado todo el día y llega a la casa cansado, es un error serio de parte de la esposa tomar todo por descontado. Debe decirle cuánto lo aprecia como esposo y como persona individual. Es tan fácil decir: "Estoy orgullosa de ti". Y logrará maravillas.

Si la cena está buena, que el hombre la aprecie *y lo diga*. Si no es buena, *no lo diga*, pero encuentre alguna otra cosa para mostrar su aprecio. Viva en esperanza, tal vez la próxima vez todo salga mejor. Piense en apreciar antes que criticar. Si hay algo que criticar, establezca una conferencia familiar y ponga todo sobre la mesa, pero no dé tijeretazos ni complique todo, ni condene ni mire de reojo. No desarrolle el hábito de ver las cosas que están mal. Acondicione su atención hacia las cosas que están bien y aprécielas, *dígalo*, y hágalo *con frecuencia*. Le hará a la esposa un muchísimo bien.

Y ahora vayamos a los casos...

Una joven, que obviamente tenía una gran aflicción mental, vino a consultarme. Expresó que estaba considerando seriamente dejar a su esposo.

De su historia pronto se dejó ver que lo único que necesitaba era un poco de aprecio común. Alguna autoridad mucho más profunda podría llamarlo afecto, pero para mí era más simple que eso.

Hablé con el esposo y me dijo:

– No, ella no me dejará jamás.

– No esté tan seguro –le dije.

Me miró pasmado.

– No va a hacer eso. ¿Qué haré sin ella?

– ¿Alguna vez le dijo que no podría estar sin ella? –le pregunté.

– Bueno, no –me contestó–. No me gustan ese tipo de frases y, además, ella lo sabe.

– Es posible que lo sepa, pero igual quiere que se lo diga.

– ¿Por qué? –me preguntó.

– No me pregunte por qué –le contesté–. Es así con las mujeres (pero no es solamente las mujeres; todos tenemos este profundo deseo intenso de ser apreciados, del cual hablaba William James).

– Por casualidad ¿le ha llevado flores o dulces últimamente?

Era un hombre enorme, algo torpe.

– ¿Cómo cree que me vería yo llevando flores a casa? Parecería un tonto trayendo un ramo –dijo resoplando.

– No importa –le contesté–, mi receta profesional en esta situación es que invierta en algunas flores y le diga a su esposa que no sabría qué hacer sin ella.

A regañadientes aceptó hacerlo, y como después quedó demostrado, esa actitud era todo lo que se necesitaba. Quebró la frialdad entre ellos, disipó los malos entendidos y estimuló el fuerte afecto original que básicamente existía entre ellos.

Soy consciente de que esto puede ser visto como algo demasiado simplificado, y sé que en los serios desacuerdos de matrimonio esto puede no ser efectivo, pero en los escalones previos el aprecio simple es uno de los más importantes principios relacionados a la felicidad matrimonial.

Grandes problemas se van desarrollando a partir de pequeños comienzos. Una falta de aprecio que se revela en las pequeñas cosas, puede crecer hasta que se transforma en un factor de gran división. Aún puede llegar a ser una barrera casi imposible de remontar.

Una esposa que viajó varios kilómetros para verme, me presentó el caso de su matrimonio que dijo que se estaba derrumbando. En sí, ella y su esposo estaban viviendo separados hacía ya un tiempo, pero había suficiente deseo de ambos por mantenerse juntos para poder reunirse en Nueva York y visitar la clínica de nuestra iglesia, a fin de exponer sus problemas.

La pareja estaba a mitad de sus treinta años. De buenas familias, eran graduados universitarios y gente extraordinariamente inteligente. Resultó ser que el hombre había tenido varias aventuras extra matrimoniales que abierta y cruelmente describió en la presencia de su esposa, dado que en ese momento particular los veía juntos. Luego intentó impresionarme con el hecho de que una mujer con la cual el decía haber tenido "una hermosa aventura de amor", y que describía como el parangón de la virtud era, como finalmente llegó a admitir, no tan correcta en pureza.

En conversación privada con el esposo le pedí que fuera objetivo, que separara las reacciones emocionales lo más lejos posible, y me dijera cuál pensaba él era la razón por la cual su esposa y él comenzaron a apartarse. Para mi asombro, lanzó una vigorosa perorata contra su esposa, alegando que era muy mala ama de casa, además de ser personalmente desaliñada. Su queja era que ella no pensaba demasiado en él –es decir, no lo apreciaba lo suficiente– para cuidar apropiadamente el hogar. Aparentemente disfrutaba cuando salía con "las muchachas". Estas muchachas eran sus amigas de la universidad y eran fanáticas jugadoras de bridge. Era común que se reunieran en algún lugar conveniente para almorzar y jugar toda la tarde. Esto sucedía varias tardes por semana.

Ya entrada la tarde ella corría a casa, hacía algunas pequeñas cosas, terminando con una cena improvisada. Con frecuencia las camas estaban sin hacer hasta la hora de dormir. El desorden que normalmente se acumula en un hogar iba quedando. Esto, decía él, era más de lo que podía soportar.

– Puede ser que sea exigente, pero cuando llego a casa, pienso que tengo el derecho de encontrar por lo menos el lugar ordenado, una comida decente sobre la mesa y, sin duda, las camas hechas.

Aparentemente, era un hombre algo minucioso.

– Antes de casarme –declaró– mi cama estaba mejor hecha que después de casarme con ella.

Es más, se quejaba: ¿por qué es que las mujeres dejan que las enaguas se les vean todo el tiempo?

Mientras que simpatizaba con él y compartía sus puntos de vista sobre las dos cosas: el cuidado de la casa y las enaguas, veía que era necesario recordarle que cuando se casó con esta mujer no la contrató como ama de casa. Le señalé que hizo un contrato para vivir con ella, no como un hombre con una ama de casa, sino como un hombre con su esposa, que se suponía que debían transformarse en uno solo, compañeros sagrados para toda la vida. También le señalé que los dos pequeños hijos no habían pedido que los trajeran al mundo él en sociedad con su esposa, y que simplemente había quebrado el contrato por no haber pensado ni en los dos muchachos ni en el sagrado acuerdo, sino en su propia comodidad y las cosas que le agradaban.

La conversación reveló que aún tenía lazos muy fuertes con su esposa, aunque había una considerable acidez en su relación.

Luego, conversando con la esposa, observé que él tenía razón: se le veían las enaguas. Su cabello estaba algo desarmado. Era una mujer básicamente agradable, pero estaba descuidadamente vestida. Le pregunté si le gustaba cuidar de la casa, y su respuesta no dejó ninguna duda:

– Directamente odio cuidar de la casa –declaró.

Se quejaba que uno de los problemas más grandes que tenía con el esposo era que él no ganaba lo suficiente como para que ella tuviera una ayuda en la limpieza.

Le señalé que cuando se casaron, el contrato matrimonial no decía nada sobre tener una ayuda en la limpieza. Es más, le dije que ella era suficientemente joven para trabajar con todas sus fuerzas en el hogar, y que eso iba a hacerle bien. Le pregunté si salía con las "muchachas" como ella las llamaba, y me dijo que "era así". Le pregunté si no le parecía que una vez a la semana no sería suficiente para sus reuniones de bridge con "las muchachas". También, con toda delicadeza, le sugerí que no dejara que se vieran sus enaguas debajo de la ropa, y que hiciera las camas enseguida de tomar el desayuno, que ordenara los diarios y barriera. Le dije que aunque yo no era ama de casa, aún así sabía que si se organizaba con el tiempo y las actividades, podría ordenar el lugar en muy poco tiempo.

Quiso saber por qué un pastor del cual esperaba algún consejo espiritual puso todo su énfasis en la manera en que ella se peinaba o si se le veían las enaguas, y en el mejoramiento del cuidado de la casa. Le contesté que esos parecían ser los puntos problemáticos.

Él tenía "algunas"deficiencia que admitió y con las cuales

tratamos. Las entrevistas finalizaron con mutuas promesas de que el principio del aprecio se aplicaría, y que estas obvias deficiencias serían corregidas.

Puesto que este capítulo puede ser leído por personas cuyo matrimonio ha terminado en divorcio, quiero decir algo para ayudarles a ajustarse a esa situación. Con frecuencia una experiencia así puede resultar en una conmoción severa de la personalidad. Puede hundir la vida de uno y bloquear completamente la felicidad. Pero aún para esta trágica situación, hay respuesta, tal como lo descubrió la joven mujer que escribió la siguiente carta al autor:

Quiero decirle que este libro, *"El arte de vivir"*, ha salvado mi vida y mi razón, y ha traído a Jesucristo a mi cerebro torturado, mi alma hambrienta y mi corazón quebrantado. Verdaderamente lo necesitaba tanto como todo ser humano viviente lo necesita. También me ha salvado de un colapso nervioso.

Tengo trasfondo religioso, pero cuando llegué a la Universidad me desinteresé de todo, excepto de los placeres de este mundo material, y creo que a partir de entonces he sido prácticamente una atea, creía únicamente en la Regla de Oro. Si hubiera tenido una fe personal y la hubiese vivido, seguramente no hubiera pasado por la confusión que pasé.

Cuando tenía veinticinco años estaba casada y fui feliz durante cinco años, tenía un hijo, pero al llegar a los treinta años mi esposo me abandonó por una jovencita de diecinueve. Intenté durante diez años mantener mi hogar unido, sin saber qué hacer o a dónde dirigirme. Él continuó con ella durante cinco años, en ese período tenía tanto temor de mi esposo que ni siquiera me animaba a enfrentarlo. ¡Si tan solo hubiera ido a ver a un hombre de Dios que me pudiera haber ayudado! Desde entonces, no nos volvimos a unir y rara vez hablábamos. En 1946 estaba tan exhausta por su crueldad mental, que me rendí y conseguí el divorcio para poder salvar mi cerebro y mi espíritu.

Después supe que estaba comprometido con esta misma joven, y en un abrir y cerrar de ojos todo mi viejo amor volvió –fue como si la agonía de diez años no existiera– y con mi amor vinieron emociones de odio, venganza, celos e ira, me atacó un temor tan enfermizo que no podía comer ni dormir, y estaba débil y aturdida. Catorce días después supe que tendría que llamar un doctor, aunque sabía que un doctor no podía curar mi temor ni mi corazón quebrantado. Iba de un lado al otro de mi cuarto y le dije a mi hermana: "Tengo que conseguir ayuda en alguna parte". Tratando de sacar a mi mente del terror, elegí una copia de su libro. Al comenzar a leer, de alguna manera me sentí mejor. El capítulo sobre el temor me ayudó mucho, y repentinamente me pareció que me sentía segura –y sí, no estaba sola– igual que un torrente desatado que se derramó sobre mí supe la respuesta: el bendito Señor Jesús. ¿Dónde he estado todos estos años de pesadilla, temor, agonía y destrucción de espíritu? Entonces leí su maravillosa frase: "El cristianismo no es un credo para ser recitado, sino un poder al cual estar conectado". Y recordé el versículo bíblico: *"No temáis, porque estoy con vosotros"*. Estos dos pensamientos quedaron conmigo: poder y seguridad. Hablé con mi hermana sobre esto, y mientras miraba sus hermosos ojos celestes, llenos de amor, compasión y lágrimas, supe que lo había encontrado a *Él*.

Luego de eso pude comer y dormir, y siempre que aquellos horribles pensamientos de deseos de matar, amargura, aflicción y dolor del corazón seguían regresando, miraba al cielo y mantenía mi mente fija en el amor y el sacrificio de Cristo, y a partir del mes pasado han ido desapareciendo gradualmente. He orado constantemente para recibir gracia y bien, leyendo mucho La Biblia, y mi mente está sana. Aparte de eso siento que he descubierto algo maravilloso, que me sostendrá frente a cualquier cosa que tenga que enfrentar en la vida en el futuro. Y no veo a mi esposo como un malvado, falto de corazón, sino como un hombre infeliz y desolado, que también estuvo buscando consuelo y ayuda todos estos años, y ahora está tratando de encontrarlo en los brazos de otra mujer en vez del lugar correcto. Este pensamiento me ha ayudado a quitar toda la amargura, y en ese lugar ha quedado un sentimiento de compasión y un sincero deseo de que él pueda encontrar la felicidad. Sé que si alguna vez se encuentra con Dios regresará a mí, porque tuvimos un amor maravilloso, y los dos amamos tiernamente a nuestro hijo. No tengo manera de ayudarlo, excepto a través de la oración, porque está muy amargado por la vergüenza del divorcio, y no quiere verme, pero tal vez Dios le muestre el camino. Si esa es su voluntad. Si no es así, sé que puedo continuar, y seré útil para mi hijo y para otras personas.

Otro principio de importancia básica para preservar la felicidad matrimonial es decidir cuánto ama a sus hijos. El esposo de una famosa actriz de cine de Hollywood, me dijo que cuando alguno de los agentes de prensa de Hollywood le sugirieron por primera vez el divorcio de su esposa, y podría decirse que hasta lo instigaron –aunque no de manera deliberada– dijo que no podría haber divorcio porque, exclamó:

– Tenemos al bebé y ¿qué haremos? ¿Lo cortamos en dos?

Su expresión es muy acertada, porque eso es exactamente lo que sucede con frecuencia a los hijos de un hogar quebrado. No son cortados físicamente en dos, pero con frecuencia lo son emocionalmente. A través de mi larga experiencia en una clínica religioso-psiquiátrica, puedo asegurar que muchos de los adultos con los que he trabajado sobre el tema de la personalidad dividida, conflictos interiores, temor obsesivo y actitudes de inferioridad, eran así por ser hijos de matrimonios quebrados.

En lugar de pensar egoístamente en ellos mismos, que los padres piensen en el futuro de sus hijos. El sentido de responsabilidad tiene que tener algún peso para las personas de integridad. Tal vez si los padres supieran lo que piensan sus hijos, podría ayudarlos a evitar algunos errores que hunden la vida del hogar y causan agonía. En un análisis final los hijos son de primera y final importancia para un hombre y su esposa: es decir, si un esposo y su esposa son personas auténticas. Cuando un niño llega a una pareja, es de mayor importancia que su propia "felicidad" personal –usando esta palabra a la manera de Hollywood–.

Cierto día, hace algunos años, un jovencito vino a verme. Tenía catorce o quince años, y se veía muy nervioso. Estaba al borde de las lágrimas. Mientras apretaba y soltaba sus manos la sangre venía y se iba de sus nudillos.

– Debo hablarle –estalló–. No puedo hablar con mi madre ni con mi hermana. No tengo con quien hablar. Debo hablarle a usted.

– Te escucho, hijo, ¿qué sucede? –le dije–. Puedes hablarme. Cuéntame cualquier cosa que esté en tu mente.

– Bueno –dijo, con gran indecisión–. Quería preguntarle… mi-mi-mi papá ¿está bien?

– ¿Qué quieres decir , hijo, si tu padre está bien?

– Quiero decir –tartamudeo–, ¿está bien? Lo que dicen de él no es eso ¿no es así? Por favor, dígame la verdad –me demandó.

– Admiro mucho a tu padre. No sé nada malo sobre él… ¿Qué estás pensando?

– Bueno –dijo–, en la escuela se ríen de él y murmuran… está confundido con alguna mujer. ¿Es así?

El muchacho tenía, obviamente, el corazón quebrado y sufría una intensa agonía. Así que le dije:

– No pienso eso, hijo, pero aún si fuera así, debes actuar como un hombre.

– ¿Debo contarle a mi madre? –me preguntó–. ¿O mejor voy directamente a mi padre?

– No –respondí–, no le cuentes a tu madre y no puedes hablar con tu padre de algo así. Solamente ora por él y sigue creyendo en él. Sigue amándolo y teniendo fe en él.

No hice nada al respecto durante algunos días, pero me preocupaba. No quería creerlo tampoco, pero comencé a tener dudas, por lo tanto pensé que era mi obligación ver a este padre. Naturalmente, estaba muy enojado y me dijo que no me entrometiera. Era la actitud que esperaba.

Le dije:

– Solamente vine a verlo por causa de su hijo. Tan solo quiero contarle cómo se siente él.

Le conté sobre la entrevista, y dije:

– Va a perder a este muchacho si no es un poco más cuidadoso. El nombre suyo está siendo mencionado de una manera que humilla al joven. Puede enojarse conmigo todo lo que quiera, pero simplemente le estoy advirtiendo. Mejor que piense un poco. ¿Quiere al muchacho o a la mujer?

No me respondió, pero se sentó en su escritorio, malhumorado, enojado, la cara color cenizas, trataba de controlarse.

Pocos días después vino a verme y me dijo:

– Bien, creo que es mejor sacarme esto de adentro. Sí. Es así. Realmente no quería hacerlo, pero lo hice. Ahora estoy en esto y me encuentro atrapado. Creo que soy un perro sucio y me odio a mí mismo. Mi esposa es la mujer más buena del mundo.

Luego se volvió y me miró con temor, casi con fiereza, y me dijo:

– Mi hijo no cree esta historia ¿no es verdad?

– No por ahora –le respondí–, porque le dije que no era así. En aquel momento realmente no pensaba que era así.

– Bueno –contestó–, ¿qué podemos hacer? Hay que hacer algo.

– Hay una sola cosa que podemos hacer –le dije–, y eso es dejar esto. Déjelo ya. Rompa con eso inmediatamente, y luego decídase a empezar una vida diferente. Eso es todo. Simplemente deje eso y enderece las cosas.

Un domingo, seis meses después, recibí a esta familia como miembros de la iglesia. Estaban delante del altar el padre, la madre, la hermana y el muchacho. Hasta el día de hoy desconozco cuántos de ellos supieron aquella historia. Nunca me lo dijeron, pero nunca he visto a alguien más feliz que a ese muchacho aquel día. Puedo ver su cara y aunque estaba allí luchando para contener las lágrimas ¡sin embargo, sonreía! Era como la luz del sol en medio de la lluvia.

Eso sucedió hace años. El muchacho es un adulto ahora, y es un hombre correcto. La hermana está casada y tiene su propia familia, y el padre y la madre están en el hogar solos, pero viviendo juntos muy felices. Sus cabellos se están volviendo grises ahora, pero aunque parezca extraño, toda la felicidad, el gozo y el éxito les han venido. Tienen un hogar religioso y están muy orgullosos del muchacho, y ustedes deberían ver qué orgulloso está él de ellos, especialmente de su padre que, obviamente, ha sido es y será por siempre su ídolo.

El muchacho ha tenido mucho éxito en la vida, una personalidad magnífica, pero de haberse quebrado ese hogar, estoy convencido que él también se hubiera quebrado. Los matrimonios que se rompen con mucha frecuencia quiebran a los hijos, y no hay escape a este hecho. Uno nunca puede resolver esa culpa. Lo perseguirá en su mente subconsciente. Volverá agria toda "felicidad". Es algo para tener en cuenta cuando está luchando por la felicidad matrimonial. Piense seriamente sobre este tema, y tal vez pueda resolver sus diferencias.

Como es de esperarse, este autor cree que la religión personal y la religión en el hogar es la mejor de todas las respuestas al problema de la felicidad matrimonial. Junto con el autor creen esto psiquiatras, asistentes sociales, jueces y otros cuyas ocupaciones los mantienen en contacto con los problemas matrimoniales.

Y deberíamos estar todos bien interesados, porque durante el año 1945 hubo un divorcio cada tres matrimonios en los Estados Unidos. Esto, comparado al promedio de apenas uno a seis antes de la Segunda Guerra Mundial y de uno a nueve antes de la Primera Guerra Mundial. En algunas comunidades en la actualidad hay tantos divorcios como matrimonios.*

Un diario de Filadelfia recientemente realizó un simposio sobre la alarmante situación de los divorcios. Durante esa semana específica que estaban reunidos, La Junta de Matrimonios otorgó quinientos treinta y tres licencias matrimoniales, y durante el mismo período las cortes decretaron doscientos treinta y seis divorcios. El diario decía: "No es necesario que usted sea un observador alarmista para agitarse por estadísticas como estas. Algo le sucede a la sagrada institución del matrimonio, no solamente en Filadelfia sino en todo Estados Unidos, porque el porcentaje de divorcios está aumentando en proporciones alarmantes en todas partes. Si quiere atribúyalo a los trastornos post-guerra, o échele la culpa a la influencia de Hollywood. El hecho es que un apabullante número de parejas actuales no ven al matrimonio como un asunto permanente, tal como lo hicieron nuestros padres y abuelos".

El diario convocó a dos distinguidos jueces de la ciudad; ambos habían participado en miles de casos de divorcio, para que expresen su opinión sobre el tema. Luego de analizar las variadas razones para el divorcio, un juez dijo:

– Culpo básicamente a la falta de religión. Donde no hay religión, no hay responsabilidad cívica ni social. Donde no hay responsabilidad social, no hay responsabilidad familiar, y si falta esto todo lo demás se tira por la ventana.

---

* Estas cifras fueron suministradas por la Comisión de Matrimonios y Hogar y el Comité Ejecutivo del Consejo Federal de las Iglesias de Cristo de Estados Unidos, como fuera citado en *The Christian Advocate*, marzo de 1947.

El otro juez declaró:

– Demasiada indulgencia en la bebida alcohólica es una de las causas de desacuerdo en un gran porcentaje de los divorcios que se presentan ante la corte.

Aparentemente, también muchos hombres de negocios mantienen la misma opinión con referencia al valor, primero para prevenir y segundo para resolver las dificultades matrimoniales. El jefe de personal de una de las compañías más grandes de los Estados Unidos, un día me llamó por teléfono y me dijo:

– Tengo un joven y a su esposa aquí en mi oficina; me pregunto si usted podría hacer el favor de hablarles. Este joven –explicó–, ha trabajado para nuestra compañía como jefe de una sucursal en otra ciudad. Recientemente ha comenzado a tener problemas serios. Nosotros en la oficina central, dadas las circunstancias, debemos moverlo de su cargo como representante en esa ciudad particular. De hecho, teníamos pensado despedirlo, pero antes de hacerlo, pensando en su esposa, nos gustaría darle otra oportunidad. No sabemos si se justifica darle esa otra oportunidad. Antes de tomar una decisión final, mis asociados y yo le pedimos que entreviste a esta joven pareja y nos haga saber su reacción.

Este prominente hombre de la oficina de personal nos trajo a los jóvenes esposos a mi oficina, para tener la entrevista.

– Bien –pregunté–, ¿cuál es el problema? Estoy aquí para ayudarlos, por lo tanto, cuéntenme.

El joven contestó:

– Vine a Nueva York para ver a los jefes generales. Querían verme.

– ¿Por qué? –pregunté.

– Bueno, las cosas no andaban demasiado bien.

– ¿Por qué, no? –lo interrogué.

– Me involucré en problemas –dijo.

– ¿Qué tipo de problemas? –le pregunté.

Entonces fue su esposa la que habló:

– Adelante, cuéntale.

– Bueno –dijo–, en nuestra compañía tenemos gran cantidad de mujeres jóvenes. Me equivoqué.

Le dije:

– ¿Con una de las jóvenes?

Confirmó mi sospecha y continuó:

– Me han llamado aquí y me han dicho que he producido tal escándalo, que tendrán que despedirme. Traje a mi esposa conmigo. En la oficina dijeron que era una mala influencia, y que había perdido mi disciplina en la organización. Ahora están decidiendo si me van a dar otra oportunidad en una sucursal distinta de otra ciudad. No sé por qué hice esto, pero les dije que ya había terminado y que iba a decírselo a mi esposa. Dijeron que era mi responsabilidad. Salí y se lo conté. Fue una experiencia terrible, pero le dije todo.

– ¿Cuánto hace que se lo dijo? –le pregunté.

Me contestó:

– Hace media hora.

– ¿Y qué han dicho los gerentes de su firma, después?

– Me enviaron a verlo –contestó.

Me volví hacia la esposa:

– ¿Hay algo más que usted desee saber?

– Sí –contestó–, quiero saber si esta fue la única vez.

– Sí. Fue la única vez –contestó.

No le creí y dije:

– Mejor que nos cuente todo, todo lo que sucedió debe ser

tratado en este momento, y vamos a hacerlo. Cuéntenos cuántas veces. Esta operación hay que hacerla, por lo tanto, hagámosla.

A lo que él contestó vigorosamente:

– Es todo. Le prometo delante de Dios que esta fue la única vez que he sido infiel a mi esposa.

Me volví a la joven mujer y le dije:

– ¿Hay algo más que desea preguntar? Pregunte todo lo que desea ahora, antes de dejar este lugar, porque quiero que me prometa que jamás volverá a hacerle ninguna pregunta. Su mente no debe quedarse fijada en esto, por su propia felicidad futura y su relación juntos a partir de ahora.

Ella hizo unas pocas preguntas más y él las respondió todas.

Entonces le pregunté a él:

– ¿Quiere ser un hombre bueno?

Contestó:

– Con todo mi corazón.

Luego le pregunté:

– ¿Ama a esta joven?

Su respuesta fue un decidido:

– Sí.

Por su parte ella contestó:

– Me resulta difícil decir sí. Pero, en lo profundo de mi ser, sí.

Entonces sugerí que tuviéramos una oración. Sin que les dijera nada se pusieron de rodillas. Le dije al esposo:

– Ore.

Me miró desesperado pero reiteré:

– Vamos, debe orar.

Hubo un silencio largo, largo... y luego comenzó a orar, lenta, dubitativamente, con mucha vergüenza, y después repentinamente volcó todo lo que había estado guardado en su mente. Fue una purga completa del alma. Me conmovió profundamente, pero no fue ni la mitad como cuando ella comenzó a orar. Peleaba con la parte más interna de su alma delante de mis ojos; en mis oídos sonaba una batalla de fe como la que nunca antes había escuchado. Eso me quebró mucho más.

Cuando la atmósfera se aclaró y los dos estaban de pie delante de mí en una de las más primitivas y básicas relaciones humanas, se miraron el uno al otro a los ojos y se buscaron la mirada. Me pareció que pasaron varios minutos y que mi presencia había quedado bastante olvidada. Entonces ella le dijo:

– Si tenemos fe en Dios y uno en el otro, podremos volver a construir.

Antes de que se fueran de la oficina tuve que decirle a esta joven esposa:

– He entrevistado a muchas grandes personas de mi tiempo, pero quiero decirle, jovencita, que es usted uno de los seres humanos más grandiosos con quien me he encontrado.

Y al joven le dije:

– Debe agradecer al Todopoderoso Dios que le ha dado una mujer como esta.

Sus palabras me han seguido desde entonces, porque esta es la gran respuesta a todos esos problemas:

– Si tenemos fe en Dios y uno en el otro, podremos volver a construir.

En esta situación la fe le dio a la esposa el control suficiente para mantenerse y continuar en una crisis terrible en la cual, sin ningún aviso, fue arrojada. También le permitió al joven esposo ser enteramente honesto consigo mismo, una cruda honestidad que evitó cualquier tipo de explicación racional. Se había equivocado, lo sabía y lo dijo con bastante franqueza. Su fe le había provisto una aguda percepción de la exacta línea de demarcación entre lo bueno y lo malo. No se puso a debatir con él mismo, con su esposa ni conmigo si lo que había hecho estaba bien o mal. Lo sabía. Muchas personas que atraviesan a los tumbos una situación así lo hacen, ya sea porque no saben lo que está bien o mal, o de otra manera intentan discutir el asunto no solamente con otros sino, lo que es más trágico, lo discuten con ellos mismos. La fe religiosa nos da un claro entendimiento y conocimiento. Uno *sabe* exactamente qué está bien y qué está mal. Lo que comúnmente se dice: "No jugamos con nosotros mismos".

Por lo tanto, al ser honesto contigo llegas al fondo del problema de una vez. La fe cristiana de estas dos personas también les ayudó a creer que más allá de lo que había sucedido, podían dejarlo atrás; que una vez que aclararon todo, podían construir nuevamente. Las personas que tienen una fe profunda se dan cuenta de que no existen situaciones sin esperanza. Es sabio el hombre aquel que se edifica una fe verdadera, que le servirá contra las crisis que puedan sobrevenir.

*   *   *   *

Nunca será suficiente insistir que todo matrimonio sea construido sobre cimientos espirituales. Una de las más sabias declaraciones que jamás se hayan hecho en La Biblia es: *"Si Jehová no edificare la casa, en vano trabajan los que la edifican"* (Salmo 127:1). Esta declaración está en el Libro que revela más conocimiento preciso sobre las personas que ningún otro libro de la historia. Simplemente afirma el hecho solemne e irrevocable, de que uno no puede edificar un matrimonio exitoso sobre ninguna otra base que los principios de amor, belleza, tolerancia, respeto mutuo y la fe que enseña el cristianismo.

Es muy significativo pensar lo siguiente: las viejas familias estadounidenses tenían reunión familiar de oración en la casa. Hasta hace poco tiempo, la reunión de oración familiar fue uno de los rasgos característicos de la vida feliz de un hogar estadounidense. El porcentaje de divorcios ha ascendido desde el momento en que esto se ha dejado de hacer. Este hecho parecería ser más que una coincidencia. Los matrimonios eran consagrados en oración. El esposo y la esposa oraban juntos, y daban gracias antes de comer. Cuando llegaban los niños, se tenía un período de oración familiar. Esto producía algo en las personas. Les enseñaba cómo vivir juntas y las mantenía libres de esos errores que destruyen el matrimonio.

Inconscientemente, con el paso de los años se construía una integridad, una forma firme de carácter que moldeó un gran pueblo libre y preservó sus instituciones en libertad.

Después de un período de años he descubierto que si se logra que una pareja ore junta desde el primer día de casados, habrán descubierto la más grande prevención contra las dificultades matrimoniales. Me atrevería a decir que no conozco una sola pareja que haya practicando esto, que no haya sido feliz en el matrimonio. Restaurará la felicidad matrimonial de las personas cuyos matrimonios parecen haber entrado en dificultades.

La siguiente es una ilustración convincente. Una joven mujer vino a una entrevista. Estaba muy afligida y me dijo que su vida matrimonial se estaba acercando rápidamente al momento del quiebre. De lo que ella dijo pude ver que la falta residía en gran parte en su esposo. El consejero, sin embargo, debe mantenerse siempre equilibrado, recordando que en todos los casos hay dos lados. Finalmente le hicimos sentir que tal vez ella tuviera algo de responsabilidad por la situación. Su esposo, parece, que era dado a violentas explosiones de carácter con palabras obscenas. Lo pintó como un hombre muy irritable para convivir. Le pregunté si había algo de atmósfera religiosa en el hogar, y ella reconoció que no, en absoluto.

– ¡Ay! –dijo–, mi esposo habla mucho sobre Dios, pero no de la manera que usted dice.

Le bosquejé mi teoría de que cuando un esposo y una esposa oran juntos remontan los problemas por encima de las disputas y se internan en una región donde las peleas se desvanecen, y la paz y el entendimiento perduran.

– ¿Alguna vez dan gracias en la mesa de su hogar? –le pregunté.

– No –me contestó–, cuando vivía en mi casa con mi madre y mi padre siendo niña, dábamos gracias antes de comer. Aprendí una pequeña oración de agradecimiento de mi padre, una que usaba con frecuencia, pero desde que nos casamos, nunca más hemos orado juntos ni damos gracias cuando estamos a la mesa, aunque somos miembros de una iglesia. (Jamás asistían, excepto en Pascua).

– ¿Por qué no comenzar a practicar? –le pregunté–. Cuando se sienten a cenar esta noche, simplemente dígale a su esposo: "Jim, me gustaría volver a dar gracias. ¿Te molestaría?" No se muestre estricta, tímida o demasiado piadosa, simplemente hágalo y luego comience a hablar de otra cosa.

Se la veía dudosa y titubeante, pero finalmente estuvo de acuerdo en aplicar esta receta a su situación matrimonial. Después me contó lo que sucedió. Su esposo se sentó solemnemente a la mesa y comenzó a comer con indiferencia. Ella le dijo suavemente:

– Jim, me gustaría volver a dar gracias. ¿Te molestaría?

El asombro se extendió por todos sus rasgos, pero no dijo nada. Esto siguió así durante dos o tres noches. Escuchaba la voz de su esposa orar. Tal vez detectaba un sonido que no había escuchado durante mucho tiempo. Una noche gruñó:

– ¿Pero quién es la cabeza de esta casa? Yo mismo voy a dar gracias.

Al poco tiempo sucedía que cuando discutían sus problemas, era bastante natural orar. La atmósfera del hogar cambió gradualmente. Las discusiones y los argumentos comenzaron a desaparecer, y tanto el esposo como la esposa me han dicho que es casi un milagro la manera en la cual una simple práctica dio base para una vida matrimonial feliz.

En cierta ciudad estadounidense un hombre dijo que tenían uno de los más hermosos barrios del país. Nos insistía para que fuéramos a conocerlo. Su apreciación era correcta, doscientas a trescientas hectáreas de tierra con paisajes hermosos estaban salpicadas por casas hermosas, cada una de ellas era una bella arquitectura pintoresca. Los residentes de estas casas eran los jóvenes líderes de la ciudad; es decir, dirigían desde el punto de vista del dinero y la posición. El hombre se enorgullecía entusiasmado por estas casas, particularmente por el hecho de que contenían los más hermosos bares hogareños que él había visto jamás. Aparentemente, cada uno de los propietarios competía con sus vecinos para ver quién podía tener el bar más atractivo en su casa.

Le pregunté si estas personas asistían a la iglesia, a lo que contestó con sorpresa:

– No, muy pocos de ellos va a la iglesia, excepto en Pascua, tal vez.

Quise saber si los padres habían asistido a la iglesia.

– Sí, casi todos sin excepción, la generación anterior era gente religiosa.

– Bien –pregunté–, ¿sus padres y madres también tenían bares tan hermosos como los de ellos?

– ¡No! ¡No! –dijo–, no tenían bares.

– Es extraño –comenté–, no puedo imaginarme que un casa esté bien ordenada ¡por tener un bar!

Después pregunté por el estado matrimonial de estas personas, si había muchos divorcios entre ellos.

– Por supuesto –contestó–, la mayoría de ellos se han divorciado. De hecho, solamente tres o cuatro viven con su primera esposa o esposo. –Y luego susurró–: Por acá andan dando vuelta muchas cosas que no se verían muy bien publicadas. Bastante arriesgadas si me lo pregunta –dijo confidencialmente.

No quiero parecer exagerado, pero uno se pregunta si habrá llegado el momento en que el altar familiar ha cedido su lugar al bar familiar. En momentos de reflexión seria cada estadounidense debería preguntarse: ¿Qué le va a suceder al país que substituye con el bar familiar la oración en familia? ¿Existe alguna relación entre el quiebre de la familia y la entrada del licor en la familia en estas proporciones? El lector deberá decidir esta cuestión por sí mismo, sobre la base de la evidencia. ¿Cuál va a mantener un matrimonio unido y hará crecer a los niños con integridad? ¿El altar familiar o el bar familiar?

En la actualidad se ofrecen muchas de las así llamadas soluciones especializadas para los problemas matrimoniales. Innumerables artículos se escriben sobre "¿Qué sucede con el matrimonio?" Todos están cada vez más preocupados por el quiebre de la familia. Los Estados Unidos fueron edificados sobre ciertas instituciones, principalmente el hogar, la iglesia y la escuela. Si el hogar colapsa, ¿qué sucederá con la civilización estadounidense? Cicerón dijo: "El imperio está cerca del fuego".

Básicamente existe un principio para la felicidad matrimonial y el establecimiento de un hogar duradero, y eso es una atmósfera de religión en la familia. Cualquiera sea su religión –Protestante, Católica o Judía– póngala en práctica en su hogar. Es asombroso ver cómo desaparecerán las dificultades que producen infelicidad familiar y matrimonial.

Un ingeniero naval que había estado en el mar durante doce años, se casó con una joven viuda que tenía un hijo. Nunca se había sentido obligado a ajustarse a ninguna situación de familia o negocio. La esposa, que quedó viuda a los veinte, durante diez años había llevado adelante los negocios que heredó de su esposo en un mundo de hombres. Ella se sostenía a sí misma, a su hijo y a su madre con este negocio. La madre vivía con ellos en un pequeño departamento, y trabajaba en la oficina del negocio de su hija.

La joven viuda conoció al ingeniero naval en un club militar durante la guerra. Se casaron enseguida, pero durante los primeros seis meses nunca pasaron más de dos días juntos por vez, y esto era cuando él estaba en el puerto. La guerra finalizó y comenzaron su vida juntos. Él empezó a encargarse del negocio que era propiedad de ella y que ella había manejado. Se mudó al ya superpoblado departamento. En realidad se estaba mudando a un nuevo mundo en todos los aspectos. Tanto el esposo como la esposa eran personas de buena preparación, pero los ajustes parecían tan difíciles que las personas decían: "No podrán hacerlo…". La pareja también se estaba convenciendo que había cometido un error. Estaban hartos, lamentaban haberse casado y se encontraban a punto de quebrar.

Durante este tiempo asistieron a la iglesia con regularidad. Se interesaron en un grupo de parejas de jóvenes casados de la iglesia. Un día contaron con franqueza sus problemas y derrotas con otra pareja que había experimentado y aprendido cómo la fe espiritual puede rehacer y enriquecer el matrimonio. Esta otra pareja de jóvenes los desafió a que dejaran la práctica de mirar constantemente a los problemas de su situación y los que cada uno causaba o agregaba a la condición y, en lugar de eso, intentaran definitivamente pedir la ayuda de Dios.

También fueron desafiados a examinarse cada uno con honestidad, para ver cuáles eran sus propias actitudes erradas, y a tratar positivamente con los resentimientos y temores. Comenzaron a reemplazar estas fallas con entendimiento, paciencia y fe. Fueron animados a buscar cambios espirituales en ellos mismos, y en consecuencia a través de sus cambios personales, cambiar la situación.

Admitieron que lo habían intentado todo, excepto con Dios; hasta habían consultado a un psiquiatra. La idea de Dios como amigo personal y factor positivo de la situación, que Él estaría interesado en los detalles de sus vidas, era algo enteramente nuevo para ellos.

Se unieron a la otra joven pareja para orar en voz alta, y pidieron que este cambio sucediera. Se "rindieron" a la voluntad de Dios. Una semana después en un pequeño grupo relataron que había sucedido un milagro, y la apariencia personal de ellos así lo confirmaba. Se los veía completamente liberados y, obviamente, estaban profundamente enamorados. El esposo recuperó una confianza que inmediatamente afectó y cambió sus contactos de negocios, dando como resultado una asombrosa cantidad de excelentes pedidos. Un nuevo gozo se irradiaba desde la personalidad de la esposa.

Empezaron inmediatamente a practicar períodos de oración en el hogar durante la mañana y la tarde, en los que pedían respuestas a los problemas diarios que confrontaban. Los dos lo hacían en voz alta. Instituyeron la práctica de un período de oración silenciosa en el que esperaban en quietud la guía de Dios. Adquirieron la práctica que al enfrentar un problema en los negocios, en lugar de decirse en forma beligerante uno al otro lo que habría que haber hecho, buscaban juntos en oración para encontrar la manera cristiana de considerarlos.

Cuando aparecen los problemas con el muchacho adolescente –el hijo de la esposa– se sientan con él y los tres leen La Biblia, oran juntos y buscan la mejor manera de enfrentar la situación. Ya no hay más división o celos en las decisiones referidas al muchacho, sino que prevalece una actitud de trabajo en equipo, los tres en "el mismo equipo". Esta pareja está tan completamente llena de este nuevo espíritu, que positivamente creen que pueden resolver cualquier problema. Están constantemente y dispuestos a ayudar a otras parejas que han perdido la paz doméstica, les enseñan de qué manera maravillosa puede lograrse. Están seguros de tener una receta que garantizará a cualquier esposo y esposa el disfrute de la felicidad matrimonial.

Tomando como punto de partida nuestros casos de historias clínicas, permítanme concluir con algunos procedimientos simples y prácticos para crear una atmósfera espiritual en el hogar:

1. Tómese el hábito de que las primeras palabras de la mañana sean agradables. Diga algo alegre y constructivo, lo que establecerá el tono mental y emocional del día.

2. Todos en la casa deberán levantarse cinco minutos antes y utilizar esos minutos para la oración silenciosa, que estén *todos* a la mesa para este momento. Luego permita que un miembro de la familia ofrezca una breve oración. Esto sirve para controlar el comienzo habitualmente agitado del día de trabajo.

3. Encuentre uno de los programas religiosos de la mañana que pueda ser de ayuda. *Siéntese a escucharlo.*

4. Dé gracias en el almuerzo. Si la esposa está sola, que tenga un momento quieto de meditación agradeciendo a Dios por su familia y pidiendo su guía.

5. En la cena, dé gracias. Ponga como regla que ningún tema que traiga problemas, preocupación o resentimiento debe entrar en la conversación que tengan en la mesa. Haga que cualquier que quiebre esta regla ponga una moneda que se guardará en una alcancía.

6. Al finalizar la comida permita de alguno de los miembros de la familia lea algunos versículos de Las Escrituras. Cambie esto ocasionalmente y lea un poema inspirador o un párrafo estimulante de un libro espiritual. Que uno ore dando gracias a Dios por cada uno de los otros miembros de la familia, por nombre.

7. No ponga cara seria cuando hace esto. Una expresión triste no denota religión. La alegría sí.

8. Lleve a toda la familia a la iglesia el domingo y siéntense juntos en un "banco familiar".

9. Tenga buena literatura religiosa sobre las mesas de su casa.

10. Tenga una Biblia en su mesa de luz, y guarde algunos grandes versículos en su mente antes de ir a dormir. Los psicólogos dicen que lo que uno piensa los últimos cinco minutos antes de dormir, tienen profundo efecto en sus conciencias. Dé gracias a Dios por todas las bendiciones del día. Luego, al

apagar la luz, repita estas palabras: *"A su amado dará Dios el sueño"*. Luego crea que Dios le da un sueño profundo y renovador, y así será.

Que esté escrito sobre el lugar donde está el fuego o la estufa del hogar y grabado sobre la mente de cada esposo y esposa de la Tierra: *"Si Jehová no edificare la casa, en vano trabajan los que las edifican"*.

Cómo enfrentar
el dolor

¿**P**OR QUÉ UN LIBRO QUE TRATA del éxito y la felicidad contiene un capítulo sobre la técnica para enfrentar el dolor? La respuesta obvia es que no se puede escapar del dolor. Es una enorme conmoción y sus efectos sobre cualquier persona, de una u otra manera, son profundos. Puede ser que nos haga mejores y más excelentes personas, o puede bloquear la mente y anular el espíritu. Puede disipar el entusiasmo y destruir todo incentivo. Resumiendo, uno debe saber cómo enfrentar el dolor; cómo reunir coraje y continuar. ¿De qué puede asirse una persona para preservar los valores de su vida?

El desparecido Ernie Pyle, famoso corresponsal de guerra, escribió una historia conmovedora sobre su caminata en las playas de Normandía al finalizar la tarde del día "D". La arena estaba cubierta de los efectos personales de los jóvenes estadounidenses, que temprano aquella mañana habían desembarcado en una invasión que transformaría la historia. Dispersos por todos lados había pequeños recuerdos personales, fotos, libros, cartas. Al lado del cuerpo de un muchacho encontró una guitarra, y al lado de otro una raqueta de tenis; un pensamiento conmovedor: jóvenes estadounidenses entrando en batalla, y aún entonces incansables turistas como en los días de paz, llevando raquetas de tenis y guitarras.

Al lado del cuerpo de un muchacho vio, a medio enterrar en la arena, un ejemplar de La Biblia. Ernie Pyle la levantó, se alejó casi un kilómetro caminando y luego volvió y la dejó donde la había encontrado.

– No sé por qué la tome –dijo–, o por qué volví a ponerla donde estaba.

Tal vez pensó, entre otras cosas. que iba a enviarla a los padres del muchacho, para consolarlos. Tal vez devolvió La Biblia al lugar donde la encontró, porque sentía que si el muchacho había muerto en esta fe, el Libro debía quedar por siempre con él.

Cualesquiera fueran las razones, el incidente nos sugiere que ante las solemnes preguntas sobre la vida y la muerte, hay un solo Libro que tiene las respuestas para satisfacer nuestras mentes y dar entendimiento y consuelo. Las personas obtienen grandiosas victorias sobre el dolor por medio de su fe.

Me senté con un prominente hombre de negocios en su hermoso hogar. Su esposa había muerto y él estaba profundamente afligido. Alrededor de su casa estaba toda la riqueza que podía proveer belleza y hermosura: costosa alfombras sobre los pisos, exquisitos cuadros y tapices sobre las paredes. ¿Pero qué importancia tenía esto? Una esposa amada se había ido y un hombre que yo conocía como un líder fuerte en el mundo de los negocios, estaba quebrado por el peso del dolor.

Lo que me contó en íntima relación de amistad en aquella hora de aflicción, fue impresionante. Era un hombre de porte austero, sin ninguna evidencia exterior de sentimientos en su naturaleza; un típico hombre de negocios agresivo y eficiente de la especie que causa respeto y consigue imponerse. Dentro de su hogar, sin embargo, era dependiente, descansaba sobre su esposa que había sido casi una madre para él. Era tímido en sus contactos sociales y prefería quedarse por las noches en su hogar tranquilamente leyendo, mientras su esposa tejía, o leía, al otro lado de la mesa. Como muchos otros hombres parecidos, era un muchacho que no había crecido demasiado, pero que ponía su lado fuerte delante del mundo.

– He encontrado algo en la religión que nunca antes sentí –dijo quietamente–. La otra noche me arrodillé, como siempre, al lado de la cama para orar. He hecho esto todas las noches desde que era un muchacho. Cuando me casé, hace cuarenta años –continuó–, mi esposa y yo acordamos orar juntos todas las noches. Nos poníamos de rodillas al lado de la cama y ella oraba en voz alta. Yo no podía hacer eso –explicó–, de todas maneras ella lo hacía mejor y yo siempre sentí que Dios la escuchaba.

Algo tímidamente me contó que sostenía la mano de su esposa mientras oraba. Eran como dos niños de corazón simple; Dios debe haberlos mirado con deleite, a juzgar por la forma en que los bendijo.

– Bueno –continuó–, así lo hicimos todos estos años y entonces… entonces Dios se la llevó, y la última noche me arrodillé solo. Por la costumbre de tantos años extendí mi mano para tomar la de ella, pero no estaba allí. Me di cuenta cuánto la extrañaba y amaba, y que deseaba tanto estar con ella que apenas podía sostenerme. Me sentí como hace mucho tiempo atrás cuando era un niño y estaba asustado y quería a mi madre. Puse mi cabeza sobre el costado de la cama y creo que por primera vez en mi vida realmente oré. Dije: "Oh, Dios, escuché que hay personas que realmente te encuentran y creo verdaderamente que ayudas a las personas. Sabes cuánto te necesito. Pongo mi vida en tus manos. Ayúdame, querido Señor".

Me miró de frente, y sus ojos estaban llenos de asombro cuando dijo:

– ¿Sabe lo que sucedió? –Sus palabras salieron despacio–. De pronto sentí un toque en mi mano, la mano que ella siempre sostuvo.

Era fuerte, amable, y me parecía sentir que una mano grande tomaba la mía. Sorprendido miré pero, por supuesto, no pude ver a nadie. Sin embargo, todo el dolor pareció irse de mi mente y vino paz a mi corazón. Supe que Dios estaba conmigo y nunca me dejaría, y que ella también está conmigo.

Así concluyó con determinación en su voz.

Ese hombre ha descubierto un hecho básico que el cristianismo ha enseñado; es decir que lo *que parece ser la muerte, no es muerte en absoluto*. Aparentemente Jesucristo no pensó sobre la muerte como nosotros. Mientras estaba al lado del cuerpo de una niña dijo: *"No lloréis; ella no está muerta, sino que duerme"*. Cuando llegó a la desolada casa de Lázaro, les informó: *"Mi amigo Lázaro duerme; pero ahora voy a despertarlo"*. Parecería que la muerte para Él es una condición del sueño. En sus enseñanzas la verdadera muerte es algo más siniestro que la muerte física. Enseña que el cuerpo es únicamente una casa temporal para un alma eterna. Aparentemente, la muerte en la mente de Jesucristo significa muerte del alma. Dijo: *"El alma que pecare, esa morirá"*. *"La paga del pecado es muerte"*, es decir, para el alma. Históricamente, a medida que las civilizaciones se vuelven más paganas, tienden a aumentar su énfasis sobre el cuerpo como el máximo valor. La enseñanza del cristianismo, sin embargo, es: *"No temáis a aquellos que pueden matar el cuerpo"*.

En el pensamiento de Jesús, lo que llamamos muerte no afecta en ningún sentido la continuidad de la vida del individuo. El Nuevo Testamento contiene un magnífico pasaje que describe el estado de nuestros seres queridos que han muerto: *"Ya no tendrán hambre ni sed, y el sol no caerá más sobre ellos, ni calor alguno; porque el Cordero que está en medio del trono los pastoreará, y los guiará a fuentes de aguas de vida; y Dios enjugará toda lágrima de los ojos de ellos"* (Apocalipsis 7:16-17).

Este es uno de los pasajes más consoladores que se hayan escrito jamás. No tendrán más hambre. ¿Qué hambre? ¿Hambre del cuerpo? ¿Mental, espiritual? Cualquiera que sea, no tendrán más hambre, sino que estarán satisfechos. Ni tendrán sed jamás. Tal vez la sed es una descripción más vívida que el hambre, porque se experimenta una angustia mucho más profunda. El punto es que nuestros seres amados tienen sus deseos y requerimientos más profundos completamente satisfechos.

El pasaje también indica que sus vidas serán tan completas y hermosas que solamente se las puede describir por medio de la hermosura de las fuentes de aguas vivas. Y *"enjugará toda lágrima de los ojos de ellos"*.

Luego de la muerte de mi madre, mientras revivía nuestra vida juntos, recordaba una hermosa tarde de domingo cuando vimos juntos la famosa fuente de Versailles. Como miríadas de diamantes a la luz del sol, eran las fuentes para delicia de mi madre.

Fue una gran viajera y visitó muchos países. Ella, en verdad, era una conocedora de la belleza. Una noche lluviosa quedó extasiada mientras contemplaba un ferry cruzar entre Manhattan y Hoboken. Comentó en tonos de éxtasis lo romántico y encantador que le parecía, del misterio del río, la noche y la lluvia, y el barco con sus luces en la neblina.

Luego que murió me consoló pensar en ella tomada por la mano de Dios y escuchar que Él le decía: "Ven conmigo, te mostraré fuentes más maravillosas que las que una vez has visto en Versailles". Estoy seguro que ella lo siguió, dispuesta. Casi puedo ver las fuentes danzantes reflejadas en sus ojos. No es difícil pensar en Dios enjugándole las lágrimas de sus ojos. Como amaba viajar, sabía escribirnos con entusiasmo para decirnos que estaba pasando un tiempo maravilloso, y solamente deseaba que pudiéramos estar con ella; por lo tanto, creo que aunque ahora no puedo verla, está pasando un tiempo de grandiosa felicidad.

No sería justo desear que volviera de esa tierra de inefable encanto. Puedo imaginarla haciendo notas mentales de los lugares de belleza y probablemente diciéndose: "Cuando mi esposo e hijos vengan, ¿no será una delicia mostrarles estos hermosos lugares que he encontrado y disfrutado?"

Una enfermera veterana dijo:

– Siempre me ha parecido una gran tragedia que tantas personas atraviesen la vida perseguidas por el temor a la muerte, solamente para descubrir, cuando viene, que es tan natural como la vida misma. Porque muy pocos están temerosos de morir cuando llega el final. En toda mi experiencia solamente una persona pareció sentir algo de terror, una mujer que le había hecho daño a su hermana y que ya era demasiado tarde para reparar. Algo extraño y hermoso les sucede a los hombres y mujeres cuando llega al final del camino. Todo temor y horror desaparecen. Con frecuencia he observado una mirada de feliz asombro aparecer en los ojos cuando se dan cuenta que esto era verdad. Es todo parte de la bondad de la naturaleza y, creo que de la ilimitada bondad de Dios.*

No se aferre a sus seres amados con el pensamiento. Desátelos, déjelos ir. No los pierde por hacer eso. Los obstruye con sus pensamientos oscuros y tristes de aflicción. Han ganado el gozo y deleite que experimentan ahora. No se los estropee.

Visité un pequeño cementerio de estilo antiguo un día de invierno, con un amigo. Este hombre había logrado un éxito sobresaliente, pero me dijo que cuando murió su madre sintió que la vida ya no tenía más valor. No se casó hasta que era grande, y había pasado sus años jóvenes dedicado con devoción a su madre. Sus experiencias más felices no consistían en alcanzar alguna de las ambiciones que perseguía, sino en el placer de ir a su casa y contarle a la madre. Cuando ella murió, eso ya no era posible, y dijo que la vida parecía haber perdido significado. No había más razones para trabajar. Estaba en cierto modo amargado y se encontró constantemente buscando con el pensamiento a su madre, y resistiendo la idea que ya se había ido.

Mientras estábamos en aquel cementerio, me dijo:

– Así me sentía hasta que un día vine a este lugar.

---

* *Logrando lo máximo de la vida*, Antología del *Reader's Digest*, p. 116.

Me había mostrado un negocio en el cruce de los caminos que había sido atendido por su padre, y luego de la muerte del padre, por su madre.

– Ella era una pequeña mujer frágil –dijo–, pero sus resplandecientes ojos negros jamás mostraban derrota. Tuvo poca educación y pocas oportunidades. Tuvo que trabajar duro para criar a su pequeña familia. Como niño, le vi arrastrar pesadas bolsas de azúcar por todo el piso del negocio. Ella empujaba y yo me ponía detrás y también empujaba. Entonces llegó la noche anterior a que yo viajara a la universidad. Me llevó a su cuarto y, buscando debajo del colchón, sacó un billete arrugado de diez dólares. "Los he guardado para ti –me dijo-. Toma, llévalos a la universidad, trabaja duro y llega a ser un hombre excelente y sobresaliente".

Y continuó:

– Nunca olvidaré esos billetes arrugados entre sus pequeñas manos. Observé cómo tenía gastadas sus manos, y eso tocó mi corazón. Por lo tanto, cuando murió yo no quería vivir. Pero un día me paré en este cementerio y miré las viejas y conocidas colinas cubiertas de nieve. Todo estaba tan pacífico, y la estática belleza del mundo bajo el frío Sol del invierno me dio un sentido de eternidad. Oré, usando las mismas palabras que ellas usaba. De pronto tuve un peculiar sentimiento de paz y quietud interior. Tuve un pensamiento que jamás se me había ocurrido antes. Y era que no estaba siendo justo con mi madre. Ella había trabajado duro y ahora por primera vez estaba libre de lucha y trabajo. Toda su vida había leído sobre el cielo. Aún podía escuchar su voz cantando: "Hay una tierra de pura delicia". Era una de esas simples cristianas para quienes la Tierra era una preparación para el cielo, y yo no le estaba permitiendo disfrutar de este cielo por el cual había trabajado y se había esforzado, y del cual había soñado. Por lo tanto, estando en este pequeño cementerio, hablé en voz alta: "Madre, voy a dejarte ir, pasa un buen tiempo, has ganado este gozo". Tan pronto como dije eso, tuve paz en mi corazón. Era como si ella misma hubiera venido a mi lado y dijera: "Gracias, hijo, tú entiendes, te esperaré y te encontraré cruzando el río. Mientras tanto mi espíritu con frecuencia estará cerca de ti".

Hay un natural anhelo con referencia al estado y condición de nuestros seres queridos, cuando han pasado de esta vida. No tenemos información exacta, pero hay suficiente razón para creer que nuestros seres amados que murieron en la fe están en las amorosas manos de Dios.

Debe ser un hermoso lugar donde han ido. No sabemos *nada*, por supuesto, pero tenemos algunas aproximaciones. Cuando aquel gran sabio de las ciencias naturales, Thomas A. Edison, iba a morir, se notó que estaba intentando dar un mensaje. Su médico se inclinó, y escuchó al señor Edison decir con poca voz pero muy claramente: "Es muy hermoso aquí".

Un pastor contó que cuando estaba con un hombre que iba a morir, la familia se reunió en su cuarto y sintió que sería muy oscuro atravesar el valle solo, así que prendieron todas las luces para que el hombre que estaba muriendo no tuviera miedo de entrar en la oscuridad. Repentinamente a medianoche levantó la cabeza de su almohada, y con una mirada de sorpresa dijo: "Apaguen todas las luces ¿no ven que ya ha salido el Sol?"

Conocí al meteorólogo de cierta ciudad. Había tenido ese puesto durante cuarenta años. Durante cuatro décadas había hecho los mapas del clima y había estudiado las leyes naturales. Era por instinto, entrenamiento y experiencia, una mente racional y científica. También era un hombre de profunda fe religiosa. Su hijo no era una persona religiosa en un sentido formal. Cuando el padre estaba por morir, de pronto se volvió hacia el hijo, que estaba sentado al lado de su cama, y dijo:

– Bill... veo el más hermoso lugar. Está más allá de toda descripción y... en una ventana hay una luz encendida para mí.

Una expresión de gran paz y felicidad vino sobre su rostro, y ya no habló más.

Cuando el hijo relató este incidente, le pregunté:

– ¿Qué piensa que vio su padre en realidad?

Su respuesta fue característica de la actitud científica de ambos, padre e hijo:

– ¿Qué pienso que mi padre vio en realidad? Bien, no hay duda sobre eso. Nunca informó nada que no viera, examinara o supiera. Él vio lo que dijo que vio.

– ¿Podría haber sido una alucinación? –le pregunté.

– En absoluto –contestó–, mi padre no tenía el tipo de mente para tener alucinaciones. Vio algo y lo informó con precisión, como era su costumbre con todos los datos –dijo el hijo–. Estoy absolutamente seguro.

Debemos buscar nuestra información sobre la vida después de la muerte en la única fuente que es absolutamente confiable, una que ha pasado la prueba del tiempo. A la pregunta: "¿Cuál es el estado de nuestros seres queridos luego de esta vida?", La Biblia sugiere la respuesta: *"Benditos los que mueren en el Señor"*. Y eso significa "Felices los que mueren en el Señor".

Es difícil asociar la felicidad con la muerte. La muerte para nosotros es la máxima tragedia. ¿Pero puede algún plan de Dios ser una tragedia? Tennyson dijo:

– La muerte es el lado resplandeciente de la vida.

Uno se pregunta a la luz de estas declaraciones y ciertas experiencias, si es que la muerte es la tragedia que pensamos. No podemos creer que Dios, al transferir a un hombre desde una forma de vida a otra, hiciera de eso una tragedia.

Un periodista tuvo que pasar por una seria operación; como se hacía con anestesia local, tenía todas sus facultades y pudo anotar y grabar su vivencia. Decidió atravesar esta experiencia como cronista, describiendo cada paso. Si volvía del borde de la muerte, tendría una grandiosa historia para contar. Sintió que se hundía. Llegó al punto en que no quería regresar. El impulso era continuar. Era un aspecto tan fascinante de belleza y paz, que cada elemento de su naturaleza lo impulsaba hacia delante. Luego el doctor informó que tuvo un acceso. Después, por un acto de la voluntad, dijo:

– Debo regresar, debo luchar contra esta atracción.

Con desgano regresó a la vida normal nuevamente, pero dijo que nunca más iba a tener temor de la muerte.

* * * *

El proceso del nacimiento tiene algunas sugerencias sobre la protección, que es probable que experimentemos al final de la vida terrena. Un infante, apoyado debajo del corazón de la madre en los días pre-natales, está rodeado de calidez y protección. Si pudiera razonar, el bebé diría: "No quiero nacer; no quiero salir de este mundo hacia el otro mundo. Estoy feliz aquí; tengo temor de nacer".

En su existencia pre-natal podría ver el nacimiento como nosotros vemos la muerte, como el fin de cierta experiencia y el comienzo de una que es incierta. Luego nace. Al mirarlo vemos el rostro más dulce y tierno del mundo. Está acunado por los brazos amantes de su madre. Allí está sostenido, protegido, alimentado y amado. Dios lo hizo así.

Por lo tanto, después de muchos años, cuando un hombre llega a la muerte, ¿tiene que estar aterrorizado ante la perspectiva de morir? O, si usted quiere, ¿de otro nacimiento? ¿Debería temer pasar de este mundo al próximo? Si tuvo amor y protección cuando vino primero a esta Tierra, ¿no puede asumir que tendrá lo mismo al entrar en la próxima? ¿No podemos confiar en el mismo Dios que nos cuidó al nacer para que nos cuide al morir? ¿Podría su atributo de amor cambiar tan rápidamente? Dejaría de ser Él.

Deberíamos aprender a pensar sobre la muerte como una parte natural de nuestra experiencia total. Permítame relatarle la historia de una mujer que comprendió profundamente esta verdad. Ya había pasado la edad mediana cuando vino a verme.

– Tengo un problema difícil para usted –dijo–. Tres de los mejores médicos de Nueva York me han dicho que debo pasar una seria operación a más tardar el lunes por la mañana, y esta operación puede significar mi muerte. Los doctores me lo dijeron con franqueza, porque les pedí que me dijeran la verdad.

Ella tenía esa cualidad de la personalidad que podía recibir la verdad, sin importar lo desagradable que fuera.

– Hace un año –continuó–, perdí a mi hijo en la guerra. –Me mostró la foto y luego dijo–: Le pregunto, señor, si muero como resultado de esta operación el lunes, ¿volveré a verlo?

Me miró directamente a los ojos, buscando intencionalmente alguna evasiva o indefinición. La miré directamente a los ojos y le dije:

– Creo positivamente, basado en lo que conozco de Jesucristo, que lo verá nuevamente.

– ¿Cuánto tiempo después que me haya ido? –me preguntó.

– Me gustaría poder responderle –le dije–, pero si su hijo estaba en un país extranjero y usted iba a verlo, lo encontraría tan pronto el barco llegara, ¿no es así? Lo encontrará. No puede tardar mucho, porque el amor no pierde lo suyo.

Ella dijo:

– Tengo un esposo y una hija. Si vivo, estaré con ellos. Si muero, veré a mi hijo.

Dije:

– Sí, está en una posición muy afortunada. Suceda lo que sucediere, aún así tiene a toda su familia.

– Dios es muy bueno –dijo lentamente.

Cuando se levantó para irse, tomé su mano y no pude evitar decirle:

– Usted es una de las más grandes personalidades que jamás haya entrevistado.

Tranquila, racional, simplemente se preparaba para un viaje. Cuando salió, fue a un fotógrafo para que le sacaran un retrato. Después vi esas fotografías y había luz en su rostro. Más tarde vio a su abogado y hasta hizo los arreglos para su funeral. Luego tranquila y completamente en paz, fue al hospital, donde se sometió a la operación. A pesar de la destreza de la ciencia moderna, murió. Actualmente, creo que está con ellos: su hijo y sus seres amados.

No puedo probar esto. Hace un tiempo abandoné la idea de que es necesario probar todo. El hombre que no está de acuerdo no puede desaprobarlo. Aunque tal vez todavía la superioridad de la fe no puede ser probada científicamente; sin embargo, podemos razonablemente considerar nuestra fe como una lógica que va más allá del llamado conocimiento científico.

Es la profunda lógica de la intuición humana la que, en un análisis final, es la máxima fuente de verdad. Lo que sentimos interiormente en la lógica de la experiencia, en el destello de la intuición, es cierto especialmente cuando millones de seres humanos en cada generación lo piensan y lo "sienten" así.

Vivimos en una generación durante la cual la muerte ha visitado las familias como nunca antes. Recientemente el toque siniestro de la muerte estuvo en los campos de batalla de todo el globo. La muerte acechaba debajo del mar y se escondía detrás de cada nube blanca. Su mensaje diariamente venía con la correspondencia a miles de hogares. Su solemne voz llegaba por el telégrafo o en la forma de un pequeño sobre amarillo conteniendo un mensaje que decía: "El gobierno de los Estados Unidos lamenta informarles que su hijo…". Después era una puerta que se cerraba, un llanto sofocado, y muchas familias estadounidenses repitiendo una conocida historia a lo largo de nuestro país. Aún en los días de paz, la muerte está siempre presente.

Pero recuerde esto: la muerte nunca gana. Escríbalo en los cielos, proclámelo a voz en cuello para que todo hombre pueda escuchar la fe grandiosa y permanente que se levanta sobre el rugido de la batalla, sobre el humo y el tumulto de dolor y el sufrimiento, sobre la misma muerte, como se expresa en las melodiosas, victoriosas palabras que han sobrevivido a través de los siglos: *"Yo soy la resurrección y la vida; el que cree en mí, aunque esté muerto, vivirá"*.

Ese es el hecho que necesitamos conocer; la vida gana una victoria eterna y gloriosa sobre la muerte.

Durante la última guerra los capellanes iban con las tropas al mismo frente. Esta es la razón del alto porcentaje de bajas entre capellanes. Capellanes católicos, protestante, judíos, corrían peligro junto con los muchachos.

Cuando un muchacho caía herido o muriendo sobre el campo, tal vez el primer hombre que se inclinaba sobre él era el capellán. El capellán cristiano llevaba sobre su casco una pequeña cruz blanca, la cruz de Cristo. Lo primero que los ojos del hombre herido veían era la cruz blanca del casco que estaba sobre él. Uno piensa en un muchacho caído, que siente la proximidad de la muerte. Tal vez el terror le brotaba aunque no lo admitiera ante nadie. Una ola de nostalgia y soledad caía sobre él. Daría cualquier cosa para ver el rostro de su madre, esposa o novia, o de sentir el toque de las manos de sus pequeños hijos. Le gustaría ver una vez más la luz del sol cayendo sobre las viejas colinas de su tierra nativa. Le gustaría ver el resplandor del Hudson, del Ohio o del Mississippi, pero todo eso está muy, muy lejos, excepto que permanece impreso en su corazón. Está muriendo lejos del hogar y de los seres queridos.

Una cara amable se inclina sobre él. Ve la cruz en el casco y algo responde en su corazón. La Iglesia está aquí. La fe lo ha seguido. El lazo que lo mantiene aún está, y los brazos eternos están debajo de él. Luego el capellán, desde el amor de su corazón pone la mano bajo la cabeza del muchacho que está muriendo, tal vez tira hacia atrás sus cabellos, como lo hubiera hecho su madre, y dice:

– Hijo, escucha, ¿recuerdas estas palabras, no es cierto? Créelas. Créelas con todo tu corazón: *"Yo soy la resurrección y la vida; el que cree en mí, aunque esté muerto, vivirá".*

El muchacho escucha, la paz viene a su corazón. Sus ojos se oscurecen. La Tierra retrocede; la cara se opaca, la voz se apaga. Durante un momento está cruzando un valle. Y luego casi más rápido que lo que lleva contarlo, repentinamente, todo es resplandeciente a su alrededor, hay una luz gloriosa y un fulgor más maravilloso que cualquier cosa que haya visto o conocido anteriormente.

Alza la vista con feliz sorpresa. Hay un rostro sobre él, pero es otro rostro, más fuerte, más amoroso, aún que la otra cara que vio a través de su dolor. Nuevamente ve una cruz, pero esta vez está brillando de luz y escucha palabras como murmullo de música, palabras tiernas, palabras de triunfo y fe, y la voz que las dice es la que las formuló hace miles de años: *"Yo soy la resurrección y la vida".* La voz le dice: "Lo has encontrado, mi muchacho, lo has encontrado. Estoy contigo como dije que estaría. Ese hombre del lado terrenal del río era mi representante y te señaló el camino para cruzar. Ahora estás aquí conmigo y todo está bien".

No es irrazonable creer que en este universo, que es tanto material como espiritual, nuestros seres amados que se han ido no están realmente muy lejos de nosotros.

Muchas personas cuentan que cuando menos lo esperaban, sintieron claramente la presencia cercana de los seres amados.

Un hombre cuya racionalidad respeto, me dijo que durante las tres primeras semanas posteriores a la muerte de su padre, sufrió una profunda aflicción.

– Pero –dijo–, un día, repentinamente, esa aflicción se fue. Tenía un problema muy serio que resolver, y casi parecía que mi padre estaba allí para ayudarme a resolverlo. Tuve el toque de su mente. Sentí su presencia. No podía continuar con la tristeza mucho más, porque sin la menor duda me di cuenta que estaba cerca de mí.

Me preguntó si yo sentía que podía creer que esa experiencia era real, y le dije que pensaba que era así.

He encontrado algo de ayuda en una ilustración utilizada por Stewart Edward White en su libro, *El universo sin obstáculos*. Cuando el ventilador eléctrico está en movimiento a alta velocidad, es posible ver a través de sus gruesas paletas. El señor White da la idea de que el nuestro es un universo sin obstáculos, diciendo con esto que los que han pasado al mundo espiritual simplemente viven en una zona de frecuencia superior, o diferente que la que habitamos nosotros. Están cerca de nosotros, pero no podemos verlos. El hombre tiene una naturaleza psíquica gobernada por las leyes del universo espiritual. Por lo tanto, las intuiciones, conocimientos, aprehensiones espirituales no son extrañas o artificiales, sino experiencias normales.

Hay destellos del mundo espiritual que está en correlación con el nuestro. Por qué vienen, no sabemos, pero es muy peligroso asegurar dogmáticamente que no son reales. El hecho más probable es que representan una realidad fundamental de nuestro universo; es decir, lo indestructible del espíritu y la inmortalidad del alma humana.

Me gustaría concluir este capítulo relatando una experiencia con una madre "estrella de oro" (N. del T: del inglés "Gold Star", madres que perdieron hijos en la guerra) que tenía el corazón quebrado. Poco tiempo después de la finalización de la guerra, la revista *American Magazine* publicó una carta patética escrita por la señora Frank C. Douglas, de Blytheville, Arkansas, en la cual contaba cómo la muerte de su hijo en batalla había sacudido su fe. Me conmovió tanto su carta que inmediatamente escribí una respuesta, no solamente para ella, sino para todas las madres en donde se encuentren, y que han atravesado esta experiencia agobiante.

"En un reciente ejemplar de *The American Magazine,* La Sra. Frank C. Douglas de Blytheville, Arkansas, contó cómo la muerte de su hijo en batalla había despedazado su fe en el poder de la oración. Desde la publicación de su carta, más de tres mil lectores de toda la nación han escrito para ofrecer su consejo y consuelo. De todas estas cartas la señora Douglas seleccionó varias de las que le resultaron de especial ayuda. Entre ellas está la del Dr. Norman Vincent Peale, pastor de la Iglesia Marble Collegiate de Nueva York, destacado escritor y orador radial. La carta del Dr. Peale se publica a continuación con la esperanza de que también será de ayuda a otros."

Estimada Sra. Douglas:

Si pudiéramos tener para siempre vivos a nuestros seres queridos a través del ejercicio de la fe, nunca habría muertes. Llega un momento cuando, luego de que Dios los ha guardado vez tras vez, no puede hacerlo más. Está establecido a todos los hombres morir. Algunos mueren jóvenes. Otros viejos. Algunos mueren en tiempo de paz como resultado de un accidente o enfermedad; otros mueren en tiempo de guerra. Pienso que uno debe asumir que en cualquier momento que muera un hombre, la obra de su vida se ha cumplido sobre esta Tierra. En el pensamiento de Dios, los años como los medimos nosotros, para Él son solo fracciones de segundos. No existe ninguna diferencia si un hombre vive veinte años u ochenta; cuando ha terminado su labor aquí es promocionado a un ámbito más alto del espíritu, el cual llamamos cielo.

Realmente, es un alto honor que algunos hombres puedan terminar la obra de su vida a una edad temprana, mientras que otros a los ojos de Dios aparentemente no lo hacen tan bien, y tienen que quedarse más hasta que finalmente la resuelven.

Es una realidad que nosotros, pobres seres humanos, pensamos muy profundamente en términos terrenales. Dios no pone el mismo valor sobre la existencia terrenal como lo hacemos nosotros. Él dijo: *"No temáis a los que pueden matar el cuerpo, sino más bien aquellos que pueden destruir el alma".*

Por supuesto, este es un pequeño consuelo para alguien que busca y extraña un rostro y una figura amada. Pero si pensamos espiritualmente antes que terrenalmente, no pondremos demasiada importancia sobre la vida del cuerpo.

Usted ha sido una mujer de fe. Dice que su hijo tenía fe. Esto significa que los dos estaban en la voluntad de Dios. Usted estaba en armonía con la voluntad y el propósito de Dios. Pensaría, entonces, que debe asumir, lo cual estoy seguro que podrá, que su hijo entregado a Dios, es la voluntad que se ha concretado.

Dios en sus respuestas a la oración con frecuencia dice "Sí". Algunas veces dice "Espera". Con frecuencia dice "No". En todos los casos, su voluntad se hace, y la verdadera fe es creer que lo que ha sucedido es lo mejor. Si uno no toma esa actitud, pone su deseo personal en oposición a la sabiduría de Dios. Con mucha frecuencia confundimos la fe meramente con nuestros deseos.

Me gustaría preguntarle, con la más profunda amabilidad posible, ¿cree realmente que ha perdido a su hijo? Permítame contarle una pequeña historia.

Recientemente estuve en el hogar de dos buenos amigos cuyo hijo había muerto en Francia. Había dos fotografías en las paredes de la biblioteca. Una era del padre con el uniforme de la Primera Guerra Mundial; la otra era del hijo de veinte años, con el uniforme de esta última guerra.

En la intimidad de la amistad hablaron tiernamente de su hijo.

– Él siempre silbaba –contó la madre–. De lejos por la calle, al regresar a casa desde la escuela, cuando era un niño pequeño, uno podía escucharlo silbar; luego cuando creció silbaba. Podía entrar corriendo a la casa y silbando arrojar su abrigo y sombrero desde la entrada; y hacerlos caer en el perchero. Después corría escaleras arriba silbando. Era un espíritu alegre.

Contaron incidentes humorísticos; y en esa manera íntima de la amistad, nos reíamos, y por momentos la risa se transformaba en lágrimas. De pronto, la madre dijo tristemente:

– Ya nunca más lo escucharemos silbar.

Extraño como parezca, en ese momento tuve un sentir confuso; sin embargo, real, de que había "escuchado" al muchacho silbar mientras hablábamos. Puede ser por la atmósfera en la que estábamos; sin embargo, prefiero creer de otra manera; cuando ella dijo: "Ya nunca más lo escucharemos silbar", me encontré diciéndole: "Se equivoca sobre eso", y titubeando le dije: "Tuve la sensación de que justo en este minuto él estaba silbando en este cuarto".

El padre –una persona firme, poco emocional– habló enseguida: "Es extraño que usted diga eso; yo también sentí lo mismo". Nos quedamos sentados en silencio, con asombro. Aquel verso de Ingersol pasó por mi mente: "En la noche de la muerte, la esperanza ve una estrella, y el amor que escucha puede oír el batir de un ala".

Con la fe de que Dios le dará paz y entendimiento. Quedo –cordialmente suyo–,

Norman Vincent Peale.

CAPÍTULO 13

Cambie sus pensamientos y todo cambiará

CAMBIE SUS PENSAMIENTOS y todo cambiará. Su vida está determinada por el tipo de pensamientos que habitualmente tenga.

Sin embargo, si sus pensamientos no cambian, seguirá el viejo patrón tal como la siguiente historia nos muestra…

Un gerente de un hotel me contó que la Asociación de Abastecedores de Peluqueros realizó una convención en su hotel. Esta organización tenía un agente de publicidad muy creativo. Iba a una calle de gente pobre en un sector carente, y buscaba al menos prometedor espécimen de la naturaleza humana que podía ubicar, la criatura más desgreñada, sin afeitar, bebedora y triste. A este ser arruinado y marginado lo llevaban al hotel donde le cortaban el pelo; lo vestían con buenas ropas y un traje; le daban todo. Lo sacaban a pasear con un sobretodo elegante, bastón y polainas.

Cuanto surgía de este pulido ser, era un maravilloso ejemplo del arte del peluquero. Mientras tanto, fotografiaban todo el proceso de esta transformación, y cada fotografía aparecía en el diario. Llamaba la atención como publicidad de primera clase. Todos estaban asombrados por lo que los peluqueros podían hacer, con ayuda de un sastre en el arreglo de un hombre. El gerente del hotel estaba impresionado. Luego de la convención mantuvo su interés en el hombre.

Le dijo:

– Por una extraña combinación de circunstancias, se ha transformado en un caballero, y ha salido de los barrios bajos. Ahora tiene una gran oportunidad entre sus manos. Le daré un trabajo en otro hotel que yo dirijo, voy a respaldarlo, y vamos a sacar un hombre de éxito de usted. ¿Cuándo comenzará a trabajar?"

El hombre contestó

– Suponga que lo logro mañana a las ocho en punto.

Una duda cruzó la mente del gerente del hotel, pero estuvo de acuerdo. La duda le volvió a las 08:00 del día siguiente, cuando su hombre no apareció. Ni lo hizo durante todo el día. Por lo tanto el gerente, siguiendo un presentimiento, fue a la misma calle de la cual el hombre había salido, y lo encontró terriblemente borracho, durmiendo sobre algunos diarios en un callejón, con sus ropas finas todas arrugadas y por el suelo. El gerente dijo que fue la experiencia de mayor desilusión.

– Los peluqueros pueden limpiarlo por afuera, pero nunca se puede sacar nada de un hombre hasta que también se cambia su interior. –Y agregó desconsolado–: Hubiera deseado tenerlo un poco más de tiempo, porque lo que estaba mal en aquel hombre eran sus procesos de pensamiento. Tal vez si lo hubiera tenido más tiempo, podría haber cambiado su pensamiento, y así hubiera cambiado él.

Para reparar esta deprimente historia, el gerente del hotel me contó otra.

– Tengo a alguien como contrapartida del hombre que volvió a su vieja manera de pensar –dijo–. Es Jimmy, el ascensorista y botones. Me lo enviaron de la escuela de una parroquia que atendía muchachos delincuentes. Era un joven brillante, saludaba a todos respetuosamente, siempre cortés. Trabajaba duro y tenía buenos hábitos morales. Un día el joven vino y me dijo: "Voy a casarme. ¿Podría ser mi padrino?" Así que este gerente de hotel grandote fue padrino para el botones, que era como él.

Se interesó en el joven y un día le dijo:

– Jimmy, eres una persona especial. ¿Qué es lo que te hace así? Tienes algo que le falta a la mayoría de los muchachos, ¿qué es?

Jimmy respondió:

– Bueno, no sé, a menos que sea lo que nos hicieron en la escuela de la parroquia.

– Bueno –pregunté intrigado–, ¿qué hicieron por ustedes en la parroquia?"

El joven respondió seriamente:

– No sé, a menos que sea porque nos hacían pensar "medio religioso"... pienso que es eso. Nos hacían pensar "medio religioso".

El mundo de un hombre no está hecho básicamente de las circunstancias que lo rodean. El tipo de pensamientos que tiene determina el tipo exacto de mundo en el cual vive. Usted no es lo que piensa que es, sino que lo que usted *piensa*, eso es.

El hombre más sabio de todos los tiempos lo dijo. Hace mil novecientos años vivió un emperador romano cuyo nombre era Marco Aurelio. Fue llamado el hombre más sabio del Imperio Romano. En sus largas marchas y campañas militares se sentaba cerca del fogón y escribía sus pensamientos. Estos pensamientos se reunieron en un libro llamado *Meditaciones de Marco Aurelio*, una de las grandiosas herencias de la antigüedad. Y una de las más grandiosas cosas que dijo este hombre sabio es la siguiente:

– Su vida es lo que sus pensamientos hacen con ella.

El hombre más sabio que jamás vivió en los Estados Unidos de América, dicen algunas personas que fue Ralph Waldo Emerson. Y él dijo:

– Un hombre es lo que piensa durante todo el día.

Y el libro más sabio de todos los Libros declara: *"Tal como el hombre piensa en su corazón (es decir, como un hombre piensa en su mente subconsciente), así es él".*

Lo que piensa, lo que ha estado pensando durante un largo período de tiempo, y lo que pensará en los días venideros, determinará precisamente lo que usted es y el tipo de mundo en el que vive. Lo que piensa determina en qué se transforma.

Cambie sus pensamientos y cambiará su mundo. Cambie sus pensamientos hacia lo correcto, y todo cambiará hacia la paz interior, felicidad y poder personal.

"No os conforméis a este siglo, sino transformaos por medio de la renovación de vuestro entendimiento" (Romanos 12:2). Nunca se dijo algo tan sabio. Usted puede transformarse, el mundo en el que vive, sus condiciones en el hogar, sus condiciones en los negocios, en realidad su vida entera, por una renovación espiritual de sus pensamientos.

Este libro presenta una fórmula de vivir que le asigna gran importancia al poder de nuestros pensamientos para cambiar las condiciones de nuestras vidas. El secreto, tal como Jimmy el botones dijo, es pensar "medio religioso". Pensar normalmente en lo espiritual puede cambiar de tal manera la vida de una persona, que todo será diferente.

Los patrones de pensamiento que han sido recorridos durante un largo período de tiempo, son difíciles de modificar. El pensamiento equivocado se transforma en un hábito, y los procedimientos habituales resisten el cambio. Afortunadamente, en el cristianismo tenemos el fenómeno llamado "experiencia espiritual". Este es un proceso por el cual el poder de Dios perfecciona nuestras mentes, algunas veces instantáneamente, mientras que las correcciones laboriosas, tediosas, requerirán meses.

No toda experiencia espiritual es instantánea. Con frecuencia, sin dudas con bastante frecuencia, es un proceso de crecimiento y desarrollo progresivo. De cualquier manera que suceda la experiencia espiritual, es un método superior a la disciplina psicológica, y es más efectivo y permanente. Esta comparación no debe ser interpretada como desvalorización de la disciplina psicológica, un valor que ciertamente garantizo.

Condicione su mente al cambio espiritual practicando el pensamiento espiritual. Lea La Biblia regularmente. Memorice pasajes; de ese modo constantemente alimentará su mente de material que renovará sus actitudes. Conozca personas de mente espiritual, y experimente el cambio gradual mental que resulta de la conversación espiritual. Sujete su mente a la atmósfera en la cual la experiencia espiritual sucede; vaya a la iglesia regularmente. Adquiera el hábito de la oración. Piense en Dios y en Cristo en cada oportunidad. Persevere hasta que se encuentre disfrutando este plan de disciplina de su pensamiento. En este proceso está cambiando su patrón de pensamiento, haciendo posible que la experiencia espiritual cambie todo en usted.

El cambio más grande puede suceder cuando menos lo espere. Estaba en cierta ciudad un día, y en el tiempo libre entre compromisos entré en una gran librería del centro de la ciudad. La gerente de ventas era una pequeña mujer muy agradable. Comenzamos a conversar y me dijo que había estado en ese negocio durante muchos años.

– Me gustaría hacerle una pregunta –le dije–. ¿Qué tipo de libros tiene mayor venta hoy?

– ¡Ah! –dijo–, la respuesta a esa pregunta es fácil. Libros que tratan de autoayuda y libros que tratan de religión.

Luego agregó que en su opinión la forma más alta de literatura de autoayuda son los escritos religiosos.

Naturalmente, me interesó saber que el público en general estaba comprando este tipo de literatura, y luego ella comentó:

– Las personas más distintas parecen estar comprando lecturas religiosas. No son lo que llamaríamos gente piadosa, sino jovencitos, gente común, de toda clase, gente de negocios y la mayoría hombres. ¿Le interesaría escuchar de un incidente interesante que sucedió hace poco tiempo?" –me preguntó.

Le dije que sí, y ella continuó:

– Un día, no hace mucho tiempo, un soldado alto, delgaducho, entró en el negocio. Tenía más de 1,80 metros de estatura y era delgadito como un riel. Sin embargo, estaba silbando en forma exuberante, sin tener en cuenta en absoluto la presencia de las otras personas; simplemente silbando desde su corazón, que evidentemente estaba rebosando de gozo. "Bueno, bueno –exclamé– alguien está contento, sin dudas". Me miró sonriendo y contestó: "Sí, verdaderamente estoy feliz, señora, muy feliz. He regresado recién del exterior. Estuve en Alemania prisionero durante largo tiempo, y perdí casi diez kilos".

– No veo qué es lo que te hace feliz –le dije.

– Usted no entiende, así que le voy a contar. En esa prisión teníamos muy poco para leer. Todo lo que estaba impreso lo devoraban los muchachos. Un día llegó a mis manos una vieja, desgastada y rotosa copia de una novela religiosa que se leía bastante hace unos años. Si hubiera estado en los Estados Unidos, jamás hubiera mirado ese libro. Nunca fui a la iglesia por ninguna razón, porque siempre tuve la idea de que las iglesias eran lugares aburridos, sofocantes, y jamás me llevaban adentro de una, con excepción de la época de Pascua. Este libro era la historia de cómo a cada persona que recibía a Jesucristo le sucedían cosas maravillosas. Bien, señora, leí aquel libro y repentinamente algo maravilloso me sucedió *a mí*. Creo que Jesucristo está vivo hoy tal como lo estaba en el tiempo de las historias bíblicas, porque mientras leía este libro, estoy seguro de que Él me ha tocado. De pronto más rápido de lo que le estoy contando, me sentí feliz en el interior de mi corazón, y todo cambió. El mundo entero fue diferente. Porque fui liberado antes de que el Ejército estadounidense viniera. Fui libre de mí mismo, que era la más grandiosa prisión en la que haya estado jamás. Por lo tanto –continuó–, finalmente regresé a casa y me reuní con mi esposa, y ella es la chica más maravillosa, la más linda, dulce, que haya existido jamás, pero –dijo dubitativo– le está faltando algo. Es triste y depresiva. En su mente es pesimista y negativa. Para ella vida es algo para ir arrastrando. No es feliz. Por lo tanto, señora, he venido a este negocio para conseguir una copia de ese libro y voy a leérselo a ella con la esperanza de que obtenga lo que yo obtuve. Quiero que le suceda lo mismo que me sucedió a mí.

¿Qué le *había sucedido* a él? Un cambio rotundo, era obvio. En el preciso momento en que su disposición emocional y mental era favorable, un libro capaz de afectar vitalmente sus pensamientos llegó a sus manos. Por lo tanto, una experiencia espiritual sucedió y todo cambió.

Otras personas llegan a una condición similar más gradualmente. Definitivamente se ponen a practicar nuevos hábitos y actitudes. Sistemáticamente buscan ayuda de la religión, y a su tiempo ellos también son conscientes del cambio de aspecto, de las relaciones personales, y de la fortaleza y poder que tienen. Se manifiesta en sus vidas diarias. Viene la felicidad y también una manera de enfrentar y controlar las circunstancias.

Se dice de un hombre que sabe dónde va y cómo llegar allí, que está "en la onda". Esto significa que ha reducido el elemento del error y se está aproximando al centro de la verdad o de la eficacia.

Otra frase muy común es: "Tiene algo", queriendo decir con esto que tiene capacidad. Tiene una vuelta más. Sabe cómo hacer las cosas.

Otra expresión es: "Está en forma", que quiere decir que tira justo al centro. Ha conseguido destreza en el tema. Todo esto parece muy alejado de la religión, pero no lo es. La Biblia es muy sabia.

Dice: *"Buscad primeramente el reino de Dios, y su justicia; y todas las demás cosas os serán añadidas".* ¿Qué significa esto? Simplemente, busque la habilidad a la manera en que Dios hace las cosas. Busque la *justicia* (la palabra justicia indica rectitud, capacidad, inteligencia, esa pequeña vuelta que hace todo diferente). Busque la justicia que Dios enseña, y tendrá un toque de capacidad. Por lo tanto, en aquello que había fracasado hasta ahora, ahora adquirirá habilidad.

Lo penoso es que un montón de personas van atravesando la vida, errando, fracasando, luchando, sin obtener demasiado ni conseguir algún logro, cuando todo puede ser diferente si aprendieran y practicaran los simples principios del cristianismo. Entonces, en lugar de disminuir cosas, se le agregarían. En lugar de que la vida se deslizara entre sus dedos, podría fluir hacia ellos. Nada podrá derrumbarlos, nada podrá agobiarlos, nada podrá destruir la paz, felicidad y utilidad de sus vidas.

*   *   *   *

Otro factor en el proceso de cambiar sus pensamientos para que cambie todo, es la práctica de la psicología del gozo. Si uno espera vivir una vida feliz, primeramente debe practicar para tener pensamientos felices. Si, como ha sido afirmado por los hombres sabios, nuestra vida es lo que nuestros pensamientos hacen de ella, entonces lo que naturalmente producirá una existencia gozosa es el producto de un pensamiento gozoso.

No es probable que un pensamiento sin objetivo o un ocasional pensamiento gozoso produzcan este efecto. Uno debe deliberadamente proponerse tener pensamientos felices como la inclinación normal de la mente. Disciplínese diariamente en la práctica de pensamientos de gozo, en vez de sucumbir en pensamientos tristes y depresivos.

Las personas fabrican su propia infelicidad por el tipo de pensamientos que tienen. Pueden poseer todos los factores que le posibilitan tener felicidad, pero se pierden una existencia agradable y útil, porque sus pensamientos han caído en una tristeza habitual o negativismo. Las personas fácilmente desarrollan el hábito de pensar negativamente. Forman un patrón de pensamiento de depresión y fracaso. Como resultado, se sienten mental, emocional y físicamente deprimidos.

En lugar de practicar la psicología del gozo, las personas que fracasan practican la psicología del pesimismo. Sus mentes se llenan de sombras y, como resultado, sus vidas se llenan de sombras. Recuerden esta importante verdad sobre la vida: hay una definida tendencia en la naturaleza humana para transformarse en lo que habitualmente uno piensa y practica. Dispóngase, por lo tanto, deliberadamente, a tener una personalidad gozosa en el área de su pensamiento. Obviamente, esto requerirá práctica. Será muy difícil al principio, como lo es siempre que tratamos de vencer viejos hábitos mentales.

Todo en la mente resiste el abandono del hábito mental. Pero si uno persevera y toma a la mente por el cuello, si es que puede utilizarse una figura así, tiranizándola, determinándonos a controlarla, finalmente logrará su propósito, y la mente se entregará a su nueva determinación.

Cuando Jesucristo dijo: *"Estas cosas os he hablado, para que mi gozo permanezca en vosotros, y mi gozo sea cumplido"*, estaba aseverando una verdad tan potente, tan eléctrica, tan profunda, que el hombre que la ignora se pierde la más grandiosa ayuda hacia el éxito y la felicidad. Esta verdad puede liberar completamente a una personalidad humana. Psicológicamente sabemos que el gozo es un agente liberador y de alivio en la mente. El gozo aún puede hacerlo sentir mejor físicamente. Puede ayudarle a desatar sus músculos. Puede liberar energía. En resumen, tiene el poder para hacerlo eficiente, de coordinar su personalidad completa, cuerpo mente y espíritu. El gozo le ayuda a funcionar efectivamente. Si el efecto psicológico del gozo fuera mejor entendido, sería practicado deliberadamente y con entusiasmo por cada persona inteligente.

William H. ("Pequeño Hill") Miller,* uno de nuestros más

grandes entrenadores de atletismo, dijo que una de las mejores maneras de llegar a ser un atleta es desarrollar la psicología del gozo. Él enseñaba a un hombre a jugar golf. De acuerdo al entrenador Miller, el factor más importante en el golf es la relajación, aflojarse completamente y dar libertad a la coordinación muscular, una ausencia de tensión. Y una manera de obtener eso, insiste, es desarrollar un espíritu interior de gozo.

Miller cierta vez tenía problemas para enseñar a un hombre, porque el alumno estaba muy tenso y duro. Para contrarrestar la tensión, el entrenador le dijo:

– Joe, antes de que hagas el próximo tiro, imagínate que alguien te ha contado recién el más hilarante chiste que hayas escuchado jamás. Ríete de corazón, luego antes de terminar de reírte, simplemente date vuelta, no pienses en la técnica, solamente balancea tu palo y pégale a la pelota. No te preocupes a dónde va, simplemente ríete y pégale.

El hombre hizo así y la pelota salió dirigida como una flecha hacia el camino correcto. El entrenador explicó:

– El gozo que estaba surgiendo de Joe le dejó la mente libre.

Cuando la tensión salió de la mente de Joe, salió de sus músculos. Su ser completo se coordinó a través de la terapia del gozo. Se transformó en una personalidad unificada, y el golpe fue natural con el resultado de que fue bueno.

En otra ocasión Miller enseñaba a una joven a jugar al tenis. Sus técnicas eran correctas, pero aún así no era una jugadora exitosa. El entrenador dijo:

– Cantemos mientras jugamos.

Algo cohibida comenzó a cantar. Pero cuando entró en el ritmo de la canción, con sorpresa descubrió que era el ritmo del juego. Se olvidó de sí misma, se perdió. Sus golpes cayeron naturalmente y le

---

*Autor de *Cómo relajarse* (Control científico del cuerpo).

pegó a la pelota correctamente mientras cantaba. Se aflojó, y al estar llena de gozo jugó con excelencia.

Aprenda la habilidad para vivir. Practique su religión. Piense en el gozo, no en la tristeza.

Uno se maravilla ante la sabiduría sagaz de Jesús. En la actualidad los grandes pensadores de la ciencia simplemente están comenzando a aprender los principios que Él enseñó hace miles de años. Piense, veinte siglos atrás. Nos dijo que la psicología del gozo libera a las personas. Ahora en este tiempo moderno los psiquiatras, los entrenadores de atletismo, los estudiantes de la mente humana, están recién comenzando a reconocer la verdad de estas enseñanzas. Él fue el primero en enseñarnos que cuando una persona alimenta sus pensamientos con gozo espiritual, deja libres habilidades creativas, y se orienta hacia la felicidad y el éxito.

Esto que llamamos "experiencia espiritual" más la práctica de simples técnicas de la fe cristiana, hace que el pensamiento cambie, lo que produce felicidad y éxito en la vida.

Permítanme poner como testimonio a varios tipos diferentes de personas que han experimentado el cambio de pensamiento y vida que bosquejamos antes.

En una cena me senté al lado de una famosa actriz. Otros dos pastores se sentaron al final de nuestra mesa. Uno de estos era un anciano, y había sido uno de los clérigos más eminentes de los Estados Unidos. El otro pastor es conocido por todo el mundo, un elocuente y grandioso orador. El pastor más anciano es el relator de historias que jamás haya escuchado, nadie se asemeja a él. Si se hubiera dedicado al teatro, verdaderamente habría sido un famoso comediante.

El segundo también era un extraordinario relator de historias. Yo participe con mis propias humildes historias. Una historia atrás de otra por tres pastores, una especie de "¿Puedes superar esto?", mantuvo la fiesta en gran alborozo. Si hubieran tenido un "medidor de risas" se habrían registrado altas marcas.

Finalmente la famosa actriz moviendo la cabeza maravillada dijo:

– Nunca escuché nada como esto. He estado en toda clase de fiestas, y en los lugares nocturnos más sofisticados, pero nunca encontré a tres muchachos más alegres que ustedes, pastores.

Nos miró inquisitivamente y dijo:

– Han tomado algo, ¿no es cierto? Personalmente, no me pongo así de feliz hasta que tomo varios tragos.

Comencé a decir:

– Por supuesto que no.

Cuando el pastor más anciano me interceptó y contestó:

– Sí, tomamos algo. Sí, señora, estamos intoxicados.

Su cara estaba tan radiante y sus ojos tan brillantes que ella, entendiendo dijo suavemente:

– Sé lo que quiere decir.

Ella entendió que Cristo libera completamente a las personas de pensamientos pequeños, distorsionados, y da emociones que la vida jamás puede estropear.

Hace algunos años hablé ante varios cientos de jóvenes en una convención. Era una multitud alegre y feliz, y también estaban muy bien vestidos. Juzgando por su atuendo exterior, pensé: "Verdaderamente esta es una multitud sofisticada". Descubrí que era cierto; eran sofisticados. Sofisticado significa "sabio para el mundo". Supuestamente una persona sofisticada, es una que sabe cómo andar y cómo obtener felicidad de la vida. Saben ubicarse. Por otra parte, ciertos paganos aburridos, cínicos, que uno ve bostezar por allí, no son verdaderamente sofisticados. No son sabios para el mundo, porque les falta la felicidad. Una persona verdaderamente sofisticada es una lo suficientemente inteligente para descubrir cómo ser realmente feliz. Por lo tanto, aunque muchos se sorprendan al escuchar esto, una persona sofisticada es en realidad una persona espiritual.

Jamás había encontrado una audiencia más dispuesta que este grupo de jóvenes sofisticados. Se adelantaban a las ideas antes de que estuvieran expresadas por la mitad y, ante algo humorístico, antes de llegar al punto ya estaban riéndose estrepitosamente. Estaban alertas, vibrantes, una multitud de personas de las más libres con que me haya encontrado.

Uno de estos muchachos me dijo después, en una especie de jerga propia:

– Yo sabía andar con un grupo bastante rápido antes, pero no comencé a disfrutar de la vida hasta que me metí con esta pandilla.

E indicó al grupo que estaba cerca. Luego, moviendo la cabeza dijo:

– Ese montón al que yo iba era un grupo de tontos ¡honestamente! Solamente me gustaría hacerles entender cómo lograr placer en la vida.

– ¿Cómo logras placer en la vida? –le pregunté.

Me miró y, sin ninguna vergüenza, contestó:

– ¿Cómo? ¡Tenga a Cristo en su corazón, esa es la manera de tener placer en la vida!

Habitualmente cuando las personas comienzan a hablar sobre religión, ponen una cara muy graciosa y actúan avergonzados, pero este joven me tiró su afirmación directamente y lo más natural y normal.

Algo así sucedió en mi iglesia hace poco. Esta iglesia está ubicada en el corazón de la ciudad de Nueva York, sobre la Quinta Avenida, y los jóvenes vienen de todas partes de los Estados Unidos. Un joven corredor de la ciudad de Kansas vino a Nueva York "para andar por la ciudad", como dijo. Se quedó en un hotel cerca de la iglesia. Fue a la ciudad, se dirigió hacia los clubes nocturnos, pero cuando pasó por la iglesia vio un anuncio. Algo lo hizo detenerse. Anunciaba una reunión de jóvenes para esa tarde. Allá en Kansas, era en cierta forma un hombre de iglesia, y pensó: "Iré para ver cómo es una reunión de jóvenes en una iglesia de Nueva York, y tal vez pueda dar algunos buenos consejos cuando vuelva a Kansas".

Su intención era quedarse solamente unos pocos minutos, pero encontró un espíritu tan grande de radiante felicidad, que lo cautivó, y se quedó toda la noche. Tenía el estilo vivaz del medio oeste, y habilidad para hacer amigos. De hecho, aún un iceberg hubiera conseguido un sincero resplandor de calor de ese grupo. Anduvo con ellos todo el fin de semana, y luego volvió a Kansas.

Cuando se iba dijo:

– ¿Saben una cosa? Cuando vine a Nueva York a hacer negocios y andar por la ciudad, conseguí más emociones en esta iglesia de las que jamás podría haber encontrado en Broadway o en los clubes nocturnos; nunca llegue al distrito "de las luces". Encontré todas las luces que necesitaba en esta iglesia.

*   *   *   *

Cambiando nuestros pensamientos también podemos cambiar situaciones y cambiar algunas situaciones, es un requisito para tener éxito y felicidad. Puede desarrollar un poder casi increíble que le ayudará en las crisis en las que de otro modo seguramente hubiera fracasado. Aún no hemos aprendido a creer en el asombroso poder de la fuerza espiritual. El sol quietamente y sin ningún ruido puede realizar todo lo que el fuerte ruido de todas las maquinarias del mundo no pueden. El pensamiento espiritual en quietud establece contacto con la energía espiritual y, por lo tanto, habilita al hombre que lo practica con una fortaleza sobrehumana.

En un tren temprano por la mañana que iba de Cedar Rapids a Chicago, me encontré por casualidad con el cantante de color Roland Hayes. Ocupaba el asiento frente a mí en el vagón. Tuvimos lo que para mí, por lo menos, fue una de las experiencias de conversación más estimulantes de mi vida. La conversación se orientó a la religión, el interés que consumía al señor Hayes. Sin duda, no solamente es uno de los verdaderamente grandes cantantes de nuestra época, sino uno de los más nobles talentos espirituales también. Ha cantado delante de presidentes y reyes, y antes audiencias que lo aclamaron en muchos países, pero se mantiene como discípulo simple, sencillo, del Rey de reyes.

Me contó que es su costumbre cuando comienza un programa, quedarse quietamente durante un minuto al lado del piano, mientras la vasta audiencia espera. Cierra sus ojos y ora: "Señor, cuando cante, haz desaparecer a Roland Hayes. Permite que las personas te vean solamente a ti".

– Creo –explicó–, que cuando hago eso sinceramente, me transformo en un canal a través del cual el espíritu de Dios fluye para mover y levantar a los oyentes.

Los críticos hace mucho han quedado impresionados por la profunda cualidad espiritual del arte del señor Hayes. Sin dudas, se lo tiene en cuenta, por lo menos en parte, por su actitud devota. Cantar, para él, es básicamente un método por medio del cual las personas pueden ser elevadas espiritualmente.

Roland Hayes me contó una historia aquella mañana mientras el tren corría, que vivirá para siempre como ilustración del poder del espíritu sobre cualquier fuerza de este mundo.

En cierta ciudad, tarde por la noche, fue detenido por cuatro policías que lo llevaron sin la menor justificación. Su actitud fue brutal, bordeando lo sádico, y dieron rienda suelta a su odio no solamente por él, sino por toda su raza. Allí estaba un negro solo e indefenso a merced de cuatro hombres blancos, que no representaban, y eran una desgracia para la raza blanca.

– ¿Usted no se enojó y los peleó? –le pregunté.

– ¿Cómo iba a poder? –contestó–. No estaba a la altura física para pelear ni siquiera a uno de ellos. Pero yo *sí era* un contrincante de otra manera, y así pude vencerlos. Yo tenía un poder que ningún mal puede enfrentar.

– ¿Qué hizo? –Pregunté con intenso interés.

– Me aparté para tomar conciencia de la presencia de Dios –contestó–. Simplemente oré para que el Espíritu de Cristo fluyera a través de mí hacia los corazones de estos hombres equivocados. Y así ejercité poder de pensamiento espiritual; repentinamente sentí que era levantado muy por encima de este odio, y los miré con compasión y pena. Un policía levantó su pistola con la intención de golpearme con la culata. Mientras su brazo se levantó una expresión curiosa y de asombro tomó toda su cara. Lentamente su brazo amenazador cayó. Fue detenido por el glorioso poder del Espíritu, por la presencia de Dios.

Pasado un tiempo el Sr. Hayes fue invitado a esa ciudad por los miembros cristianos espirituales de esa comunidad. Regresó como invitado de honor a una gran reunión de tributo. Hubo mensajes del Presidente de los Estados Unidos y de otros ciudadanos distinguidos.

Mientras el tren en el cual íbamos atravesaba la tormenta de nieve, me senté lleno de asombro ante el poder espiritual de este hombre, porque su historia fue contada sin ningún tipo de orgullo. Por momentos su voz era baja y apenas podía escuchar sus palabras. Yo, que trato de predicar el cristianismo, me sentí como un estudiante imperfecto en la presencia de un maestro de la vida espiritual.

Roland Hayes había descubierto y demostrado un método espiritual que probó ser extremadamente práctico. Por medio de una extensa práctica se había transformado en experto y, por lo tanto, podía apelar a las energías de su mente en una crisis. Cuando no se practica, tal vez al principio vamos a manipular sin demasiada habilidad esta capacidad. Pero con disciplina y entrenando su mente, buscando constantemente entrar en armonía con la mente de Cristo, usted también, en sus horas de dificultad podrá tener un poder contra el cual nada puede oponerse.

La felicidad y el éxito, por lo tanto, dependen extrañamente de nuestra habilidad para liberar nuestras mentes, a fin de que obren a nuestro favor. Cualquier cosa que inhiba el fluir de la energía espiritual a través de la mente, tiende a derrotarnos. Los hombres permiten que sus mentes queden encadenadas de muchas maneras, por la autocompasión, la ansiedad, el egoísmo, la lujuria, la codicia. Charles Dickens habló sabiamente cuando dijo:

– Llevamos las cadenas que nosotros nos forjamos en la vida.

Nos impedimos nosotros mismos obtener el deseo de nuestro corazón, por la manera cruel en la que entorpecemos nuestras propias mentes.

En este libro hemos intentado bosquejar muchas de las maneras en las que la mente puede ser liberada. La ciencia psiquiatría es de gran asistencia. En nuestra clínica psico-religiosa de la Iglesia Marble Collegiate, el distinguido psiquiatra, Dr. Smiley Blanton y yo, hemos trabajado intensamente sobre el problema de la eliminación de la confusión en las mentes de las personas. Algunas veces es un proceso largo, lento, tedioso, pero con frecuencia efectivo; estoy contento de poder informarlo así. Hay una inmensa efectividad en la operación conjunta del cristianismo y la psiquiatría. Sin embargo, hemos aprendido a descansar sobre otro factor que cura la mente como lo haría una operación quirúrgica que con frecuencia sana el problema orgánico, que no se rinde ante un largo tratamiento. Tal vez puedo explicar mejor este proceso aplicando un viejo término, con frecuencia mal entendido. Este término, sin embargo, es la mejor explicación posible. El término es "conversión", y lo uso para referirme al fluir hacia el interior de la mente del poder espiritual, con tal potencia y efectividad terapéutica, que la mente es cambiada por completo. Hay una frase en el Nuevo Testamento que es muy gráfica, y retrata lo que sucede en este proceso: *"Si alguno está en Cristo nueva criatura es; las cosas viejas pasaron; he aquí todas son hechas nuevas"* (2 Corintios 5:17).

Es decir, cambie sus pensamientos –espiritualmente– y todo cambiará. El director de un diario me contó este proceso en su lucha contra el temor. Este hombre, nacido en Canadá de padres francocanadienses, vino al mundo con una pierna mal. Cuando creció, descubrió que no podía competir con los otros muchachos. Si no podía correr, jugar o trepar a los árboles como los otros pequeños, ¿cómo podría después subir la escalera de la vida?, razonaba.

Por lo tanto el veneno del temor comenzó a venir a su pensamiento, y finalmente el temor creó un freno en su mente, igual al de su pierna.

Pero el padre le dijo:

– Hijo, no te preocupes por esa pierna. Algún día voy a llevarte a la catedral y allí, frente al altar mayor, Dios te sanará.

Llegó el gran día. Los dos, padre e hijo, se vistieron con sus mejores ropas y entraron con reverencia a la iglesia. Atravesaron el pasillo de la catedral tomados de la mano; el muchacho miraba maravillado, mientras avanzaba con su pequeña pierna golpeando rítmicamente.

Se arrodillaron ante el altar. El padre dijo:

– Hijo, ora y pide a Dios que te sane.

Los dos oraron. Finalmente el muchacho levantó su rostro. Su padre aún estaba orando. Luego el padre levantó su rostro. El muchacho dijo muchos años después:

– He visto el rostro de mi padre en muchas circunstancias, pero nunca antes lo había visto con tal belleza celestial como en aquel momento. Había una luz sobre él. Era el reflejo jubiloso de un verdadero creyente. Había lágrimas en los ojos de mi padre, pero más allá de las lágrimas y resplandeciendo a través de ellas, estaba la enceguecedora luz del sol de la fe. Fue una maravillosa vista, el rostro de mi padre.

Luego el padre puso su mano sobre el hombro del muchacho y dijo con profundo sentir:

– Hijo, demos gracias a Dios. Estás sanado.

El muchacho estaba profundamente impresionado. Se levantó y luego miró hacia abajo, donde estaba su pierna, igual que siempre. Comenzaron a salir por el pasillo, con la pequeña pierna marcando el ritmo igual que al entrar. El joven estaba profundamente desilusionado. Casi al llegar a la grandiosa puerta de la catedral, el muchacho dijo:

– Me detuve, totalmente quieto, porque repentinamente experimenté algo enormemente cálido en mi corazón. Luego me pareció sentir como una gran mano que pasaba por mi cabeza y me tocaba. Era liviana como plumas, pero hasta el día de hoy puedo sentir su delicadeza y, sin embargo, la fortaleza del toque. De pronto estaba maravillosamente feliz y exclamé: "Papá, tienes razón, he sido sanado. He sido sanado".

Aunque era un niño, fue lo suficientemente sabio para saber lo que había sucedido. Dijo:

– Dios no había quitado el impedimento de mi pierna, pero había quitado el freno de mi mente.

Dios es suficientemente grandioso como para sanar una pierna dañada, si es su voluntad, pero tal vez es algo mucho mayor sanar una mente herida, una mente que lleva el freno del temor. Quitar ese freno para liberar la mente para que nunca más esté atada y obstruida por un miedo anormal, o cualquier otro enemigo del éxito y la felicidad, seguramente es una de las más grandiosas cosas de este mundo. Con una mente libre sus pensamientos cambian y, de esa forma, todo cambia.

Esperamos que este libro haya
sido de su agrado.
Para información o comentarios,
escríbanos a la dirección
que aparece debajo.
Muchas gracias.

info@peniel.com
www.editorialpeniel.com

ENTUSIASMO

La FUERZA que HACE
la DIFERENCIA

Si se le hace difícil hacer frente a las alteraciones de la vida, desalientos y desafíos, este libro es para usted. El Dr. Peale ofrece una solución simple de éxito seguro para el estrés: una sana dosis de entusiasmo. El entusiasmo es el ingrediente mágico que puede marcar la diferencia entre el éxito y el fracaso, y ayudarle a:

Mejorar sus habilidades para resolver los problemas.

Sobreponerse a sus temores.

Lograr que su trabajo sea más gratificante.

Calmar sus tensiones.

Edificar la confianza en usted mismo.

NORMAN VINCENT PEALE es autor de cuarenta y seis libros, inclu-yendo el *best-seller* internacional *El poder del pensamiento positivo*. Es uno de los hombres religiosos más influyentes en su tiempo; el legado del Dr. Peale se difunde hoy a través del *Peale Center for Christian Living*, División de *Guideposts*.

www.editorialpeniel.com

Los ASOMBROSOS
resultados de
PENSAR POSITIVO

Prepare su mente para superarse

"Este es un libro de resultados. Es la historia de las cosas excitantes que le suceden a las personas cuando aplican los principios del cambio dinámico en sus vidas."

Norman Vincent Peale

Esta guía integral y accesible le ayudará a lograr el éxito y la confianza, la sensación de bienestar y fuerza interior con la que usted siempre soñó, pero que parecía imposible. ¿Cómo? Mediante el pensamiento positivo: una forma de pensamiento que implica buscar los mejores resultados en las condiciones más adversas.

www.editorialpeniel.com